本书为中国人民大学科学研究基金（中央高校基本科研业务费专项资金资助）项目成果，项目批准文号：10XNB048

文化竞合

华语文化创意产业特色与路径

翁昌寿 著

北京大学出版社
PEKING UNIVERSITY PRESS

图书在版编目(CIP)数据

文化竞合:华语文化创意产业特色与路径/翁昌寿著.—北京:北京大学出版社,2013.11

(传播学论丛)

ISBN 978-7-301-23395-5

Ⅰ.①文… Ⅱ.①翁… Ⅲ.①文化产业-研究-中国 Ⅳ.①G124

中国版本图书馆 CIP 数据核字(2013)第 254266 号

书　　名:文化竞合:华语文化创意产业特色与路径
著作责任者:翁昌寿　著
责 任 编 辑:胡利国
标 准 书 号:ISBN 978-7-301-23395-5/G·3734
出 版 发 行:北京大学出版社
地　　址:北京市海淀区成府路 205 号　100871
网　　址:http://www.pup.cn
电　　话:邮购部 62752015　发行部 2750672　编辑部 62753121
出版部 62754962
电 子 信 箱:ss@pup.pku.edu.cn
印 刷 者:三河市博文印刷厂
经 销 者:新华书店
965 毫米×1300 毫米　16 开本　15.75 印张　227 千字
2013 年 11 月第 1 版　2013 年 11 月第 1 次印刷
定　　价:33.00 元

十　年

2002—2012

序

十年之计，在于树木。

华语文化创意产业已经发展了十多年时间。作为朝阳产业，文化创意产业汇聚了产业、文化、民族、全球化、软实力、竞争与认同等话语，极具张力，充满想象。回顾已经走过的十年，试图总结其成熟路径，减少试错的成本，是本书的价值所在。

谈到文化创意产业，从概念到路径大都由西方舶来。因此我们常常去西方，去英国、美国寻找经验和路径。这在十年前是必要的，也是必需的。但是，我们学习麦当劳技术和管理，可以生产出中国的炸鸡，却无法再造一个麦当劳品牌。背后的文化基因、产业密码，并不容易复制。学习的目的不是为了山寨，而是创新，而且只有创新才有可能超越。从这个角度来说，作者将回顾的视野聚焦到华语区，而不是作全球之论、宏观之说，使研究具备了接近性，也切入到文化的多样性与华语文创产业的比较优势等核心问题。为了使观察更具启发性，作者引入了中国内地、香港和台湾作为相互的参照，这样的视角是新颖的，思考的结果也会更为公允、启发思考。

我接触过一些有关文化创意产业方面的论著，实事求是地说，四平八稳、泛泛而谈者众。本书作者却另辟蹊径，知难而进，选择了一条颇见张力的研究道路。

我本人去过香港、台湾、澳门等华语地区，对当地的文化和文化创意产业有过接触和体验。我也经常会思考，各地文创产业发展的战略与路径有何特色？这些地区应当如何互动参照？如何实现中华文化的当代创新？我想，这也是不少人感兴趣的问题。

对这些问题，作者提出了“文化竞合”的路径，通过华语地区的文化创意产业对比，从政策的维度、产业的维度、市场的维度、文化的维度、技术的维度、资本的维度等入手，给华语地区文化创意产业“照镜子”，并在相互的参照中发现更多的“和”与“不同”。他的思考和回答也给了我进一步观察和思考的启发。

总结经验并非为了结构化为某种路径和模式，而是为未来提供已有的、成熟的路径或者已有的失败的教训，使创新的根基更为扎实。这也是本书有益于华语区文化创意学者、业者和所有期待中华文化复兴的人士的地方。

产业界谋求十年之计，教育界谋求百年之计。百年大计，在于树人。

中国人民大学新闻学院在全国新闻传播领域一直是排头兵和开拓者的形象。对于文化创意产业的教学和研究，我们也正在谋篇布局。我也希望更多的像本书作者这样的年轻老师，能够以开放的视野、全新的思维和扎实的功力，投入到这一研究领域，努力培养和输送更多的优秀人才，与产业共成长，立学为民、治学报国。

倪宁

（中国人民大学新闻学院执行院长、

中国人民大学文化科技园管理委员会副主任）

引言　文化领域的“李约瑟难题”

如果把奥运会开幕式作为一种国家形象和软实力的表达，那么，2012 年的伦敦奥运会和 2008 年的北京奥运会开幕式对于文化符号的选择和呈现，就能够让我们在比较中感受到两国文化软实力的区别。

2012 年的伦敦奥运会开幕式上，一个个“英国创造”的文化符号被逐一展示：J. K. 罗琳朗诵风靡全球的《哈利·波特》中的文句；“憨豆”先生在现场再度表演滑稽秀；“007”扮演者与英国女王同台演出从天而降，为该系列电影的 50 年庆典和最新电影《大破天幕危机》(*Skyfall*)拉开宣传的序幕；互联网“WWW”的发明者提姆·伯纳斯—李亮相；流行乐坛神话甲壳虫乐队(The Beatles)的 Paul McCartney 唱起 *Hey Jude*，全场八万观众一起跟唱……一场视听盛宴，让人感受到英国文化离我们那么远、这么近。

更值得注意的是，这些文化符号都是在当代为英国艺术家和文化创意产业所创造，其中最早的是诞生于 1956 年的甲壳虫乐队，最新近的文化符号则是世纪之交的“哈利·波特”。这些文化符号和创意产品借助文化传播体系流行全球，各国受众都能从中产生出属于自己的意义。

时光回到 2008 年的北京奥运会开幕式，中国文化符号的选择则有所不同：身着儒服的演员吟诵着孔子的名句：“有朋自远方来，不亦乐乎”，“四海之内，皆兄弟也”；2008 尊中国古代打击乐器“缶”敲击着穿越历史时空的节奏，使诞生于两千多年前的儒家文化穿越时空再度闪亮；活字印刷字盘变换出不同字体的“和”字；演唱已入选世界非物质遗产名录的中国古老艺术——昆曲。这些文化符号勾勒出中华民族的悠久历史和文化创造。稍有遗憾的是，当代中国创造的文化符号很少，几乎可以忽略不计。

两场奥运会开幕式留给人以视觉的奇观，同样给人以长久的思考。作为曾经创造了世界上最为悠久的历史和文明的中华民族，如何改变对当代世界的文化贡献相对较少、文化软实力相对较弱的态势？如何让几千年所积累的灿烂文化获得当代的形态和当代的意义？这正如网上流传的一个段子：如果日本派铁臂阿童木、聪明的一休、海贼王、奥特曼，我们能派出什么？

这是一个文化领域的“李约瑟难题”①。

随着全球政治环境和经济增长模式的变迁，国家实力的竞争和构成开始由硬转软，文化在增强国家软实力、塑造国家形象方面的价值不断凸显；与此同时，文化产业化使文化创意由软变硬，成为经济结构调整的重要因素，并开始成为新的支柱产业。英国政府较早提出“创意产业”的战略，有意识地布局国家文化战略；美国在其全球超级大国的基础上，通过市场的力量和全球人才的汇集成功地打造强大的文化创意产业，成为文化创意产业的超级大国。

经过英国、美国等西方国家的提倡与实践，文化创意产业在两个方面具备了国家战略意义：一是经济意义。文化创意产业对传统经济的转型起着拉动和转型作用，同时文化创意产业自身正在成为新的经济增长点，这对于调整经济结构、增加就业、应对经济危机的意义不言自喻。二是文化意义。随着世界文明进程的推进，国家实力由军事力量向经济力量、文化力量转移，由单一实力转移为包括硬实力和软实力的综合实力，而强大的文化创意产业与文化的影响力相辅相成，扩张着国家的软实力。

发达的文化创意产业不仅获得票房，还传播自身的意识形态。已有50年历史的“007”系列电影，最初就是冷战在电影业的表现。2013

① 英国学者李约瑟在20世纪30年代开始研究中国科技史时，提出一个问题：“尽管中国古代对人类科技发展做出了很多重要贡献，但为什么科学和工业革命没有在近代的中国发生？”这被称为“李约瑟难题”。“李约瑟难题”被进一步推广为诸如“中国近代科学为什么落后”、“中国为什么在近代落后了”等范围更广的问题。

年,第85届奥斯卡最佳影片奖颁予《逃离德黑兰》(*Argo*),由美国第一夫人米歇尔·奥巴马在白宫远程揭晓此奖。该片宣称根据1979年伊朗人质危机中的真实故事改编,这激起了伊朗方面的不满。伊朗国家电视台称之为美国中央情报局的一部广告片。伊朗也将“以其人之道还治其人之身”,开拍同一故事的伊朗版本《总参谋部》。可以想象,缺少如西方般强大的文化创意产业体系的支持,伊朗版本的电影除了政治意义之外,很难取得《逃离德黑兰》这样的传播效果和市场反响。这就意味着,在综合国力的竞争中,美国等西方国家又多了文化这件精准打击的武器。

正是由于发展文化创意产业在经济、文化维度上的巨大价值,其迅速地与各国增加硬实力和软实力的目标相契合,成为各国发展的路径之一。西方在文化创意产业方面的创新近十几年来迅速向华语区扩散。中华文化在面对更强大的文化挑战的同时,也面临难得的战略机遇期。

2002年,中国确立“文化产业”的路径,2003年展开国有文化单位的文化体制改革,2011年确立建设“社会主义文化强国”目标;香港特别行政区在世纪之交提出建设“亚洲的世界都会”“亚洲创意中心”;2002年,台湾地区计划谋求“华文地区文化创意领先地位”。在过去的十年里,华语区内具有相同文化基因的各地区不约而同地走上了文化创意的产业发展轨道。

这十年间,内地[①]、香港、台湾组成了一个潜力最大的文创市场:华语文化市场;经历了经济起飞之后,华语文化正迎来“丰富资源+产业路径+最大市场”的历史红利期。这就是华语文化应对外来文化竞争和加强区域内合作的阶段:文化竞合。

竞合战略(Co-opetition Strategy)是指通过与其他企业合作来获得企业竞争优势或战略价值的战略[②]。竞合着眼于“做大蛋糕”,而非“抢奶酪”。在这里借用“竞合”一词,来表明华语区的文化竞争和文化

① 本书“大陆”是指与香港、澳门、台湾地区相对应的中国地区,与“内地”为同义语。习惯上,在与台湾地区对应使用时,称为“大陆”,在与香港特区对应使用时,称为“内地”。在与台湾、香港并列使用时,不严格区分“大陆”与“内地”的不同。

② 王方华:《战略管理》,机械工业出版社2004年版,第198页。

合作缺一不可，竞合能够实现更大的战略价值。华语区由于历史的原因，一度处于市场分割的状态。长久以来，在经济、政治、文化方面的竞争使华语区相互参照，形成修正自我的参照系；同样，竞争中的合作不容忽视。例如香港、台湾就囿于市场规模的狭小，无法支撑产业做大；内地缺乏创意创新机制，产业无法做强。而各自所缺的都正是对方所具有的。这样，合作的价值就呈现出来了。华语区的文化竞合能够实现“1 +1 +1 >3”的系统效应。无论从产业的视角还是中华文化的视角，华语区的文化竞合都应当成为一种路径选择。

2012 年，大陆作家莫言获得诺贝尔文学奖；2013 年，台湾导演李安再度夺得奥斯卡最佳导演奖。这些点状的突破，使得世界对于中华文化的关注和认知得以提升，华语文化创意产业的自信心得以增强。但是，这仅仅是一个个点状的突破，距离中华文化多点突破，甚至面上的全面繁荣复兴尚有很长的距离。

而将挑战转化为机遇的核心，就是实现中华文化资源向文化产业的转变，立足华语区，面向青年，使历史悠久的文化传统更自然而深刻地存在于现实生活和当下历史中，以获得现代形态和当代意义。这是“中国梦”中的文化梦，是建设创新型国家的持久动力。这也是华语区文化竞合的战略目标。

那么，这十年华语区的文化创意产业发展得怎样？基于相同的文化基因和不同的历史社会政治变量，华语区的文化创意产业发展有何特色和路径？两岸三地对中华文化正进行着怎样的合作共赢和产业化创新？

通过梳理，还原这十年来华语文化创意产业竞合发展的历程，呈现背后的机理和逻辑，这也就是本书的目的。

目录

第一章　文化产业竞争与发展模式

文化创意产业的发展模式，大体可归纳为"产业文化化"与"文化产业化"。前者指文化对于经济产业的增值和提升，后者指运用产业手段和模式推动文化创意产业发展。无论哪种模式，都体现经济发展进入到文化创意历史性出场的时代。

1871 年，英国文化人类学家爱德华·泰勒在《原始文化》中第一次给"文化"下了定义，到现在，有关文化的定义已近 300 种[①]。认识到创意在经济发展中起重要作用的，是经济学家熊彼特（Schumpeter）。早在 20 世纪初，他提出创新（Innovation）是经济增长的根本动力的观点。德国社会学家马克斯·韦伯在《新教伦理与资本主义精神》中认为，任何一种经济模式背后必然存在着一种无形的精神力量，而影响近代资本主义发展的精神动力源于新教伦理的核心概念，即"天职观"，从而肯定了文化在现代化中的意义[②]。

1947 年，法兰克福学派对"文化工业/文化产业"（Culture Industry）进行了批判。其代表人物霍克海默和阿多诺在《文化产业：欺骗公众的启蒙精神》（The Culture Industry：Enlightenment as Mass Deception）一文中，认为文化工业是资本主义技术统治和工具理性的发展。他们是从否定性的意义上创造并使用文化工业的概念的，对文化工业对传

① 邹广汉：《当代文化哲学》，人民出版社 2007 年版。

② 〔德〕马克斯·韦伯：《新教伦理与资本主义精神》，于晓、陈维钢等译，三联书店 1987 年版。

统的精英文化主权的冲击持批判的态度。

随着以大众文化、消费文化为基础的文化创意产业的不断发展，其“正能量”被研究者所认识。例如，英国的文化产业学派（伯明翰学派）、美国的文化产业学派的研究就发生了转向，他们跳出法兰克福学派经典的“精英—大众”对立的范式来批判文化产业，强调受众的主动权和积极性，揭示了受众主权；同时将文化及文化产业的意义由经济转型和拉动就业层面延展到国家实力的构造、制造认同，为国家文化战略的思考和构建提供了新路径，从而呼应了文化创意产业在全球经济和社会发展方面的积极作用。

在词语使用上，为避免与法兰克福学派的否定性概念相混淆，政府、产学研界使用文化产业（Cultural Industries）、创意产业（Creative Industries）、文化创意产业、版权产业（Copyright Industries）、内容产业（Content Industries）等词语来替代文化工业（Culture Industry）。

1.1 从“制造”到“创造”

文化创意产业是经济转型和结构调整的标志。

英国是较早提出“创意产业”概念和实施“创意产业”文化战略的国家。英国政府和社会对于创意产业的思考和行动，清晰地表明了全球经济发展由制造物质财富的工业化阶段向以信息、经济、智能为特征的知识经济、文化产业的转型，由制造向创造的拐点出现。

英国曾经靠武力缔造了“日不落帝国”，经历工业革命成为世界制造业的中心。随着传统制造业优势的持续丧失，英国政府开始思考经济转型和结构调整的问题，也即英国培育新的竞争力的问题。

1997 年，英国布莱尔政府成立创意产业特别工作组（the Creative Industries Task Force，CITF），完成《创意产业路径文件》（Creative Industries Mapping Document）。英国认为“创意产业”是一个源自个人创意、技术及才干，通过知识产权的开发和利用，具有创造财富和增加就业潜力的产业。这一定义明确了创意产业依靠的资源是人的头脑，而不是土地、机器、劳力等传统产业依靠的资源；同样，也明确地看到创意产业与传统产业一样具有创造财富和提供就业的作用。由此，英国政府把文化产业作为一个新的产业来重点扶持和发展。

英国根据自身的特点，将13个行业划入创意产业，大体可归为三大范畴：媒体（广告、电影与录像、出版、电视与广播）、艺术（艺术与古玩、工艺、音乐、表演艺术）、设计（建筑、设计、时尚设计、软件设计、互动休闲软件）。

同样的产业变迁也在美国发生。美国在第二次世界大战期间开始的信息科技研发，在战后迅速形成强大的经济社会发展动力，阿帕网（ARPANET）直接将全球带入了互联网时代，掀起了人类的第三次浪潮：信息革命。如何对不同于“物质”和“能量”的“信息”进行保护和开发，使美国产生了“版权产业”的概念。

1990年，美国国际知识产权联盟（IIPA）对与版权保护有关的产业对经济的影响以及在国际贸易中的地位进行了调查，第一次将美国版权产业归为一类。此后，每一到两年发表美国版权产业系列报告。2004年起，美国采用世界知识产权组织（WIPO）的分类标准，将版权产业分为核心版权产业、交叉产业、部分版权产业、边缘支撑产业。

表1.1 英国创意产业与美国版权产业比较

英国创意产业分类	美国核心版权产业①
• 广告 • 电影与录像 • 出版 • 电视与广播	• 广告服务 • 电影与录像 • 出版与文学 • 广播电视
• 艺术与古玩 • 工艺 • 音乐 • 表演艺术	• 摄影；视觉艺术与绘画艺术 • 音乐与剧场制作、歌剧
• 建筑 • 设计 • 时尚设计 • 软件设计 • 互动休闲软件	• 软件与数据库

① 《2005—2006世界服务业重点行业发展动态》，上海科学文献出版社2005年版，第367页。

可以看出,美国"版权产业"与英国"创意产业"所用概念不同,内涵和外延也有区别,例如美国版权产业包括了文化创意设备的制造和销售,英国创意产业则不包括。但是,美国"核心版权产业"与英国"创意产业"涵盖的门类大体重合;"部分版权产业"中的门类与英国创意产业的"时尚设计""互动休闲"等能够对应。这表明,美国和英国都在社会发展的过程中,不约而同地出现了新兴产业的萌芽。

美国使用"版权产业",强调文化产品和服务的产业链模式和制度环境;英国使用"创意产业",更强调文化产品和服务的源头的智力支持。显然,创意产业需要版权制度来支持,才能够保护创意者和创意阶层的出现,从而形成赢利模式和产业化运作;而版权制度所保护的,正是人的精神创造的有形成果。因此,不少学者认为,美国发展创意产业的时间早于英国,只是美国没有使用创意产业的概念和产业分类体系。

英国创意之父约翰·霍金斯(John Howkins)就把创意产业界定为其产品都在知识产权法保护范围内的产业。他认为版权、专利、商标和设计这四个知识产权部门共同构建了创意产业和创意经济。①

可以说,创意产业并非是以往靠个别天才或者艺术家的灵感乍现,而是一个创意阶层的兴起、一种新兴生产方式的崛起。全社会的人才培养、法律环境和经济转型都为这一产业的崛起提供了基础设施。

正如马克思所说:"资产阶级，由于开拓了世界市场，使一切国家的生产和消费都成为世界性的了。"②美国、英国内生型地、自觉地进行文化创意产业的战略布局,通过其文化产品的全球行销,必然影响到其他国家和地区的战略抉择。

近年来,亚洲金融风暴(1997)、美国次贷危机(2009)、欧债危机(2012)接连发生,并在经济全球化的背景下波及全球;环境破坏、全球气候变暖威胁到人类的可持续发展,这些都暴露了传统经济产业结构

---

① 〔英〕约翰·霍金斯:《创意经济：如何点石成金》,洪庆福译,上海三联书店2006年版。

② 《马克思恩格斯文集》第2卷,人民出版社2009年版,第35页。

和发展观存在的局限。于是,文化创意产业被视为符合“口红理论”①的产业,低碳环保,开发人自身的资源而不是无限制地开发自然资源,从而成为各国、各地区政府经济调整和可持续发展的重要路径。

以美国为代表的西方国家开始强力地对外推行文化创意产品和服务的出口,以弥补传统产业衰退造成的就业和贸易缺口。以制造业实现经济起飞的韩国、新加坡以及香港特区和台湾地区等昔日的“亚洲四小龙”,以及改革开放后迅速腾飞的中国大陆,一方面需要寻找新的经济增长点形成可持续发展的新增长极,另一方面需要应对西方国家文化出口的挑战。

外部的经济危机、文化竞争等压力和内部的文化需求释放,使文化创意产业得以历史性地出场。

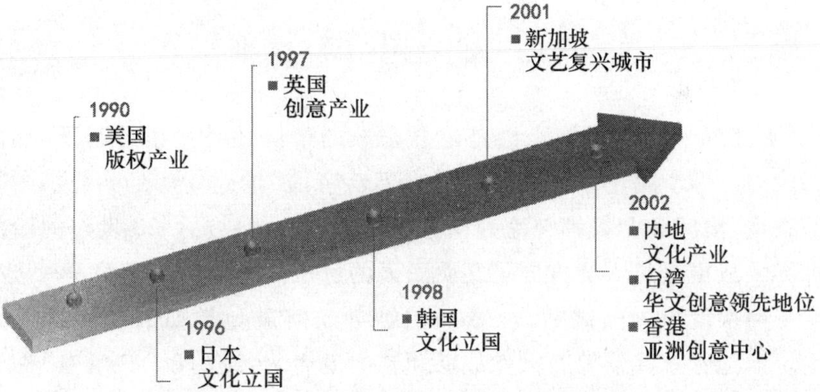

图 1.1 全球文化创意产业政策提出时间轴

韩国于 1998 年提出“文化立国”战略②,大力发展文化内容产业(Cultural content industries);

---

① 在众多行业受周期性的经济、金融危机影响,呈现发展疲态时,文化产业被认为具有“反经济周期性”。20 世纪 30 年代美国经济大萧条时期,研究者发现了“口红理论”:在经济不景气时期,口红这种“廉价的非必需品”成了人们消费得起的精神消费品。于是,当周期性的经济危机、金融危机不断出现时,寻找到类似口红的产业来保增长、稳就业,成为一种重要的应对政策。

② 韩国金大中政府宣布“21 世纪韩国的立国之本,是高新技术和文化产业”。随后政府相继出台《国民政府的新文化政策》(1998 年)、《文化产业发展五年》(1999 年)、《21 世纪文化产业的设想》(2000 年)、《文化韩国 21 世纪设想》(2001 年) 等。

2001 年,新加坡提出“文艺复兴”城市的目标,期望建成文艺复兴城市、创意中心和媒体中心;

2002 年,中国大陆确立“文化产业”的概念和路径,迈开与经济实力相应的民族文化复兴进程,2003 年展开国有文化单位的体制改革;

2002 年,台湾地区提出文化创意产业发展目标,通过六大旗舰建设,使台湾获得“亚洲文化创意领先地位”;

2003 年,香港特区确立创意产业发展目标,在原有的“东方好莱坞”等基础之上,提出建成“亚洲创意中心”。

文化创意产业作为一种新经济,成为后工业化时代各国和地区的共同选择。

1.2 综合国力新标准

传统的世界格局,无论是建立宗教的帝国还是世俗的帝国,都诉诸武力。像十字军东征、英国的“日不落帝国”的建立都是如此。中国的香港、澳门和台湾都曾沦为军事帝国扩张的牺牲品。20 世纪的两次世界大战更是将人类推向了文明毁灭的危机之中。

两次世界大战之后,全球都在思考如何避免类似的惨剧再度发生。而随着核武器等毁灭性战略武器的诞生,传统的以“亮肌肉”作为国家实力和掌握话语权的途径逐渐走到尽头。“冷战”代替“热战”,带来了竞争力构建的历史性转移。拼经济成为国家实力的新角斗场,贸易战、货币战轮番上演。

与以往的军事、经济等不同,文化产品的娱乐性、文化市场的全球开放性,使文化以潮流或者时尚风格的形式,悄无声息地突破传统的国家、民族和地理界限。一方面促进了地区和世界的交流和理解,另一方面增进了强势文化的话语权。文化成为具有远程打击作用、直指人心的战略武器。

在和平与发展的潮流中,文化的战略价值被重新认识。首次正式提出“文化战略”并加以系统理论研究的是荷兰哲学家、文化人类学家

F. 皮尔森[①]。美国对于文化战略的研究和实施是领先的，近来代表性的"文明的冲突"理论、"软实力"理论，都是对上述国际环境变化所作的及时而有效的思考。

美国政治学者塞缪尔·亨廷顿（Huntington Samuel，1927—2008）提出了"文明的冲突"理论[②]，他认为未来世界国际冲突的根源将主要是文化的，文明的冲突是未来世界和平的最大威胁，全球政治格局正在以文化和文明为界限重新形成；他还预判了可能的文明冲突的威胁来自何方：他将全球的文明（文化）分为七类：中华儒家文明、基督教文明、东正教文明、印度文明、日本文明、伊斯兰文明和拉美文明/非洲文明，并认为伊斯兰文明和儒家文明可能共同对西方文明进行威胁或提出挑战。

亨廷顿的"文明的冲突"理论为"冷战"后的世界格局和秩序提供了文化维度的解读。该理论自问世以来，一直受到激烈的讨论。特别是在 2001 年的"9·11"事件发生后，"文明的冲突"以其前瞻性和解释力更受瞩目。当然，被亨廷顿当做西方文明挑战和威胁的中华儒家文明，则抱持着不同的文化观。不少中华学者提出文明之间并不仅仅是"冲突"的模式，而是"对话"，也即中华文明所提倡的"和而不同"、"和谐"的价值观。无论如何，亨廷顿的学说使文化战略成为美国国家战略的重要内容，也提示了文化（文明）在当下世界秩序和格局再平衡中所起的关键作用。

另一位美国学者、哈佛大学政治学院院长约瑟夫·奈（Joseph Nye，1937 年生），在思考美国如何维持全球霸权时，提出了国家实力由"硬实力"和"软实力"组成的观点。传统的"硬实力"构建在军事实力和经济实力基础之上，而"软实力"则构建在价值观和制度等文化因素基础上。硬实力可以强迫他人改变立场；软实力则是"让别人想你之所想的力量"，它"吸引人，而不压迫人"[③]。当然，约瑟夫·奈是站在美国的立场上，他担心的并不是美国"软实力"向世界倾销所造成的

① 〔荷〕F. 皮尔森：《文化战略》，刘利圭译，中国社会科学出版社 1992 年版。

② 〔美〕亨廷顿：《文明的冲突与世界秩序的重建》，周琪译，新华出版社 2010 年版。

③ 〔美〕约瑟夫·奈：《美国定能领导世界吗?》，何小东译，军事译文出版社 1992 年版，第 124 页。

“文化帝国主义”问题，而是判断美国面临的威胁来自何方。他认为，美国面临大规模军队入侵的可能性不大，而更多的威胁是“踏着深夜的猫步悄悄来临”。无论如何，这一理论对美国继第二次世界大战后成为军事、经济强国之后，如何保持其超级大国的地位的“夺霸”需要作出了回应，也对文化成为构建国家实力的又一路径作出了判断。“软实力”概念的提出，使大国平衡和角力由传统的拼军事、拼经济转为拼文化。国家实力的内涵和外延进入后工业化社会。

两位学者的思考和所提出的文化战略理论，都产生于美国，这并非偶然。也即学者的理论思考正是基于美国的文化实践；而美国作为文化超级大国的崛起，使理论有了理想的研究对象。这些理论能够解释美国在“冷战”以来国家实力的构建现实，从而获得广泛的讨论和应用。

对于民族国家全球文化战略的推行中所产生的影响，也有学者论及。丹尼·贝尔在《资本主义文化矛盾》中指出：“今天从地理上讲，世界的界限已经打破了。不仅在文学、绘画、雕塑、音乐这些传统框架之外的艺术范围，就是这些框架之内的艺术范围也几乎是无边无际的。事态的发展不仅仅限于艺术市场的国际化（其结果是波兰画家在巴黎举行画展，美国绘画被买进英国），也不仅仅导致了跨国戏剧。更有甚者，文化自身的范围也大大地混淆了。”[①]汤林森的“文化帝国主义理论”针对文化超级大国在文化维度上建立起的统治地位进行思考。这也因应了全球出现的宗教帝国、军事帝国、经济帝国等全球霸权形态之后，又一种新的全球帝国形态。同样，文化帝国主义对弱小的文化国家也实施着文化殖民政策，形成文化宗主国与文化殖民地的态势。

对于国家实力及其影响后果的研究，一方面将国家竞争的视野拓展到文化、制度、价值观的层面；另一方面推动各国开始以国家战略的层级重视本土的文化策略和布局，文化战略获得了前所未有的重视。不过，理论的简单与现实的复杂存在着矛盾，也即单一维度的军事实力和经济实力构建无法塑造出令人向往的国家实力和形象；而单靠文

① 〔美〕丹尼·贝尔：《资本主义文化矛盾》，赵一凡译，上海三联书店 1989 年版，第 149—150 页。

化而无军事和经济实力作为支撑，也属海市蜃楼。国家实力是综合实力，正如“木桶理论”所提示的那样，无论哪块木板出现了短板，对国家实力都是致命的打击。文化的战略意义，是在国家实力经过了军事、经济实力的建构之后才体现出来的。

对于发展中国家来说，上述理论和实践同样具有战略意义，在实施赶超战略的时候，不仅要从军事、经济发展上着眼，还应当重视文化战略，从而避免单纯的军力和经济发展与民众信心、国家形象相脱节的现代化陷阱。

1.3　文化竞争力与特色

文化战略的确立，使另一个问题浮出水面：如何提升文化软实力？由此，文化创意产业历史性出场。如今，文化感召力影响力的形成，越来越离不开传播，而传播依靠的不是政府、军队，而是文化传教士：现代文化创意产业体系。文化的竞争力，要靠文化创意产业的竞争力来实现。

美国管理大师迈克尔·波特以产业结构“五力竞争”模型为基础，提出构建产业国际竞争力的“钻石模型”，这一模型也被引入评价文化产业竞争力。“钻石模型”包括四大核心要素：生产要素条件、需求条件、支援产业与相关产业、企业的战略结构和竞争状态等，另外还包括政府和机会两个要素。“钻石模型”用以解释国家和地区等宏观层面的竞争力构成，但在引入进行文化竞争力分析时，还需要考虑文化因子，使其符合文化创意产业区别于一般产业的特性。

美国学者约翰·费斯克（John Fiske）的研究就注意到了文化创意产业经济模式的特殊性，提出“两种经济”论，即文化商品的消费存在着“金融经济（financial economy）”和“文化经济（cultural economy）”现象[①]。金融经济是产业层面的生产、交换、分配过程，在这一过程中，文化商品（服务）由创作者销售给传播者；传播者又将文化商品（服务）带来的受众注意力销售给广告商，完成“二次售卖”的过程。而这并不是

① John Fiske, *Television Culture*. London and New York, Methuen, 1987, p211.

文化创意产业全部的经济模式。费斯克认为，与“金融经济”同样重要的是“文化经济”过程，也即受众在文化消费中创造出意义和快感。这一分析较好地解释了文化产品和服务与一般产品和服务的不同。也能够解释同一文化产品和服务对不同的受众（消费者）的效果和价值的不同。从某种程度上来说，费斯克提出的“文化经济”概念，指出了文化创意产业与物质生产产业的不同。而文化创意产业虽然可以或者说必须在企业形态、市场竞争、产品营销、品牌构建等方面借鉴物质生产部门的成熟经验，但其存在的价值或者社会意义应当是符号的创造和意义的传播。因此，文化创意产业的竞争力也最终体现为为文化消费者、社会、民族和国家创造出意义、共识。

但是，对于意义生产如何进行度量，也是一项极富挑战性的课题。当然，现有的电影和演出的票房、书报刊发行量、艺术品拍卖额、展览活动参观人数等可以作为间接的度量途径。而网络社交媒体的普及，以及云计算、大数据分析的兴起，可以通过粉丝数、消费者的“吐槽”、转发、评论等度量意义生产效果。

当然，“文化经济”从另一方面也表明，传播者对意义的创造和传播仅仅是一个方面，受众（消费者）自身才是意义的真正创造者，这很好地修补了法兰克福学派“文化工业”“文化帝国主义”等理论主要从文化生产者角度出发的不足。斯图尔特·霍尔（Stuart Hall）以电视为对象所进行的研究，表明对于传播者通过编码赋予影视作品的意识形态、意义等，受众会以不同的立场来进行解码：接受的立场、协商的立场、对抗的立场。这就使传播者的编码并不能百分之百地传达给受众。随着受众意见表达的平台越来越多样化，普通观众的“评论”甚至是“吐槽”越来越成为文化消费之后的普遍行为。而“吐槽”的内容，就是受众对于自己观看文化创意作品后解码到的内容，参与讨论的观众越多，越容易形成话题，从而形成与传统媒体时代属于文化评论家专利的意见表达完全不同的文化消费景观。

这种评论、吐槽在新媒体时代越来越普遍，可以视作评价文化产品（服务）传播效果或者竞争力的重要指标。同时，也可以认为，正是消费者的观看（阅读）行为以及之后的评论分享表达，意义由此产生，最终实现了文化产品（服务）的价值。

在国内,学者对于文化创意产业竞争力研究的重心主要在于设计出评价体系,对国家和地区层面的文化创意产业竞争力进行量化评估。

学者花建将竞争力分为微观竞争力、中观竞争力和宏观竞争力三大层次，文化产业作为从中观层次理解的产业竞争力，不仅表现为市场竞争中现实的生产力，还表现为可预见的未来的发展潜力，并在此基础上提出了我国文化产业竞争力的四大能力和七大内容[①]。随后的研究者根据研究对象的需要,对指标进行了细化分类和适用性提升,例如顾乃华建立了由 3 个模块、12 个竞争面、14 个竞争力评价点共同组成的综合指标评价体系,对我国 9 个主要城市进行文化产业竞争力比较研究[②];李宜春用 3 个模块(核心竞争力、基础竞争力、环境竞争力)、5 大要素(生产要素、需求状况、相关产业集群、文化企业战略、政府行为),以及若干个竞争面和竞争力评价指标,评价安徽文化产业竞争力[③];叶丽君、李琳以现实竞争力和潜在竞争力作为指标体系的一级指标,以充分反映文化产业现实竞争力的市场占有、产业规模、生产效率及经济贡献,以及能充分反映文化产业潜在竞争力的成长能力、创新能力、文化需求基础和产业投入作为二级指标构建区域文化产业竞争力评价指标体系[④]。

文化创意产业的发展与区域文化资源、制度环境、文化需求等密切相关。这也使得文化创意产业与其他产业一样,会通过地理空间运动和布局,形成产业聚集,从而形成文化创意产业的优势区域和区域的优势文化创意产业门类。

以区域作为研究对象的研究,一般从多个层次上展开。

首先是以国家和地区为边界的内部区域,如县域、省域、大区域

---

① 花建:《文化产业竞争力的内涵、结构和战略重点》,《北京大学学报》(哲学社会科学版)2005 年第 2 期。

② 顾乃华、夏杰长:《我国主要城市文化产业竞争力比较研究》,《商业经济与管理》2007 年第 12 期。

③ 李宜春:《省域文化产业竞争力评价指标体系初探:以安徽省为例》,《经济社会体制比较》2006 年第 2 期。

④ 叶丽君、李琳:《我国区域文化产业竞争力评价与差异分析》,《科技管理研究》2009 年第 3 期。

等。目前中国有关区域文化产业发展的实践和研究，都注意到地理的幅员广阔、区域的差异和发展不平衡。

学者张晓明把我国经济发展的不平衡性作为文化战略的基础依据。目前，中国形成了东中西三大块：东部版块地区包括北京、上海、广东以及东部发达地区大城市。人均 GDP 已经达到 4000～6000 美元的中等发达国家水平，恩格尔系数降到 30% 以下。中部包括各省会城市以及中部较发达地区。人均 GDP 达到 1000～3000 美元，恩格尔系数达到 40% 以下。西部和农村地区人均 GDP 在 500～1000 美元之间，恩格尔系数达到 50% 以下。①

颜荟批评了各地文化创意产业存在的发展思路单一、产业结构雷同、区域特色不够明显的问题突出。例如，在政府的支持下，各地产业基地、文化产业园主题重复度高，优势和特色不突出。颜荟提出基于东中西经济发展的不平均性，规划不同的发展战略：东部发达地区“高技术含量和资本密集”策略；中部地区“高传统技能含量和资本密集”策略；西部地区“民族和自然文化遗产的市场化开发”策略。②

因而，各地必须注意到当地的资源和条件，从而有针对性地培育当地有发展潜力、能够形成竞争力的文化创意产业门类。特别是全国层面的文化产业发展规划完成后，各地纷纷制定当地的文化产业发展规划，要特别避免“千城一面”，必须从竞争与合作的角度，认真分析和判断或者培育自身的优势。学者付景涛、李明对湖南和深圳的区域文化产业发展战略和区域文化资源禀赋之间的一致性进行了检验。③

还有学者通过国外的区域特色发展经验的研究作为镜鉴。郭永航认为英国伦敦制定文化战略目标时对自身的优势与不足进行分析，由此提出了参与性、卓越性等战略目标，具备了区域针对性。④

---

① 张晓明：《认识文化产业发展不平衡规律　科学制定文化产业发展战略》，《理论与当代》2006 年第 1 期。

② 颜荟：《我国文化产业区域化差异化发展现状与战略调整》，《科技创业月刊》2008 年第 12 期。

③ 付景涛、李明：《区域文化产业发展战略理性的一致性检验》，《开发研究》2009 年第 2 期。

④ 郭永航：《国外区域文化产业发展战略对我国的启示》，《湖北社会科学》2009 年第 10 期。

如果再将视线上移，可以看到由多个国家和地区组成的跨境区域层次。如欧盟文化创意产业的研究、北美文化创意产业的研究、亚洲文化创意产业的研究等。

更高的层次还有“文化圈”研究。前文所述的亨廷顿的“文明的冲突”理论、“文化东亚”等研究，都是在区域文化圈（文明或文化）的层次上，分析文化对区域和国际政治的影响和互动。

这些区域层次的观察视野，能够更清晰地捕捉到文化的差异性和同一性，也即观察同一文化传统、文化资源所构成的大的文化圈，以及依托这一文化圈资源所构建的文化创意产业。

在这一区域层次上，目前的研究集中在研究国外文化创意产业的区域发展经验。韩美群认为，不同区域内的文化禀赋是区域文化产业发展的基础和前提。当代西方文化产业发展的区域化特征日益明显，主要呈现出四种发展模式：资源优势模式（建立在文化资源，包括自然、历史、民俗宗教文化的基础上，区域特色较为突出）、资本技术模式（除利用其固有的文化资源外，强调科技与创新）、整合集约模式（遵循文化自身超时空的特性和文化产业发展的内在经济规律，使文化产业链上下游产业在一定区域内高度聚集，有利于融合文化资源，发挥平台优势）、非均衡发展模式（由不均衡向均衡发展的过程。需要在布局上优化，形成区域文化产业的“增长极”）。①

相比之下，对于华语文化圈文化创意产业的区域发展经验显得并不充分和系统。因此，本书就是在区域文化圈的层次上所做的研究。

所谓的“华语文化创意产业”的范围，指使用汉语、中文作为文化交流的主要工具的文化区域，其范围并不依国家和地区边界而划定，而是一种文化概念。这一文化概念的核心，是区域内的国家和地区都有相同的中华文化传统基因。

对于华语区文化创意产业的研究，通常主要从以下视角展开：分别研究内地、香港和台湾地区的文化创意产业发展；以对方文化创意产业发展为自己的参照和借鉴的研究；以比较和互动的视角研究彼此间的交流、融合和影响，如深港文化创意产业。

① 韩美群：《当代西方文化产业区域发展模式评析》，《国外社会科学》2009年第6期。

但将华语地区文化创意产业进行整体的比较研究，分析相互的影响、互动、融合对各自文化创意产业建构的影响，寻找相互之间的合作与参照，并且探讨这种影响对于中华文化圈在产业和文化方面的创新，目前还没有见到系统的研究。这正是本书试图着力的方向。

为了研究的需要，并且建立起相互的参照和借鉴，本书特别论及中国内地、香港和台湾这三个华语地区，内地与香港通过"一国两制"的安排，实现了香港回归祖国，但香港在政治、经济、社会方面保持原有制度不变、高度自治，为文化及文化创意产业的发展提供了不同于内地的环境；台湾是中国不可分割的一部分，两岸正在以"和平统一，一国两制"为框架实现历史性的合作，台湾是华人社会实施西方式民主政治的区域，中华文化又处于一个不同的环境之中。这为我们梳理和分析华语文化创意产业的多种形态及其绩效提供了生动的素材。

竞争力的构建与特色密切相关。

华语地区开始文化创意产业的政策布局与产业实践，起步于在西方国家文化创意产业已经成熟、形成竞争优势的阶段。例如，美国、英国已经具有整体性的文化创意产业优势；在亚洲，日本确立了在动漫方面的竞争优势，韩国则在网游、影视和潮流文化方面实力强劲，且都形成强大的对外传播和输出力量。

相比之下，华语地区文化创意产业的差距是明显的。如果方向和路径完全一致，华语地区只能永远追随，被嵌入全球文化创意产业分工体系的低端，成为"文化代工"或者纯粹的消费市场。

而唯有立足华语地区的文化资源和文化受众，寻找到两岸三地文化的和而不同，通过合作、互动，才有可能有与西方不同的定位，也才有可能在新的路径和方向上确立自身的竞争优势。

同样，对于香港和台湾而言，自身市场和消费群体较为狭小，如果一步跨入国际文化创意产业市场，面临的是好莱坞、CNN、百老汇等的竞争。在一个成熟的市场，美欧具有文化优势、语言优势和规则优势。而如果将竞争发力点投至华语地区，其不仅具备在国际市场上所不具备的文化和语言优势，能够"近水楼台先得月"，同时在本地市场，更具备国际理念和规则的优势。而以好莱坞为代表的西方文化创意产业跨国企业已经看到华语地区，特别是中国内地文化创意需求的放量增长，而这同样是华语文化创意产业难得的战略机遇。

因此，明确自身的文化资源条件、培育文化创意特色产业和产业特色，能够使华语区发挥后发优势。

在政策规划和产业实践过程中，强调和突出区域文化的特色，是一种共识。在文化体制改革启动的十年时间内，成绩与问题总是相辅相成的。因此，在实践中检验政策、模式和路径的效果，并不断进行微调，是必然的。在种种效果评估的研究中，缺少将华语文化圈内的多个文化主体进行系统比较的研究。而这正是本研究的视角。

中国内地、香港和台湾地区，其文化同源，只是在近代以来经历不同的历史发展，如今建立起不同的政治制度。从文化上来看，内地是中华文化大树的主干，香港和台湾是中华文化大树上长出的两个分支。同样，在全球文化创意产业发展的潮流中，三地也在大致相同的时期推行文化产业发展战略。这使三地必然要考虑自身文化创意产业发展与华语文化区的竞合。一方面，如何构建自身文化创意产业发展的特色，培育比较竞争优势；另一方面，通过特色和分工，实现区内合作，推动和分享华语文化市场的发展和繁荣。

第二章　全球视野下的华语文化创意产业

西方文化创意产业在较为成熟的市场体制和法律环境中发展，不仅成为强劲的经济支柱，也呈现出较为强大的全球影响力。

值得注意的是，西方发达国家和区域的文创产业优势并非是偶然，也非点状突起，而是整体上的优势，并且正在通过转型和升级把握先机，实现可持续发展。

2.1　西方文化产业"密码"

从全球文化创意产业发展格局来看，存在着西强东弱的态势。

以美国和英国为代表的英语文化区，在文化创意产业领域形成了全面的优势产业门类、产品服务和跨国企业品牌，成为最具影响力的文化区。由于英国与美国这两大国在语言、文化传统、价值观方面的一致性，使这一区域具备了强大的文化发动机功能和示范市场的意义。

在文化创意产业中居领导地位的美英，其主要的经验和模式包括：文化与科技和金融的结合；形成吸引全球文化创意人才和创作的制度环境；形成完整的文化创意产业体系，将产品服务、企业、品牌、产业链、标准等整合，形成综合系统优势；培育出具备国际竞争力的大企业集团和优势产业集聚带；在国际市场形成垄断竞争优势，实现国内收回成本、海外市场赢利。这些都是需要借鉴和本土化的文化产业"密码"。

在英语文化区中，美国是当之无愧的文化超级大国，其文化创意产业具备整体竞争力和跨国竞争力，同时在创新能力和可持续发展能力方面也极具竞争力，从而对全球受众特别是青年产生了强大的吸引力。例如，在中国青年中就存在着一批数量可观的“美剧迷”。他们对最新一季、新一集的美剧何时首播了解得一清二楚，形成“追剧”文化现象。为了消除美剧观看的语言障碍，使更多的人分享美剧，不少人志愿翻译美剧字幕，形成独具特色的“字幕组”文化现象。而好莱坞对全球电影市场的拓展，对不少国家和地区本地电影的冲击，更是表征着美国文化超级大国的地位。在加入世界贸易组织（WTO）的谈判中，文化市场准入就是一个意义复杂、讨价还价的关键。

在英语文化圈之外，欧洲、亚洲的一些国家和地区虽然无法在整体上形成文化创意产业的优势，但是，通过发挥自身的特色，也培育出一些优势的产业门类。例如，法国在电影、出版、旅游、时尚、浪漫城市等方面都享有国际吸引力。日本的动漫产业已经形成独特的艺术风格，在亚洲和全球都拥有广阔的市场。而日本通过动漫创造出的“酷文化”、“卡哇伊文化”等，则被青少年广泛接受和消费，也成为日本塑造国家形象的文化战略。印度由于曾经作为英国殖民地，在语言和文化方面具备优势。例如在全球的IT产业中，印度成为重要的软件研发中心和西方国家的呼叫中心、服务中心、外包中心。印度的电影以强大的制作能力和印度文化特色知名，“歌舞片”成为印度特色的电影类型。电影产业以孟买为中心，形成了与“好莱坞”齐名的电影产业聚集区“宝莱坞”。

总体而言，西方具备成熟的要素配置市场，艺术、科技与金融等要素得以实现较好的结合。这样，不仅使文化创意产业的发展能够借鉴其他产业的运营路径、管理经验，还能够使文化创意产业在市场经济的体制下，融合科技、金融等外部支持，从而具备更强大的创新能力。

这些成熟的产业发展路径，正是文化产业的“密码”，值得学习和借鉴。

第一，构建完整的产业链，这一路径在西方不仅是认知，也是行动。

市场必然使优质的资源向优势的企业聚集，使优势企业得以获得更大的发展动力和发展空间。这就使得优势企业不断地拓展业务链条，实现业务规模和业务范围的扩张。对文化创意产业而言，内容和形象通过多次产出、多窗口盈利能够使企业获得更丰厚的市场回报。因此，围绕形象、符号、故事形成的出版、影视、网络游戏、主题公园等，都被业务和资本的纽带整合在一起，将创作的价值链不断延长，实现一次投入、多次产出的效益，构建出巨型的跨国文创企业。

像"哈利·波特"系列的运作，就是完整产业链共同实现的。J. K. 罗琳创作的这部奇幻作品，先由英国的 Bloomsbury 和美国的 Scholastic 出版公司出版图书。在出版公司的营销下，系列七本图书被翻译成 62 种语言，全球总销量为三亿册。即便以平均每册 20 美元的价格计算，其市场价值已达60 多亿美元。随后作品的价值链延伸至电影产业链，好莱坞巨头时代-华纳（Time Warner）公司购得影视改编权，八部电影（第七集分为上下两部）总票房收入超过 100 亿美元。通过电影创造出来的角色形象还被时代-华纳公司授权给玩具厂商生产，例如魔法帽、魔法杖、人物形象手表等。成熟的主题公园产业为"哈利·波特"系列打开了新的盈利窗口：时代华纳公司与环球影城合作，建造"哈利·波特魔法世界"主题公园，使故事、形象等实现可持续经营，其收益更充满想象空间。另外，哈利·波特的故事还被开发成网络游戏。类似《哈利·波特》系列的文化创意奇迹，看似偶然，但了解到其背后所展开的西方完整产业链和成熟的市场运作机制，就能够充分地了解到偶然中的必然。

第二，文化产业的集聚布局，成为资源洼地和产业增长极。

创意产业孵化于中心城市，又在中心城市形成聚集，并对外辐射。其实，这正是西方经济运行所取得的产业组织理论经验之一，无论从传统的汽车制造业的聚集，到新经济在硅谷的聚集，都为文化产业的集聚发展积累了路径、经验和教训。在《国家竞争优势》（1990）一书中，美国学者迈克尔·波特举了好莱坞的例子，认为由于当地的电影和电视传播业发达，使得特技效果、道具服装和财产保险等行业云集，这些关联产业的质量和地缘优势又使得影城更有竞争力。他以这个例子作为"美国为什么能在个人电脑、软件、信用卡、电影等产业中独占鳌头？"等问题的思考答案。

以伦敦为例，这座全球金融中心、公认的世界城市于2003年公布了《伦敦：文化资本，市长文化战略草案》，提出文化发展战略是维护和增强伦敦作为世界卓越的创意和文化中心的主要途径，并要把伦敦建设成世界级的文化中心。据统计，英国1/3的演艺公司、70%的唱片公司、90%的音乐活动、75%的广播与电影收入、46%的广告从业人员、85%的服装以及其他各类设计师都在伦敦集聚①。以伦敦西区等为中心的演艺娱乐产业群，集聚了50多个剧场、一批优秀的艺术基金会、艺术经理人和创作人，诞生了《猫》等优秀的音乐剧。丰富而有特色的文化创意产业集聚，使伦敦每年吸引近千万的外国访客。另一座世界城市纽约，聚集有百老汇、美国大都会博物馆，出版发行《纽约时报》、《时代》周刊、《财富》和《福布斯》杂志等，聚集了美国18%的出版业从业人员。而电影业在美国洛杉矶地区的集聚，使好莱坞成为全球电影产业的集聚区。竞争的环境、专业的水准和要素的配合，使好莱坞创造出独特的电影创作、制作和营销模式，成为全球电影人心中的麦加，吸引着全球的电影人才、科技和资金。

第三，打造面向全球的文化和企业品牌。

文化创意产业销售的是创意、符号、文化。相比于传统的物质产品，其使用价值并不重要，而在于消费者从中获得或者创造出怎样的意义。文化创意品牌包括多个层次，微观的有产品品牌，中观的有企业品牌，宏观的有城市、区域和国家品牌。各个层次的品牌之间存在着互动关系。

例如，米老鼠和唐老鸭，是微观的卡通形象品牌，以它们为主角的卡通作品、主题乐园都备受孩子们的喜爱。由此形成包括电影、电视、图书、杂志、游戏、玩具、主题公园在内的完整价值链延伸，迪斯尼公司也成为以快乐、休闲、亲子文化为核心的娱乐传媒巨头。值得注意的是，这些西方受众喜爱的卡通人物已经成为全球品牌，伴随着一代代的儿童成长。迪斯尼更是在香港特区和上海都建造了主题乐园，将卡通形象品牌和企业品牌带到了中国市场。

---

① 〔英〕查尔斯·兰德利：《伦敦：文化创意城市》，《世界文化产业发展前沿报告（2003—2004）》，社会科学文献出版社2004年版，第275页。

而以迪斯尼为代表的好莱坞，形成全球优质电影集聚带，也成为全球观众电影消费时的首选品牌。这一区域性的品牌也使美国的文化创意品牌得到认可。

英国在2012年伦敦奥运会上所展示的英国文化符号，就全面展现了其在文化创意产业领域的成就：出版业的“哈利·波特”，影视业的“007”、“憨豆先生”，音乐产业的甲壳虫乐队、辣妹乐队，网络文化的伯纳斯·李等等。这些英国文化符号在自冷战以来的漫长时期里，流行到全球，从而展现出英国创新不断、软实力强大的国家形象。

日本则以动漫确立其文化创意产业的比较竞争优势：手冢治虫的《铁臂阿童木》、臼井仪人的《蜡笔小新》、宫崎骏的《千与千寻》、清水侑子的“Hello Kitty”、藤本弘的《哆啦A梦》等，以不同于美国卡通片的艺术和模式赢得观众。这些在几代孩子的生活中传播的卡通形象，既组成了日本动漫产业的强大竞争力品牌，又被日本用于提升其在国际上的形象，成为国家品牌的组成部分。2008年3月，“哆啦A梦”成为日本首任“动漫文化大使”；2013年4月5日，“哆啦A梦”成为日本申奥特殊大使，为东京2020年申奥加油。这也是奥运会历史上首个虚拟申奥大使，充分表明了虚拟卡通形象创意对于日本形象构建的价值。

第四，通过跨国企业实现全球扩张。

在文化创意产业向全球拓展疆界的过程中，文化企业起着重要的作用。具有创意能力和全球优势的文化创意企业，是西方文化创意产业的核心竞争力之一。

最初是传统的企业通过资本和业务纽带进入文创产业，例如，饮料业巨头可口可乐于1982年收购了好莱坞制片厂哥伦比亚电影公司；日本松下电器、加拿大酿酒巨头西格拉姆公司、法国的水务集团维旺迪、美国通用电气都先后收购过好莱坞环球电影公司。这些大公司的资本介入，为文化创意企业的发展提供了源源不断的金融支持，也为优质的文化创意企业进行了市场估值。而随后传媒娱乐企业的横向和纵向产业链兼并重组，培育了巨型的跨国文化创意企业集团，提升了其竞争力、创新力和抗风险能力。

业务和资本的联结，使文化创意产业不断地做大做强，其势能也拓展到全球市场。以好莱坞的几大制片公司为例，它们都是通过市场竞争配置各种优势资源，形成了庞大的跨国传媒娱乐集团。

与此同时，技术发展和受众需求使消除传统的媒体边界被提上日程。1984 年，里根政府放松对媒体所有权的限制，推动传媒业形成兼并潮。1996 年，克林顿政府签署《联邦电信法》，为跨媒体并购放宽限制，鼓励有线电视经营电信业务，鼓励电信和互联网业进入传统媒介市场。双向业务开放使三网融合的概念清晰呈现，也推动了新一轮的大规模兼并重组。时代华纳与美国在线（AOL）合并，诞生了影响巨大的跨媒体文化创意产业集团。

这是与我国行政配置资源组建文化企业集团完全不同的模式，最终的企业绩效也产生了巨大的差距。

第五，确立产业和文化评价标准。

标准的重要性，在产业发展中的意义不言而喻。谁制定了产业标准，谁就掌握了产业发展的趋势、掌握了市场话语权。在移动通信的 3G 标准中，中国移动公司使用中国自主知识产权的移动通讯标准，就是基于这样的产业前瞻对国产标准的保护。

在文化创意产业领域，西方国家在各个类别都建立起重要的奖项，以表达其艺术标准和价值观，并通过明星、红毯、颁奖、话题等引发全球媒体和观众关注，对文化创意产业生态起到了形塑的作用。

例如，美国电影产业的奥斯卡奖（Academy Award，1928）、电视产业的艾美奖（Emmy Awards，1949）、音乐领域的格莱美奖（Grammy Awards，1958）、戏剧领域的托尼奖（Tony Awards，1947），确定了上述领域的全球标准。

这些标准，通过不断地评奖、传播，不仅形塑了文化创意产业的产品和服务形态，也影响到其艺术价值观。每年的奥斯卡颁奖典礼，成为全球瞩目的盛事。获得上述奖项成为全球文化创意产业从业者的梦想。台湾地区导演李安凭《断背山》（2006 年）、《少年派的奇幻漂流》（2012 年）获得奥斯卡最佳导演奖，成为华语电影的巨大荣耀，也更加彰显了华语演员、导演向好莱坞发展的路径；2012 年，大陆作家莫言获得诺贝尔文学奖，使这一夙愿梦想成真，由此掀起的“莫言热”，再度上演了诺贝尔文学奖这一文学评价标准对于文学价值的指引和市场营销的魔力。这些奖项不仅确立了获奖者和获奖作品的艺术造诣，更是对获奖者和获奖作品的市场定价。奥斯卡奖获奖者，其片酬就跻身一线水平；获得诺贝尔文学奖，其版税也会达到一流标准。

目前，国际影展资质由国际电影制片人协会认定，标准也由其确定，主要分为四类，包括 A 类竞赛型非专门类电影节，B 类竞赛型专门类电影节，C 类非竞赛型电影节，D 类纪录片和短片电影节。戛纳电影节、威尼斯电影节和柏林电影节等著名电影节为 A 类电影节。国内第一个 A 类电影节为上海电影节，北京国际电影节也通过认定成为 A 类电影节，分别于每年的 6 月和 4 月举办。

同样，在文化创意产业的发展趋势方面，以美国为代表的西方国家也处于产业前沿。

以电影业为例，法国卢米埃尔兄弟公开放映电影，被认为是电影之父。但电影工业的种种标准大多在美国形成。与卢米埃尔同时，美国发明家爱迪生也发明了成熟的电影摄像机、录音机等设备。爱迪生公司选用伊斯曼柯达公司生产的赛洛珞胶片拍摄电影，确立了 16 毫米电影胶片的全球电影工业标准。此外，世界第一部有声电影、彩色电影、立体声电影、CG（Computer Graphics）电影、3D 电影、IMAX 巨幕电影都诞生于美国：华纳兄弟电影公司于 1927 年 5 月 3 日推出了电影史上第一部有声片《爵士歌王》；第一部彩色故事片《浮华世界》由马摩里安导演；迪斯尼公司在 1928 年推出世界第一部有声卡通片《汽船威利号》，又于 1932 年推出世界第一部彩色卡通片《花与树》；1995 年，迪斯尼与皮克斯工作室合作了第一部 CG 动画电影《玩具总动员》。好莱坞所确立的电影创作、生产、管理、营销模式，成为全球商业影片的样板。

在出版业同样如此。作为人类创造的历史最悠久的文化产业，美国人第一次将互联网、数字技术与书报刊和阅读相连接，使出版业发生了自中国造纸术和印刷术发明以来最剧烈的革命：1996 年，亚马逊公司通过互联网销售图书杂志，创造了一种全新的文化商业模式：网上书店。这项创新不仅催生了亚马逊这样的跨国商业巨头，也使全球出版业开始发生革命性的变革。它以虚拟的网络空间，充分展示着每一种图书，以充分满足读者需求的"长尾"，这在店面有限、货架金贵的传统书店是无法想象的；在移动互联网成为社会基础设施之际，美国亚马逊公司推出了 Kindle 电子书产品、苹果公司推出了 iPad 阅读终端，使阅读进入移动阅读和社会化阅读时代，让数字时代的青年重新开始阅读之旅。

创新无极限，而这些不断创新的标准不仅影响了产业形态，更重要的是，它还影响了消费者的偏好。“奥斯卡”、“诺贝尔”甚至成为流行文化产品在全球市场营销的通行证，由内容制作端向受众端的贯穿，使标准获得了话语权。而存在于西方的标准通行全球，必然会影响到本土文化消费者的品位。这也是不少国家国产影片难以抵挡好莱坞冲击的深层次原因。消费者的需求偏好，使本地文化创意者向好莱坞标准靠拢，这一方面难以与成熟的好莱坞影片直接竞争，另一方面也使本土文化必然好莱坞化，银幕上的本土文化丧失了其原有的韵味。这一现象使不少国家和地区都对文化开放保持警惕，通过“文化例外”来保持本国本地区的文化安全，使文化多样性生态得以保持。

对上述路径的总结是挂一漏万的。事实上，文化创意产业是在西方工业化发展的基础之上发展起来的，这使文化创意产业能够按照产业化、市场化的成熟路径发展繁荣，硬件实力支撑着软实力，为软实力提供成熟的环境和路径。企业家得以娴熟地创立、经营和管理文化创意企业；西方国家完善的市场机制，激发不断的创新，导致新技术创新不断涌现，与文化潮流的创新相结合，使西方发达国家在经济转型中，再度把握了文创产业发展的先机和话语权。艺术家能够将艺术与新技术的表达结合起来。这就形成了整个产业环境的差异。

2.2　东亚文化竞争

东亚是世界上经济社会发展最有活力的地区之一。在20世纪六七十年代，有日本和“亚洲四小龙”的经济腾飞，随后更有中国的大国崛起。东亚的现代化与儒家文化的关系，是比较并寻找东亚与西方现代化的文化动因和路径的重要课题。

从文化战略的角度来看，美国学者亨廷顿将“儒家文化”作为一种影响全球格局的文化力量，与西方基督教文化形成竞争与互动的关系。

而受儒家文化影响至深的华语地区，曾经通过赶超战略在经济上获得了成功；面对西方文化创意产业的领先优势，这一次，华语地区如何实现学习和超越？

学者罗荣渠对东亚现代化的历史特征作过如下总结：首先，它把西方经历了几个世纪的大变革压缩成为短时期中的急速转变；其次，它是一个连续性的破坏与延续的深刻矛盾运动，对传统的变革是在传统的根基上进行的；再次，它通过多条道路过渡到现代工业社会和进入现代世界。每种模式都有历史的合理性与局限性。每种模式的弱点都在实践中受到检验与修正，向混合模式方向转变。[①] 这种对东亚现代化的宏观史观，对于华语地区的文化创意产业发展同样有启示作用。

一曲《江南 Style》，使韩国的文化创意能力再次为人赞叹。“鸟叔”顺应网络文化需求的音乐创作，通过 YouTube 这样的网络传播平台，使全球齐跳“骑马舞”，上至美国总统，下至网络草根，都在鸟叔的骑马步中产生出属于自己的快感和意义。这显然并不是一起偶然的事件，从韩剧、韩国偶像在亚洲和全球掀起的“韩流”到不断创造出来的娱乐偶像，显现的是韩国文化创意产业的实力。

事实上，韩国文化创意产业战略实施的时间并不算长，在遭遇 1997 年亚洲金融风暴袭击后，韩国才正式提出“文化立国”方针，将文化产业作为 21 世纪发展国家经济的战略性支柱产业，加速国家的产业转型和升级。

目前，韩国在韩剧、音乐、网游和美丽产业等新兴文化创意产业方面形成了竞争力。同时，文化创意产业的内容创造又使韩国的手机、电脑等移动信息终端制造和设计产业获得提振，最终使韩国具备了独特的文化产业竞争力和远高于其经济实力的国家形象。

同样，新加坡也在 1998 年出台“创意新加坡”计划，把创意产业确立为 21 世纪的战略产业。2000 年 3 月，新加坡信息与艺术部(Ministry of Information and the Arts)颁布《文艺复兴报告——新加坡复兴中的文

① 罗荣渠：《现代化新论》，北京大学出版社 1993 年版，第 94 页。

化和艺术》①,提出新加坡的文化发展目标,短期要成为如墨尔本和香港那样的地区性的文化中心;远期要以伦敦、纽约等文化资本城市为目标。目标的提出,让人看到了新加坡文化追赶战略的蓝图和梦想。

新加坡对文化创意产业的认识并不止于新的经济增长点。在跨千年的《21世纪发展计划》中,新加坡明确提出了"硬件"(hardware)、"软件"(software)和"心件"(heartware)的概念。"心件"指社会和谐、政治稳定、市民合作精神、积极的价值观和人生态度等。新加坡着力营造健康向上的人文环境,廉洁高效的治理环境,透明公正的法制环境,规范诚信的市场环境,安定团结的社会环境,绿化洁净的生活环境,逐步开放的国际环境,整体优化的人口环境,都形成对创意人才的吸引力和归属感,打造出强有力的"心件"。

通过对韩国、新加坡等国的文化创意产业发展的实践进行梳理,可以发现,在短时间内发展文创产业,有一些共通的路径:

第一,从国家层面制定推动文化战略。像韩国的"文化立国"、新加坡的"文艺复兴",都是国家文化战略。文化战略与经济战略等配合,使之带动其他产业和领域的发展,并向全球营销本国的创意产业,有效地提升国家影响力和国际地位。像韩国通过韩剧的输出,使韩国历史、文化、饮食等传统获得更多的传播,既直接吸引游客,也使韩国以青春时尚的国家形象,成为文化潮流的引领者。新加坡包括媒体产业在内的优势产业的培育,使其具备了超越城市国家规模的文化能量。学者陈颖认为,创意产业的政府支持主要集中在制定发展规划、设立专门机构、普及创意文化、开展全球营销等方面。②

第二,注重优势产业和产业优势的判断。差异化定位能够形成比较竞争优势,形成和而不同的产业结构,这不仅是产业竞争策略,对文化多样性而言也是非常重要的。作为发展中国家,韩国重点布局游

① 《文艺复兴报告》的两大目的是:把新加坡建成全球艺术城市、21世纪亚洲文艺复兴的关键城市、世界顶级适宜于生活工作和娱乐的城市之一,从而使城市的文化氛围适宜于创造性的事物、以知识为基础的产业以及人才的发展;为国家提供文化上的强有力支持,加强新加坡的民族文化特征,珍惜文化遗产,使新加坡成为电影、戏剧、舞蹈、音乐、文学以及视觉艺术的中心。

② 陈颖:《亚洲"四小龙"创意产业发展的实践对比》,《亚太经济》2011年第6期。

戏、影视等，并形成了核心竞争力，从而带动了其他文化创意产业门类的发展。新加坡选择媒体、设计等作为重点发展方向，与其所具备的文化资源和社会需求相适应。可见，科学的定位，能够使文化创意产业形成特色和优势明显的竞争力，再以点带面，带动创意产业和实体经济的发展繁荣。

第三，民众和社会的参与。韩国、新加坡政府注重增强民众对创意产业的了解，提升民众的文化素养。新加坡政府把“人才立国”作为一项基本国策，崇尚精英教育，在理工学院以及其他大学中开设戏剧、文学、音乐、媒体设计、电影拍摄、电视制作等方面的课程，注重本土创意专才的培养。种种措施，既为文化创意产业培育了高素质的人才，也提供了庞大的文化消费群体。

韩国文化创意产业的发展，特别是韩国流行文化成为东亚时尚的策源地，极大地增加了世界对韩国国家形象的认识。韩国以其时尚潮流、美女帅哥，成为亚洲青年心中的美丽国家。韩国国民，特别是青少年在美容、时装、时尚等方面成为引领者和实践者。新加坡政府则在2011年确立了国民的文化发展目标：在15年内让至少一半的新加坡人参与和享受艺术及文化活动。这些都是文化创意产业发展给民众和社会带来的价值。

第四，以创意氛围吸引全球创意人才聚集。创意产业的核心是有创意的人和人的创意，这是文化创意产业最具竞争性的文化资源。新加坡政府举办创意青年交流比赛（Creative Youth Exchange），为亚洲29岁以下的青年提供展现创意才华的平台，吸引年轻人投身创意产业。在高等教育方面，新加坡实行各大学每年必须招收20%的外国留学生政策，一方面促进了各种文化形态的交流，一方面为创意经济发展聚集大量海外优秀人才。值得注意的是，对创意人才的吸引并非简单地通过诉诸利益就能达成。创意阶层聚集的城市或者地区，一定是创意氛围浓厚的“创意城市”。在这方面，像中西文化汇集碰撞、思想言论自由、艺术气息等城市软件的建设，相比产业园区等硬件建设更为重要。如此看来，新加坡《文艺复兴报告》明确提出把新加坡建成全球艺术城市、21世纪亚洲文艺复兴的关键城市、世界顶级适宜于生活工作和娱乐的城市之一，从而使城市的文化氛围适宜于创造性的事物、以知识为基础的产业以及人才的发展，体现了新加坡社会的前瞻性。

在经济上建立了自信的东亚各国，不约而同地会追求本土文化的自信和身份标识。不可否认的是，在文化承载了经济功能和民族国家软实力的语境下，国家和地区间的文化竞争和挑战不可避免。

例如，2005年，韩国花费1.5亿元在法兰克福书展进行了一场主宾国秀，这是有史以来最大手笔的主宾国花费。中国2009年的主宾国花费约为0.5亿元。在韩国主宾国馆内，“1377年，世界上发生了什么惊天动地的大事？”的问题在宣传片里反复地播出。韩国人的答案是：人类历史上最早的金属活字本《直指》（全称为《白云和尚抄录佛祖直指心体要节》）诞生，比德国人古登堡（Gutenberg）的《四十二行圣经》还要早78年。“活字印刷”一直是中韩两国争夺的古代科学专利。毕昇发明的活字印刷术，是中国古代的四大发明之一。然而，韩国学者并不这么看，他们以《直指》为依据，强调朝鲜人最先使用和发明了活字印刷。而对早于此年代的中国毕昇泥活字印刷，他们称为“脆而不实用，只是一种想法”。近年来，韩国政府对《直指》表现出异乎寻常的重视，进行了超大规模的宣传。2001年6月11日，韩国方面组织了一次国际咨询会，《直指》在该会议上被认定为世界上最早的金属活字印本，并成功申报为联合国教科文组织的世界文化遗产。

韩国文化近年来形成强劲的“韩流”，其文化自觉性也不断膨胀，2005年初将首都“汉城”中文名改为“首尔”即是一例。而耗费巨资以大手笔作主宾国秀，更将重点放在过去和未来两个方向，以求获得文化大国地位。所谓过去，就是争夺活字印刷术发明国地位；所谓未来，即以U书（Ubiquitous Book，即“无所不在”的书）展示高科技提供的阅读未来。韩国的世界级企业三星为U书提供了手持阅读终端；风靡全球的韩国电影也为韩国文化的推广助阵；韩国料理也在主宾国开展仪式上向观众免费敞开供应。韩国不惜投入巨资，打出文化组合拳，其意图在于走出“中国和日本的身影背后”，向欧洲及世界展现韩国是一个文化发达国家。[①]

不仅是活字印刷术的发明权，2005年韩国还向联合国教科文组织

---

① 翁昌寿：《1.5亿元的韩国秀》，《出版人》2005年第11期。

提出申请，将“江陵端午节”列入“人类传说及无形遗产著作”，并获得成功，引发中国公众和媒体的激烈讨论。种种迹象都表明，文化的挑战和竞争正在随着经济的竞争而展开。而文化的竞争背后不仅仅是经济的逻辑，更是文化身份的构建。

举办1988年汉城奥运会之后，韩国开始新一轮的发展。在文化产业的发展规划中，韩国不满足于传统文化的保存和传承，更追求形成文化产业的竞争力和市场辐射能力。韩国瞄准娱乐业，打造属于韩国的世界级明星，如裴勇俊、金喜善、全智贤、李英爱、宋慧乔、鸟叔，不断形成超级明星。特别是2003年韩国MBC出品的《大长今》，在亚洲掀起空前的收视热潮，开启了韩剧长达10年的黄金时代。韩国不仅通过影视产品输出获得收益，还吸引游客到拍摄地点观光。而通过娱乐产品推出的韩国偶像，则走向亚洲甚至全球市场，进入影视、广告、演艺、音乐、出版等文化创意产业门类，形成持续不断的“韩流”。韩国也成为亚洲娱乐时尚的新基地，深受青年追捧。

事实上，文化创意产业发展带给民众的，是一种对自身文化的自信和骄傲，从而发自内心地实现文化的认同、国族认同。在相当长一段时间内，韩国作为国土狭小、市场狭小的国家，还面临着国家统一的历史问题，长期处于美国的保护之下，属于一个政治小国。而随着经济的发展，创造了“汉江奇迹”，承办奥运会获得国际关注，其文化自信开始增长。而确立自身文化的独立性，弱化所受儒家文化或中华文化的影响，就顺理成章了。

韩国的文化竞争战略分两个方面：一方面是对传统文化资源的争夺，以发明权增强文化上的独立性；另一方面，通过文化创意产业的促进，打造当下的文化话语权和影响力。这就是韩国文化创意产业发展的重要方向。特别是其针对青少年所构建的网游、韩剧、偶像，使韩国在文化创意产业方面的成绩远远超出其经济规模和实力，并成为文化产品的出口国。

对于中国大陆、香港和台湾而言，韩国既是需要关注的对手，更是值得学习的榜样：一方面，如何发掘传统文化的优质资源，形成文化认同和传承；另一方面，如何创新传统文化，使其对青年、对世界具有影响力和感召力。

日本在文化创意产业方面也构建了较强的影响力。日本曾经发动过侵略战争,给亚洲各国人民带来了灾难和创伤。战后,日本重建、经济复苏,随着东芝、日立等日本电器一起进入中国市场的,是日本动漫:手冢治虫的《铁臂阿童木》《森林大帝》。结果,日本电器在中国风行了三十年,随着中国家电业的崛起,风光不再;而日本的动漫却推陈出新,《聪明的一休》《蜡笔小新》《机器猫》《哆啦 A 梦》《名侦探柯南》和等经典作品在成熟的动漫产业链条下不断涌现,创作价值得以实现。甚至仅仅一个无任何故事支撑的 Hello Kitty 形象,也被日本人授权到各个领域成为知名品牌,深受可爱系女生喜爱。日本动漫以与美国动漫不同的艺术风格、亚洲化的人物形象和故事,成为几代中国青少年的儿时记忆,宫崎峻的《千与千寻》还获得第 75 届奥斯卡电影奖(2003 年)最佳动画长片奖。ACG 产业(动画、卡通、游戏)的相互支持,发展成为日本最有竞争力的文化出口产品。依托动漫产业,日本对外输出其"酷文化",使文化创意产业进入国家形象战略之中。日本人发明的卡拉 OK,早已在华语圈成为民众娱乐社交的主要方式。卡拉 OK 所催生的音乐版权付费、"我爱记歌词"类电视综艺节目和大量的移动 APP 应用,都对数字音乐产业形成了极大的推动。日本还有一项独特的文化产业,那就是写真集与 AV(成人录像)。由于中国缺乏文化分级制度,使之成为色情或淫秽品,不能通过合法途径进入市场,但可在网络及盗版市场获得。

东亚文化竞争,是经济腾飞后各国的必然路径。它表明,虽然文化创意产业的全球格局已经基本形成,但是,对于文化发展中国家和地区来说,当整体上的竞争力无法迅速构建时,现实的路径就是寻找和培育自身的优势产业和特色文化,通过文化的"光韵(Aura)"表达本地的文化和意义,制造文化影响。而科技社会变迁引发的文化创意产业变局,时刻都在为文化发展中国家实施赶超战略提供着机会。

不过,东亚文化竞争涉及新兴国家对文化和产业话语权的重新分配的要求,这是一场软实力构建的赛跑,需要高度重视和积极应对。

第三章　华语文创产业的战略定位

面对以美国为首的西方国家文化创意产业发展所取得的显著效益，面对同处儒家文化圈内的韩国、日本、新加坡文化创意产业的迅速突破，华语文化圈的中国大陆、香港特区、台湾地区也开始规划和实践本地的文化创意产业。

中国大陆、香港、台湾所呈现出的文化上的"和而不同"，是近现代以来中华文化发展的一个重要现象。三地文化在同根同源的基础上，又发展出各自的特点和走向，使相互之间具备了交流、参照、融合的巨大空间。中华文化根植于不同的政治、社会土壤中，发出了新枝。从这个意义上来说，大陆、香港和台湾文化的特色，既包含了中华文化相对于其他文化的特色，更包含了三个子文化系统相互参照形成的特色。

3.1　中国大陆：大国崛起的文化战略

四大发明、丝绸之路、儒家文化、延续未中断的文明，这些都是中国在历史上对全人类的巨大贡献。然而，近代以来，由于西方列强的侵略，中国一步步陷入半殖民地半封建社会的深渊；香港和台湾则先后被英国和日本殖民统治。这使绵延几千年的中华文化在亡国灭种的危机中遭遇到由点到面的否定。

在清末，中国的"天朝大国"、"世界中心"的文化盲目自信被外国坚船利炮所摧毁，中国几代人向外来文化学习的步伐不断加快，传统文化的自信心也不断衰减。向西方学习成为历史的选择。在洋务运动中，洋枪洋炮的引进，使中国开始接受西方文化的“器物”层面。而为了维持中华文化的正统性和优越感，以“中体西用”作为一种安慰性的表达。

而在中日甲午战争中，装备精良的北洋水师的覆灭，使国人开始关注日本的强盛之根本，从而开始意识到应当学习日本、英国的君主立宪等政治制度，对西方的学习进入到“制度”阶段。经过改良还是革命的争论，最终武装革命成为历史的选择。辛亥革命建立了中华民国，这是中国历史上第一次建立起西方式的共和国体和政体。

然而，制度的学习并没有使中国改变在世界舞台上的贫弱地位。第一次世界战后，在确立战后全球格局和利益分配的巴黎和会上，战败的德国在中国的权益竟由日本接收。中国再次成为西方列强手中任人宰割的战利品，民族生存危机引发五四运动。在“外争民权、内惩国贼”的政治诉求主流中，新兴的激进知识分子发起了“新文化运动”。新文化运动是从语言、文化上与旧时代的中华传统文化的决裂。西方文化中的“德先生”和“赛先生”成为中国青年的时代偶像。西方包括马克思主义在内的各种政治、文化思潮在中国流行、竞争，形成现代中国的思想启蒙运动。遗憾的是，五四运动完成了“打倒孔家店”的“破”的任务，但在“立”，即推动中华文化现代化转型方面，却被日本对中国不断加深的侵略打断，民族救亡成为头等任务，文化启蒙被迫中断。

经过新民主主义革命、社会主义改造，中国政治上实现了民族独立，摆脱了近代以来被动挨打的宿命；而“文化大革命”的十年，使中华传统文化被破除殆尽，政治侵入一切领域，阶级斗争替代一切对话和沟通。经过改革开放，中国凤凰涅槃。在短短三十年的时间里，走过了西方发达国家百余年的现代化历程，实现了经济赶超，2010 年中国已经成为仅次于美国的世界第二大经济体。与此同时，中国香港和中国台湾也实现了经济腾飞。经济上的自信，带来的必然是文化上的自信。

中华文化、儒家文化在中华民族近代经受的屈辱历史中，一度被质疑和否定，甚至受到政治话语的随意切割，被认为是中华民族迟迟未能走上现代化之路的“罪魁祸首”；在这样的集体无意识中，中华民族对自身绵延数千年的文化传统也滋生着悲观和急躁的情绪。

马克斯·韦伯曾断言中华文明中的儒教和道教都无法支持西方式的经济兴起，如今已被华语区经济起飞实践所回应。中华文化在近现代所经历的起伏，证实了文化对经济和政治的依附性。大国崛起必然要求文化复兴。对中国而言，建设与经济大国相对应的文化大国地位，也成为应有之义。文化建设自 2002 年中国共产党十六次全国代表大会起被纳入与经济、政治“三位一体”的中国特色社会主义事业总体布局；2007 年十七大增加“社会建设”，2012 年十八大增加“生态文明建设”，形成“五位一体”的中国特色社会主义事业总体布局。

就全球层面来说，中国属于西方眼中的东方文化，是西方文化眼中的“他者”，带着异域色彩和想象成分。而以“文明的冲突”和“软实力”为代表的西方文化战略理论的落脚点来看，非西方文化常常被西方文化作为潜在竞争者和挑战者来看待。这在中国大国崛起过程中表现尤为明显。

中国文化战略的层次是国家和民族复兴层次的大战略，其发展的目标被明确定义为“建设社会主义文化强国”。从国家宪法到党和政府的政策，都强调文化的“为社会主义服务、为人民服务”，这是对中华文化特色的顶层设计和定位。中国共产党十五大报告所作的阐述是：“建设有中国特色社会主义的文化，就是以马克思主义为指导，以培育有理想、有道德、有文化、有纪律的公民为目标，发展面向现代化、面向世界、面向未来的，民族的科学的大众的社会主义文化。”

文化的内核是价值观。中共十六届六中全会提出，构成社会主义核心价值体系的基本内容包括“马克思主义指导思想，中国特色社会主义共同理想，以爱国主义为核心的民族精神和以改革创新为核心的时代精神”；中共十七大报告认为“社会主义核心价值体系是社会主义意识形态的本质体现”，提出“要巩固马克思主义指导地位，坚持不懈地用马克思主义中国化最新成果武装全党、教育人民，用中国特色社会主义共同理想凝聚力量，用以爱国主义为核心的民族精神和以改革创新为核心的时代精神鼓舞斗志，用社会主义荣辱观引领风尚，巩固全党全国各族人民团结奋斗的共同思想基础。”中共十八大的表述有了很大的变化，以12个词的具体表述置换了此前的政治概念，分别是国家层面的“富强、民主、文明、和谐”，社会层面的“自由、平等、公正、法治”和公民层面的“爱国、敬业、诚信、友善”。

中共十八大报告面对思潮涌动，明确地以三个自信：道路自信、理论自信、制度自信来坚持中国特色社会主义道路。其中，自然规划着文化发展道路的中国特色和社会主义特征。在这一前提下，为文化提供“百家争鸣、百花齐放”的自由创作和传播环境。

可以说，在文化对于政治和经济等的依附性下，这样的特色思路，明确地规划了中国文化的当代定位和发展方向，与中国香港特区和台湾地区的文化发展定位形成差异化。在结合中国国情的情况下，为中华文化注入了新的内涵，丰富了中华文化的样态。

因此，当面对文化创意产业的竞争时，中国会把“文化安全”作为底线。

3.2　香港：亚洲的国际都会

香港创意产业战略和政策的制定，是基于香港特区的经济基础、政治基础和文化基础来进行的。

由于区位和历史的原因，香港长期处于中西、内地与海外贸易、经济和文化的交融点，对外开放、市场经济发达，成为著名的自由港，货物、资金、人员往来交流都极为密切，自然也促进了各国多样化文化的交流和融合。“华洋杂处”、“中、英文并用”[①]，其背后是中西文化的碰撞、交流和融合。这些特殊的经济、政治环境都成为滋养独特“香港文化”的因素。原新华社香港分社秘书长周毅之认为，香港文化自古以来属珠江三角洲文化圈；香港文化是东西方文化、传统与现代文化交融的多元混合体[②]。

香港文化有哪些独特性呢？这就需要引入内地和海外两个维度来进行参照。

---

① 杨英、杨桂英：《香港区域竞争优劣势评析》，《产经评论》2010年第3期。
② 周毅之：《香港的文化》，新华出版社1996年版。

从与内地文化的参照来看,香港文化是一种独特的中华文化形态。与内地相比,香港的文化更具商业性、实用性、开放性,长期形成的贸易、航运、金融等强势产业,强调与世界交流、对话的能力和开放的态度。

在长期的英国殖民统治中,殖民文化在香港留下了印记:维多利亚港取名自1841年英国占领香港时的英国女王名;爹核士街、宝灵顿道、罗便臣道、坚尼地城、德辅道等都使用历届港督名来命名。一些英国商人的名字也成为街道名,例如遮打道、怡和街、启德道等。英语与中文一起成为官方语言。港英政府一度承认某些中国法律和习惯适用于香港,例如蓄婢制、纳妾、女子无继承权等,最终到1971年才被废除。而随着西方贸易、商业、金融的兴起,香港又培育了完善的市场经济和发达的商业文化。这些都使香港在内地视角中,具备了别样的文化元素。

同时,香港地域狭小、市场规模不大,因此,其文化创意产业除了要服务本地市场外,还必须面向更广阔的市场。而与内地接壤的地理区位,使其在回归前就形成了面向内地市场的粤港合作、"北上"态势。而回归后,在一国两制的框架下,这种联系和面向更为自觉。

对于内地市场而言,香港更早、更深入地吸取了西方文化创意产业的路径和经验,而其都市大众文化的发展路径使文化创意产业极为发达和成熟;而特殊的政治和历史发展路径,使香港没有思想和舆论的高度一律,使创意具有更为自由的空间,使其能够包容多样化的文化需求和文化创意,这些都使香港文化成为华语文化一个独特的发展形态和样本。

香港根据"一国两制"的构想回归祖国后,仍然保留了这种自由、独特的制度和社会环境,邓小平1983年明确表示:"'一国两制',香港实行资本主义50年不变。"原港澳办主任鲁平1994年这样描述这种"不变":"到了1997年7月1日,你们一觉醒来,将会发现窗外飘着五星红旗和你们的紫荆花区旗。但除此以外,香港还是原来的香港。中环的写字楼还是熙熙攘攘,百货公司还是顾客盈门,联交所的电脑还是那样紧张地运作着,启德机场(希望到时已是赤腊角机场了)的飞机还是穿梭般地起降,晚上尖沙咀的霓虹灯依然是五光十色,每到星期三晚上和星期六下午，还是万人空巷，人们都拥向跑马地或沙田的马场。每逢星期天上午，教堂的钟声依然响彻云霄，黄大仙的香火愈烧愈旺……政府的公务员，除了几个主要官员要由行政长官提名、中央政府任命外，其他的公务员在 1997 年 7 月 1 日都将照常上班。对外国投资者来说，你们大可放心，没有必要硬着头皮去啃那方块字，也没有必要从头开始去熟悉另一套法律和税制。”[①]其中大量描述了香港特色文化的不变。

这种长期不变的承诺，给香港社会和国际社会以平稳过渡的极大信心，保持了香港回归后的繁荣稳定。而对中央政府而言，敢于作出这样的承诺，也源于强大的自信。相信 50 年后，内地的政治、经济、社会、文化、生态等发展水平会有极大的提升，对香港的吸引力和向心力会大大增强。

因此，从海外的视角来看，香港并非是同质化的西方，而是中华文化的重要组成部分，同时又能迅速地接受和融合外来文化，成为海外资本家、游客眼中的别具现代风情的中华文化都会。

香港的文化有其香港风格，表现出香港的核心价值。前特首曾荫权总结为自由、开放及多元化的社会，坚持法治，维持言论及新闻自由，及确保公务员队伍廉洁及有效率[②]。特首梁振英描述为：人权、法治、廉洁、自由、民主，包容各种立场和意见，并尊重新闻自由[③]。这些核心价值正是香港文化创意的内核，也通过香港文化创意产业进行表达和传播。

正因为这种文化上的特色，香港与内地、台湾呈现出“和而不同”的文化生态，香港与内地在文化创意产业的竞合方面空间广阔。

香港回归祖国后，背靠内地，释放出更大的活力；也先后经历了两次金融危机。作为自由港，香港传统的支柱型产业金融、贸易、物流、专业服务和旅游等，在金融风暴的打击后，暴露出结构性失调等问题。同时，香港也面临区域内城市的强大挑战，如新加坡、上海。关于香港

---

① 端木来娣：《香港的昨天 · 今天 · 明天》，陕西人民教育出版社 1995 年版，第 302 页。
② 曾荫权：《香港要成为亚洲世界都会》，新华社，2001 年 9 月 11 日。
③ 梁振英：《稳中求变　务实为民》，中国新闻社，2013 年 1 月 16 日。

的发展路径和定位，成为香港特区谋求繁荣稳定的迫切战略问题。

首先是确定创意产业的发展目标。

1999年，时任香港特首董建华在《施政报告》中将香港定位为"亚洲国际都会"（Asia's World City）。2001年，在香港《财富》论坛闭幕式上，香港"亚洲国际都会"的品牌及VI系统推出。这是香港在新千年之际进行的一次整体定位。

"国际都会"必然包含文化创意的影响力和竞争力。受英国大力发展创意产业的启示，2003年1月，特区政府《施政报告》中首次提出了"创意产业"概念，强调创意产业是知识经济体系中的重要环节，是文化艺术创意和商品生产的结合。

2005年度香港特区政府《施政报告》把"创意产业"改称为"文化及创意产业"，认为在全球化竞争的年代，要通过设计、包装、形象和广告等手段提升香港产品和服务的附加值，使之凝结和体现文化的无形价值。名称的变更表明了香港特区政府融合文化与创意的意图。

2006年度《施政报告》改称"文化及创意产业"为"文化创意产业"。报告强调香港电影业发展的优势。

2007年度《施政报告》以"创意之都"为题，强调文化创意产业这种高增值且不影响自然环境的产业，符合全球城市的经济发展模式。

2008年度《施政报告》恢复使用"创意产业"概念。

2009年度《施政报告》以巩固四大支柱产业、推动六大优势产业为主轴。"文化及创意"为六大优势产业之一，与教育、医疗、检测认证、环保、创新科技并列。报告称，推动创意产业发展，是经历了两次金融风暴之后经济转型的思考；全球化大潮下城市竞争力备受挑战。[①]

2010年度《施政报告》提出，为配合西九文化区的发展，加强文化软件内涵，培育观众，扶掖更多中小型艺术团体，政府已向艺术及体育发展基金注资30亿港元，为有潜质的艺术家及团体提供持续发展机会；让艺术和文化走入小区。

2011年度《施政报告》称香港的文化及创意产业面临不少困难，但

---

① 钱华：《1999—2009年香港文化创意产业政策与促进措施．深圳与香港文化创意产业发展报告》，社会科学出版社2010年版。

只要调动资源,加上政府适当扶助,这些产业仍然有很大的发展空间。为此,政府决定向"创意智优计划"额外注资3亿港元;"创意香港"办公室计划推出"首部剧情电影计划",资助新导演及团队;推广"动漫基地"及"元创方",推动创意氛围;期待西九文化区将来会发展成世界级文化艺术枢纽。

正如2010年度《施政报告》所说,香港应抓紧国家崛起的机会,争取下一个十年在政治、社会、经济及文化上飞跃发展。香港文化创意产业发展迎来战略机遇期。

3.3 台湾:华文世界创意领先

在第二次世界大战结束后,台湾回归中国,由于地缘政治的因素和西方制造业向外转移,率先进入国际政治经济体系,从而获得了经济腾飞的机会,成为"亚洲四小龙"之一。

台湾、香港、新加坡和韩国经济的起飞,为中华文化与现代化并行不悖提供了生动的例证,也吸引不少学者试图像马克斯·韦伯寻找新教伦理与资本主义发展之间的内在逻辑一样,寻找儒家文化与东亚经济腾飞之间的联系。

在国际分工和合作中,台湾的经济发展模式经历了代工导向、出口导向到自主研发的产业升级,台湾逐渐成为全球IT产业制造和研发的中心,走出了引进—输出的路径。1949年,台湾地区人均国民生产总值GDP为162美元,到2012年增至4740.15美元。

台湾凭借曾经一度先于大陆的经济发展步伐,具备了比较竞争优势,港台文化也一度成为大陆的文化流行风尚。

随着全球经济社会的进一步转型和发展,台湾也面临着制造业优势丧失的挑战,曾经"台湾钱,淹脚目"①,在全球化的产业转移和分工中面临实现经济转型升级、寻找新的经济增长点的挑战和机遇。与此同时,经济发展如何带来民众生活质量和幸福感的提升,也成为经济社会全面发展的现实问题。

---

① 台语,意为钱多得不得了。

由此，台湾希望在经济腾飞之后实现文化的腾飞。

台湾地区文化主管机构“行政院文化建设委员会”（简称“文建会”），成立于1981年，其宗旨是“发扬中华文化，提高国民精神生活”。1995年，“文建会”提出“文化产业化，产业文化化”的构想。1997年的亚洲金融危机，使支撑台湾经济腾飞的传统产业的可持续发展空间备受担忧。而同为“亚洲四小龙”的香港特区、新加坡、韩国等都先后提出文化创意发展战略；大陆则在经济发展之外，通过申办北京奥运会等不断提升国际形象和影响力。捕捉到全球文化创意产业发展和布局的发展潮流，台湾也敏锐地跟进，将经济转型的方向定位于文化创意产业。

台湾文化创意产业政策的制定和实施，同样需要建立在对自身的文化资源的盘点和判断的基础上，寻找到自身的优势和定位。主要包括：

台湾文化是中华文化的组成部分，很早就与大陆在政治上、经济上、文化上成为一个国家。台湾先后经历了荷兰殖民者的侵略、日本殖民者的统治；曾被割让而成为殖民地50年，后又经历国共内战、冷战，继续与祖国大陆分隔。

在这一历史过程中，殖民者强行推行宗主国文化，使台湾的文化被注入西方文化的因子。1949年之后，国民党政权败退台湾，又将大陆完整的政治、经济和文化带到台湾，对日本50年殖民统治的影响进行清算。

与此同时，台湾在制度建设上，沿着孙中山设想的“军政—训政—宪政”路径[①]，走上了与大陆、香港所不同的路径，其政治生态也随着经济的全球化而走向西方化。从1987年起，台湾当局宣布解除戒严，开放党禁、报禁，开放台湾民众赴大陆探亲。2000年，民进党赢得台湾地区领导人选举，台湾实现首次政党轮替；2008年，国民党赢得选举，重新执政。台湾政治进入西方式的两（多）党政体。而政治上的蓝绿对立、族群分裂，使台湾产生了文化议题被政治化的倾向。甚至，文化被政治所绑架，被随意打扮，为“文化台独”所利用。

---

① 孙中山：《国民政府建国大纲》，《孙中山文选》，九州出版社2012年版，第332页。

历史的沧海桑田，使台湾文化具备了与大陆不同的多元化的特点；而与大陆的地理、历史和政治的分隔，使它对中华文化的认同以及和大陆文化的关系，成为台湾文化发展的独特语境。台湾歌手罗大佑的《亚细亚的孤儿》就是这种历史文化情境和心态的写照，表明了台湾文化身份的认同困境，这也是其文化创意产业发展所面临的历史语境。

台湾地区学者认为，在全球的华人文化中，台湾有三大优势[①]：一是1949年国民党退守台湾，让中国各地文化凝聚在岛上，使台湾成为华人地区中华文化保留较好的地方；二是有完整海洋文化的传统，多元、开放、包容，早早进入全球化的时代；三是经过二十多年的西方民主政治发展，形成了“台湾特色的中华文化”。

无论如何，中华文化是台湾社会的文化底色，这是政治这个单一的因素所无法抹去的。在这一底色上，画出台湾特色，则是台湾文化对中华文化的贡献，也是吸引包括大陆、香港民众在内的游客前往旅游观光、文化交流的文化特色。

正如中共中央总书记胡锦涛在纪念《告台湾同胞书》发表30周年座谈会的重要讲话中所指出的：“中华文化在台湾根深叶茂，台湾文化丰富了中华文化内涵。”这是在中华文化的框架下，肯定了台湾地区对中华文化发展的创新和贡献。

---

① 《台湾海基会座谈会讨论：两岸文化交流，台湾优势在哪》，载《海峡导报》2009年11月20日。

第四章 华语文创产业政策与路径

新世纪之初,华语区的全球化进程加速,中国加入世界贸易组织(WTO)就是标志性事件之一。在嵌入全球文化体系、分享文化创意产业发展机遇的同时,也必然伴随文化市场开放、全球文化竞争的到来,这成为"倒逼"华语区进行产业规划和培育的重要动力。

4.1 中国:事业、产业两分

长期以来,文化在中国被视为具有意识形态功能的宣传事业,由国家机关审批、管理和举办,由事业单位和国有企业来运营,承担着宣传社会主义核心价值体系的任务。为人民服务、为社会主义服务的"两为"方针,是文化发展的指导思想。

随着经济社会的发展,民众文化娱乐需求开始释放。1979 年,广州东方宾馆开设了国内第一家音乐茶座,学界将这一事件认作我国文化市场兴起的标志,也被公认为新中国成立后我国文化产业发展的起点。[①] 但是,囿于"姓社姓资"的认识上的局限性,在如何解放文化生产力、满足民众精神需求方面,却一直缺少实现路径。

改革开放初期,通过真理标准大讨论,经济改革的目标、任务、路径、手段等重大理论问题得到建立厘清。1992 年,中国初步确立了中

---

① 祁述裕:《中国文化产业国际竞争力报告》,社会科学文献出版社 2004 年版,第 3 页。

国特色社会主义市场经济体制,使市场作为资源配置的重要手段获得了合法性。思想解放为中国赢得了三十多年的经济和社会发展奇迹。

而事关意识形态和文化安全的文化领域却成为市场经济未攻破的最后堡垒。既然事业体制未能培育出中国的文化大鳄,那么,像经济领域那样,引入市场经济体制成为可选项。不过,如果要用产业的手段和思路来发展文化创意事业,需要通过思想解放,厘清文化的功能和产业的边界。这种文化与意识形态的关系,使中国大陆面临的文化产业发展问题,与香港和台湾不同。文化产业政策和规划,正是立足于这一特点切入和建构的。

1998 年 8 月,文化部成立文化产业司,这是中央政府部门首次将"文化产业"纳入管理视野。2001 年,在加入 WTO、承诺市场开放的背景下,国家"十五"计划中第一次出现了"文化产业"的概念。"文化"与"产业"的组词,表明通过产业手段推动文化发展的思路得到确立,延续多年的事业体制办文化的路径依赖被打破,文化发展领域的思想解放由此起步。

2002 年 11 月,中国共产党十六大报告明确提出要"积极发展文化事业和文化产业"。这一提法创新性地把文化两分为"公益性文化事业"和"经营性文化产业"。这一理论上的突破,为文化产业此后十年的繁荣发展实现了思想解放,也提供了基本的路径。

首先,"两分法"将原有意识形态功能的部分由公益性文化事业来承担,竞争性的部分则通过经营性文化产业来发展,形成"事业的归事业,产业的归产业"的思路。这使一直缠绕文化发展方向的意识形态和产业功能两个目标脱钩,分别以文化事业和文化产业来实现相应的目标。尽管文化产业仍然兼顾社会效益和经济效益,但与文化事业相比,文化产业应当通过产业性、娱乐性、竞争性的特征来获得利润,从而实现其社会效益。

其次,"两分法"为在市场经济条件下繁荣社会主义文化、满足人民群众精神文化需求提供了文化产业这一全新路径,为中国文化创意产业全面学习和借鉴西方文化创意产业的成熟路径、经验和体制机制提供了合法性。

第三,"两分法"使文化产业获得了原来的事业体制所无法提供的发展空间和可能性。原有的优质文化资源都在国有文化单位，事业体制和计划经济使国有文化效率不高、竞争力弱、创新能力差。“两分法”的框架，使优质的国有文化资源通过文化体制改革成为市场竞争主体，建立现代企业制度，通过市场来配置资源，否定了一度风行的“行政集团”、“事业集团”等“老路”。

最后，“两分法”区分了政府和市场在文化发展中的不同角色和任务。政府主导文化事业，市场主导文化产业。这使文化政企分开、政事分开、管办分离有了可能性，也能够有效地转变政府在文化发展中的职能。对于文化产业可能出现的消费文化、麦当劳化等问题，政府通过对文化的宏观调控、文化事业单位进行调整，为公民提供普遍性的、均一化的公共文化服务，也可以通过向文化产业购买公共服务、税收优惠等手段来进行调节。

可以说，分类指导的“两分法”在当下的中国，解开了文化产业发展面临的“意识形态”与“产业市场”的纠结。思想解放体现了管理层对于文化产业属性的态度变化，为文化产业的产业链延伸和资本进入不断提供空间。正是通过在意识形态和产业属性之间的不断平衡，管理层逐步对民营资本、管理体制、资本市场等有了重新的认识，也对制度创新产生了重要影响。

观念的厘清，使文化发展合法地进入产业轨道。2002 年中共十六大提出，根据社会主义精神文明建设的特点和规律，适应社会主义市场经济发展的要求，推进文化体制改革，抓紧制定文化体制改革的总体方案。由此开始，国家对国有文化单位进行了全面的改革和发展部署，提出了竞争力战略、产业集群战略、区域发展战略、“三跨”战略、可持续发展战略、新兴产业发展战略、走出去战略等①。国家层面对于文化产业发展的不断改革和战略选择，是文化创意产业得以发展繁荣的重要动力。

2003 年，中央层面启动国有文化单位的文化体制改革，对存量国有文化资产进行改革。当年 6 月举行的全国文化体制改革试点工作会

① 参见胡惠林：《我国文化产业发展战略理论文献研究综述》，上海人民出版社 2010 年版。

议提出“逐步建立有利于调动文化工作者积极性,推动文化创新,多出精品、多出人才的文化管理体制和运行机制”。国有经营性文化单位走上了转企改制的发展路径。

2006 年是“十一五”开局之年,《关于深化文化体制改革的若干意见》《国家“十一五”时期文化发展规划纲要》等相继出台,把文化发展纳入国家总体发展规划之中。

国务院发布的《关于深化文化体制改革的若干意见》指出,必须将文化体制改革的重要性、紧迫性放到全面落实科学发展观、构建社会主义和谐社会的高度,巩固马克思主义在意识形态领域指导地位的高度,加强党的执政能力建设的高度上来认识。

国家《“十一五”文化发展规划纲要》确定文化体制改革的重点包括:大力培育市场主体,加快转变文化产业发展方式,进一步解放和发展文化生产力,切实维护我国文化安全,推动文化产业又好又快发展,将文化产业培育成国民经济新的增长点。《纲要》还从对内满足民众文化生活需求和对外提升国家软实力的维度提出了文化发展总体目标:“到 2010 年,完成‘十一五’时期全面建设小康社会赋予文化建设的任务,文化为人民服务、为社会主义服务的能力显著增强,为经济发展、政治稳定和社会进步提供强有力的思想保证、精神动力和智力支持;文化的创新能力和整体实力明显提高,文化产品更加丰富,更好地保障和满足人民群众的基本文化需求,促进城乡和区域之间文化的共同发展;中华文化在世界上的影响力不断扩大,文化在综合国力竞争中的地位和作用日益突出,文化发展的水平与我国的经济实力、国际地位相适应”。

2007 年中共十七大从中国特色社会主义经济建设、政治建设、文化建设、社会建设四位一体总体布局的高度,提出深化文化体制改革,号召推动社会主义文化大发展大繁荣,强调要坚持社会主义先进文化前进方向,兴起社会主义文化建设新高潮,激发全民族文化创造活力,提高国家文化软实力,使人民基本文化权益得到更好保障,使社会文化生活更加丰富多彩,使人民精神风貌更加昂扬向上。

2009 年,美国次贷危机发酵为全球金融危机,不少传统产业遭受重创。不少国家都认识到,文化产业具备较强的抗经济风险和经济周期的能力。国务院于2009年9月发布《文化产业振兴规划》，明确“文化具有反向调节功能，面对经济下滑，文化产业有逆势而上的特点”，期望通过振兴文化产业，为“保增长、扩内需、调结构、促改革、惠民生”作出贡献。这是继钢铁、汽车、纺织等十大产业振兴规划后出台的又一个重要的产业振兴规划，也是我国第一次对文化产业发展做出的规划，标志着文化产业已经上升为国家的战略产业。事实上，北京、湖南、云南、上海、广东5省市的文化产业增加值占GDP比重在2008年都突破了5%，按照国际通行标准，这意味着文化产业成为当地的支柱产业。

根据《文化产业振兴规划》，我国确定了重点发展的九大文化产业门类，包括：文化创意、影视制作、出版发行、印刷复制、广告、演艺娱乐、文化会展、数字内容和动漫等。这显然是基于对我国文化资源、市场需求和文化创意产业趋势所作出的研判。

2011年，中共十七届六中全会通过了《中共中央关于深化文化体制改革、推动社会主义文化大发展大繁荣若干重大问题的决定》，全面总结了十六大以来文化改革发展的实践经验，提出建设“社会主义文化强国”的战略目标。而《中共中央关于制定国民经济和社会发展第十二个五年规划的建议》，改革开放30多年来第一次专门用一个章节的篇幅，对“十二五”时期我国的文化改革发展作出部署，充分体现了文化建设在我国经济社会科学发展中的地位和作用越来越突显。2012年2月，国家《“十二五”文化发展改革规划》发布，《规划》第四部分为“加快发展文化产业”，从现代文化产业体系、文化产业格局、文化科技创新和文化消费等方面对今后五年的文化产业发展进行了规划。

《规划》提出构建“现代文化产业体系”，所谓“现代”，其意义是丰富的：

第一，是指与西方文化创意产业达到相近的发展水平。

西方通过长期的理论和产业实践，为文化创意产业发展积累了相当的路径和经验。虽然文化内核不同，但产业手段、路径和模式应当是可借鉴的。因此，应当以文化产业体系的现代水准作为中国文化创意产业规划和实践的目标和起点。例如，借鉴资本运作经验，转变增长方式，鼓励有实力的文化企业跨地区、跨行业、跨所有制兼并重组，推动文化资源和生产要素向优势企业适度集中，培育文化产业领域战略投资者；借鉴产业聚集理论，规划建设各具特色的文化创意园区和文化产业示范区；依托城市文化理论和实践，发掘城市文化资源，发展特色文化产业，建设特色文化城市，在世界城市的维度上，发挥北京作为全国文化中心和世界城市的示范作用；捕捉产业融合的经验和实践，推动文化产业与旅游、体育、信息、物流、建筑等产业融合发展，提升其品牌价值，增加物质产品和现代服务业的附加值和文化含量；借鉴品牌营销理论，加大对拥有自主知识产权、弘扬民族优秀文化的产业支持力度，打造知名品牌。这些西方文化创意产业的现代化经验，都会使中国文化创意产业的发展减少试错、增加方向感。

第二，是指发展的重点文化创意产业门类应面向新兴产业。

《"十二五"规划》中的文化产业发展重点与2009年《文化产业振兴规划》相比，划分出了层次性：传统文化产业和新兴文化产业。传统文化产业包括出版发行、影视制作、印刷、广告、演艺、娱乐、会展等，目标是"发展壮大"；新兴文化产业包括文化创意、数字出版、移动多媒体、动漫游戏等，目标是"加快发展"。传统文化产业是文化创意产业的基础，发展历史长、态势平稳。随着社会变迁和技术的发展，按照约书亚·梅洛维茨媒介情境理论①梳理出的"新媒体—新场景—新行为"的逻辑主线，原有的文化需求和消费习惯在发展改变，新的文化需求和消费习惯正在出现。从另一个角度来看，新兴文化产业相对于传统文化产业来说，是一种"破坏性创新"，即有可能摧毁传统文化产业的商业模式、发展空间。因此，传统文化创意产业在保持"发展壮大"时，也需要逐渐地实现与新技术和新文化需求的结合，不断地转型和升级为新兴文化产业。事实上，文化创意产业的竞争尤其需要捕捉产业趋势、占领产业高点，从而能够提早布局未来。也即，一方面需要在传统的文化产业实现对先进国家和地区的追赶，另一方面更需要在新兴文化产业领域提早布局、切实行动，"不输在起跑线上"。

---

① 参见〔美〕约书亚·梅洛维茨：《消失的地域：电子媒介对社会行为的影响》，肖志军译，清华大学出版社2002年版。

表 4.1　中国重点文化创意产业门类

规划	2012《"十二五"文化发展改革规划》	2009《文化产业振兴规划》
内容	传统文化产业： • 出版发行 • 影视制作 • 印刷 • 广告 • 演艺 • 娱乐 • 会展	重点行业： • 出版发行 • 影视制作 • 印刷复制 • 广告 • 演艺娱乐 • 文化会展
	新兴文化产业： • 文化创意 • 数字出版 • 移动多媒体 • 动漫游戏	• 文化创意 • 数字内容和动漫

第三，指文化创意产业要与科技、金融结合和创新。

《规划》提出要提高我国出版、印刷、传媒、影视、演艺、网络、动漫游戏等领域技术装备水平，增强文化产业核心竞争力。这就意味着文化创意产业不仅需要创意内核，更需要传播的能力。新世纪以来，受众文化消费的内容、渠道、情境、方式都发生了重大的转变。显而易见的是，智能手机、电子书、平板电脑等移动信息终端的普及，以及新兴的体感设备、可穿戴设备的出现，其背后是移动互联网环境的建设完成和金融技术因素与文化创意产业的深度融合。这使得文化创意产业的内容、渠道、平台都发生了很大的改变。如果不提高文化创意产业的科技含量，必然会被边缘化。

基于十年来文化创意产业的发展所奠定的基础，2011 年 10 月中共十七届六中全会提出建设"社会主义文化强国"的长远战略。具体的战略包括：促进文化和科技融合，发展新型文化业态，提高文化产业规模化、集约化、专业化水平；构建和发展现代传播体系，提高传播能力；增强国有公益性文化单位活力，完善经营性文化单位法人治理结构，繁荣文化市场，扩大文化领域对外开放，积极吸收借鉴国外优秀文化成果；营造有利于高素质文化人才大量涌现、健康成长的良好环境，造就一批名家大师和民族文化代表人物，表彰有杰出贡献的文化工作者[①]。这全面涉及竞争力战略、可持续发展战略、人才战略、走出去战略等。

4.2　文化体制十年改革：存量

根据经济学家 R.科斯的研究，制度创新可分为诱致性制度创新与强制性制度创新。诱致性制度创新的主体是“一个人或一群人”，具有“自发性、局部性、不规范性，制度化水平不高”的特点；而强制性制度创新的主体是政府，通过政府的强制力可以降低创新的成本，具有强制性、规范性，制度化水平高的特点。[②]

中国的文化创意产业政策，主要是由上至下、由政府推动的国有文化资产的盘活，属于强制性创新。总体来看，文化体制改革以国有文化单位为主体，也即存量改革，目的在于激活国有文化单位的活力。

2003—2012 年十年的文化体制改革经历了试点阶段、全面铺开和攻坚阶段。其间，文化创意产业的竞争力战略、产业聚集战略、区域发展战略、三跨战略、可持续发展战略、新兴文化产业发展战略、走出去战略等得以逐一提出、实施，使产业实力不断增强、产业格局不断改观。

试点阶段为 2003 年至 2006 年。在公益性文化事业单位和经营性文化产业单位“两分法”指导下，中央开展文化体制改革试点。根据《中宣部、文化部、广电总局、新闻出版总署关于文化体制改革试点工作的意见》，确定北京、上海、广东、浙江、重庆、深圳、沈阳、西安、丽江九个文化体制改革综合性试点地区；选择山东大众报业集团、国家图书馆、中国电影集团公司等 35 家文化改革试点单位。

改革的“路线图”就是试点地区和国有文化单位按照事业和企业的分类进行不同的改革目标设计，从而为企业和产业范畴内的文化发

① 中共十七届六中全会：《中共中央关于深化文化体制改革　推动社会主义文化大发展大繁荣若干重大问题的决定》，2011 年 10 月 25 日。

② 〔美〕R.科斯等：《财产权利与制度变迁》，刘守英等译，上海三联书店 1991 年版，第 78 页。

展繁荣开拓空间，创新路径。推动经营性文化单位转制为企业，培育合格的市场主体，这是文化体制改革的中心环节。

体制改革的目标是将原有的文化事业单位中非意识形态性、经营性、竞争性的部分转为企业。在消除了意识形态的敏感性后，市场和产业的规则得以发挥作用。这既是在做培育文化市场竞争主体的基础性工作，同时也是在转变政府既管文化又办文化的尴尬现状，增强文化产业的创新力、竞争力，从而使文化生产力得到解放。

经过三年的试点，2006 年至 2009 年，文化体制改革进入“全面铺开阶段”。2006 年 3 月，全国文化体制改革工作会议在北京召开，明确将文化体制改革试点工作扩大到除西藏、新疆以外的所有省份。这标志文化体制改革全面铺开。2006 年 10 月召开的中共十六届六中全会要求把深化文化体制改革、繁荣发展社会主义先进文化摆到更加突出的位置。

2009 年至 2012 年，为改革的攻坚阶段。2009 年 8 月，全国文化体制改革经验交流会在南京召开，标志着出版、发行、电影、文化市场管理等领域的改革进入攻坚阶段。

为了鼓励文化单位“早改早主动、晚改就被动、不改没出路”，中央制定了文化体制改革的配套政策：2003 年年底，出台对经营性文化单位转制为企业的若干优惠政策，包括税收减免等，期限为 5 年，截至 2009 年底；2008 年，改革配套政策延长了 5 年，截至 2013 年底；中共十六届六中全会将改革配套政策再延续 5 年，截至 2018 年底。也就是说，如果在 2003 年进入第一批试点单位，就能享受到长达 15 年的优惠政策。在政策的第一个执行期限内，即 2004 年至 2008 年 5 年期间，转制文化企业免缴企业所得税额约 90 亿元①。

配套政策还包括中央财政和地方财政相继设立文化产业发展专项资金，对转制文化企业的产业发展项目给予资助。2011 年，中央财政文化产业发展专项资金为 20 亿元，共有 47 家已完成转制的部委出版社获得 2.65 亿元资助，23 家转制文艺院团获得 1.28 亿元资助，资助金额占专项资金将近 20%。地方财政也对转制文化企业的产业发

① 高书生：《文化体制改革十年：从“要我改”到“我要改”》，《光明日报》，2012 年 9 月 28 日。

展项目给予了一定支持。

上述改革配套政策激发了国有文化单位改革的主动性和积极性。

经过十年改革,存量的国有文化单位中,除少数按照“两分法”定位为公益性文化单位外,其余分属新闻出版总署、国家广播电影电视总局、文化部的报刊出版发行、影视制作、文艺院团等国有文化单位都进行了转企改制。其中,新闻出版系统完成改制的有3271种非时政类报刊、38家党报党刊发行单位、580多家出版社、3000多家新华书店;广电系统完成改制的有850家电影制作发行放映单位、57家广电系统所属电视剧制作机构;文化系统完成改制的有2100家国有文艺院团。全国共注销经营性文化事业单位法人6900多家、核销事业编制29万多个[①]。

到2011年底,全国共有国有文化企业1万余家,约有40%诞生于2003年以后的文化体制改革过程中,年均增加约450家,其中2010年一年增加将近600家[②]。根据中央文资办首次发布的《国有文化企业发展报告(2012)》,全国10365户国有文化企业资产总额15966.44亿元,全年累计实现营业总收入7976.95亿元,增加值1994.95亿元,利润总额849.94亿元。与2010年相比,资产总额增加18.7%,营业总收入增长17.1%,利润总额增长21.7%,净利润增长23.7%。存量国有文化单位的转企改革取得了明显的绩效。

根据国家统计局全国经济普查数据,截止到2008年年底,共有经营性文化单位38万个,比2004年数量增加13万个,增长52%,占全部文化法人单位的82.6%。[③] 这表明,文化市场的经营主体已经是企业唱主角,市场结构的变化,使企业的运营和绩效都得到了提升。

文化单位转企改制之后,监管模式也需要进行创新。僵化的行政体制和管理体制对国有文化单位的发展也形成了森严的地域壁垒和行业壁垒,前一种体制形成了地域的“块”,后一种形成了行业的“条”。究其原因,在于行政力量既管文化又办文化,使地域和行业壁垒阻碍

---

① 蔡武:《国务院关于深化文化体制改革推动社会主义文化大发展大繁荣工作情况的报告——在第十一届全国人民代表大会常务委员会第二十九次会议上》,2012年10月24日。

② 高书生:《文化体制改革十年:从“要我改”到“我要改”》,《光明日报》,2012年9月28日。

③ 国家统计局:《2008年我国文化产业发展情况的报告》,2010年5月20日。

了统一、规范、有序的大市场的建立。

长期以来，文化被划分为文化艺术、广播影视和新闻出版三大行业，由文化部、国家广电总局、新闻出版总署分别进行监管。这使得文化企业的市场规模被分割、生存空间受到挤压，阻碍有文化资源优势的地区和单位做大；反过来则保护了落后文化企业，造成了不符合市场竞争和资源流动规律的畸形均衡。行政分头管理使国有存量文化资产的跨行业业务和资产整合缺乏动力，阻碍了跨媒体的文化传媒企业的成长。革除此弊的方法，在于“管办分离”，建立大文化部。

不少国家和地区在启动文化创意产业发展战略时，都会考虑设立跨部门文化管理机构，以统筹兼顾，适应文化创意产业的跨界特征。例如英国在 1997 年推动创意产业之时，就将主管包括文化在内的“国家遗产部”更名为“文化新闻体育部”，任命该部首长为内阁成员。在中国，民间对于建立“大文化部”的呼声一直不断。2004 年起，在文化试点地区，副省级以及以下城市开始进行文化市场综合执法改革，将隶属于文化、广电、新闻出版三个部门的市场监管职能整合组建为统一的文化市场综合执法机构；隶属于三部门的行政职能整合组建新的行政责任主体“文化广电新闻出版局”，实现“三局合一”。2013 年三四月，新闻出版总署与国家广电总局合并，成立国家新闻出版广电总局。这一行政体制的改革，首先有益于报刊出版与广播影视单位间的业务融合和资产重组，使内容能够在一个更长的产业链条中实现价值的增值。相信在合适的时机，“大文化部”会最终出现，使文化产业各部门之间的融合更加顺利，让文化创意产业发展享受到改革的红利。

2012 年，台湾地区将原由“文建会”和“新闻局”分管的艺文类、媒体类文化创意产业归由“文化部”统一管理，实现了行政资源的整合。媒体类中的广告以及设计类和数字内容类产业仍由“经济及能源部”和“交通及建设部”管理。

这些行政管理架构的整合，使文化创意的部门边界得以融合，有利于文化创意的跨界融合，适应产业端的三网融合和文化消费端的三屏融合。

另一个束缚文创产业发展的是地域壁垒，体现为全国各地以省级行政区域为边界，形成国有文化单位同质化均衡布局。以出版业为例，各省布局几乎一模一样：人民出版社、教育出版社、文艺出版社、科技出版社、少儿出版社、古籍出版社等，加上各级新华书店，全国各省区都有着大体一致的同质化出版布局。而所有出版机构的“婆婆”就是当地的新闻出版局。由于文化资源配置布局与政府部门一致，多数出版机构很难进入到外地市场；本地新华书店优先发行销售本地的书刊，对外省区的产品采取一定的歧视政策——被分割成碎片的国内市场自然无法培育强大的出版企业，更别说参与国际市场的竞争了。

当政府行政改革不断放权，国有文化单位由事业转为企业后，管办分离、政企分开成为现实。束缚文化企业做大做强的外部和内部因素消除后，市场会取代原有的行政手段，使优质的文化资源向优质的文化传媒集团聚集，延长内容资源和创意的价值链，有效地增强文化产品研发和创新能力。这样有可能培育出文化产业的骨干企业和战略投资者，最终构建中国文化产业的品牌和全球竞争力。

4.3　文化体制十年改革：增量

与作为存量资产的国有文化单位相比，民营和外资等非国有文化资本是在市场的作用下自发生长起来的，属于文化创意产业的增量资产。

由于意识形态管理的需要，新中国建立后不久，全国的文化企业经历了公私合营、事业化改造的过程，完全将内容创作生产归入事业体制进行管理。以出版业为例，近代中国出版业的旗舰商务印书馆、中华书局等，在新中国成立后都由其发祥地上海迁至北京，行政力量主导出版文化资源在首都聚集。此后，只有国有出版单位能够从事出版业务，民营资本无法进入出版领域。这样的历程在新闻、影视、演艺等领域都先后发生。

在当今出版管理体制下，合法的出版物必须有“书号”。书号其实是图书产品的国际标准代号。但是，只有依《出版管理条例》设立的国有出版社[1]才能够申请到书号，书号变成了出版许可资质。除了有主

① 2012 年全国共有国有出版社 580 家。

管主办单位、经过审批成立的国有出版社，民营和外资是无法获得这一资质的。

随着市场经济的发展，民众的文化需求开始释放。在改革开放后，国有出版单位出现过一轮裂变式的增长，全国出版社的数量急速增加。但是，这种增加只是相对于“文化大革命”造成的出版生产力破坏的恢复性增长，并没有改变国有出版社的“垄断”地位和市场“条块”分割的格局。关闭了市场准入通道，也就排斥了市场竞争，由此造成了国有出版社“躺在教材上挣钱”、效率低下、原有的出版事业体制无法满足群众日益增长的精神文化需求，给民营资本进入出版业提供了机会。

民营资本最初以“书商”的角色进入书报刊零售和批发等分销领域，避开了意识形态较浓的出版上游环节，一定程度上解决了“买书难”的问题。民营书商表现出明显的比较竞争优势。由于机制灵活、缺少垄断的地位，民营书商普遍重视读者需求，实行差异化战略：新华书店和国有出版单位垄断教材出版发行，民营就做与教材配套的教辅书；国有出版单位忽视大众读物，民营就主做畅销书。随着民营书商的强大，有效地打破了垄断，激活了竞争，提升了图书分销领域的产业升级：新华书店由最初的柜台式销售，到开架销售，到图书卖场，到文化 MALL；由实体书店到网上书店，图书分销业态不断进化和优化，有效地满足了民众的阅读需求，民营发行公司也一度被称作“二渠道”。从名称来看，虽然与被称为“主渠道”的新华书店系统相比，仍然可以读出一定的歧视意味，但是，这事实上表明了民营分销商的市场竞争力和渠道话语权不断增强。

通过市场竞争获得的话语权，使民营书商的存在取得了合法性。2003 年 9 月 1 日，国家新闻出版总署修订《出版物市场管理规定》，图书批发权和总发权完全对民营资本放开。2003 年 9 月 23 日，文德广运成为首家获得总发行权的民营企业。这表明，民营资本与国有新华书店一样，获得了公平进入所有分销领域的准入许可。

民营资本对于出版领域的渗透当然不会止步于分销领域。凭借对市场需求的更贴近了解，民营书商由渠道优势向内容编辑上游延伸，介入意识形态较弱、对国有出版社利益触动较小的大众生活类、小说类、教辅类图书的编辑出版，众多“出版工作室”涌现，事实上成为从事选题策划、内容编辑、出版发行等完整价值链的事实上的出版社。

这种价值链延长的冲动显然与原有的出版管理制度是相违背的，但又是与市场的需求相符合的，民营出版公司由此获得“野蛮生长”。在国内图书市场上，大众阅读类的多数畅销书都来自民营出版公司，教辅领域也基本被民营公司主导。

民营出版公司的成长路径，证明了原有的出版管理制度束缚了文化生产力：按照制度设计，国有出版单位以各地方政府、各中央部委作为主管单位，凭“国有”身份自然获得书号等核心资源、从事教材编写发行等业务，从而形成垄断的经济和市场地位，以此作为其承担意识形态安全、社会效益的报偿。而对出版市场具备运营能力和文化追求的民营资本，则被排除在出版生产力之外，受到诸多的限制和歧视。这使得不少冒着政策和法律风险涉水出版的民营书商，普遍缺少打造百年老店的战略心态，造成文化产品的低俗化、快餐化。

管理层对民营资本介入出版业，经历了一个较长的认可、合法化的过程。

站在意识形态管理的角度来看，民营资本介入出版领域，一方面通过与国有出版单位的书号交易而绕开了出版管理体制；另一方面，通过这种买卖书号的权利寻租行为，使大量国有出版单位的文化创造力丧失，出现空壳化、空洞化，只能进一步依靠书号寻租而生存。这种此消彼长的变局，必然导致民营出版力量的核心竞争力不断增强，而国有出版力量则不断丧失市场份额。因此，民营出版工作室曾被视作出版管理制度的“毒瘤”。

思想的解放与产业的实践相结合，使管理层对于民营出版的歧视逐渐消除。

2009 年 5 月，新闻出版总署发布《关于进一步推进新闻出版体制改革的指导意见》，首次称民营出版为“新兴出版生产力”，正式为民营资本进入出版业打开了窗口。

民营资本进入出版业，使市场结构发生了变化，形成了大的国有出版集团、中小出版商、小型工作室共存的出版生态。民营介入的教辅、少儿、文学、经管、电脑等市场化图书的竞争更为激烈，这提升了整个出版业的选题意识、读者意识、营销意识，最终能为读者提供更多的精品图书。

到2010年，全国35.7万家新闻出版单位中，非公有制单位超过32.4万家，占总数的90.8%。非公有资本和外资已经全面进入印刷和发行领域。其中，中外合资合作和外商投资印刷企业2500多家、书报刊发行企业40多家。非公有制企业实现的营业收入和利润总额，在印刷复制企业中分别占到84.1%和84.7%，在出版物发行企业中分别占到69.3%和80.5%。[①]

在影视领域，民营资本也上演着同样的进入历程，成为中国影视产业发展的增量。

在通过计划经济管理意识形态的时代，与"书号"一样，电影制片厂的"厂标"意味着拥有出品摄制电影的权利，在1993年以前，这一权利只属于16家国营电影制片厂。同样，由于激励机制的缺失，"国字头"制片厂在由中影集团统购统销、缺乏市场竞争的环境下逐渐丧失了创作和生产能力。于是，"厂标"与出版业的"书号"一样成了某种权利寻租的特殊商品。民营公司生产的影片花5～50万元不等的价格就可以贴上国有电影制片厂的厂标，获得合法身份[②]。

电影业对民营资本的开放始于1993年。当年国家广播电影电视部下发了"3号文件"《关于当前深化电影行业机制改革的若干意见》及其《实施细则》，促使各大制片厂拓宽融资渠道，面向市场要钱。国营电影制片厂开始以"社会集资"的形式与民营电影公司联合投资影片。1993年经电影局审查通过的151部国产故事片中，"社会集资"影片就有81部，民营公司获得了进入电影制作的现实路径。不过，这类"社会集资"影片必须在片头使用制片厂的"厂标"作为"马甲"。新画面影业、华谊兄弟、北大华亿等民营影视公司都通过这一路径介入电影制作，出品了冯小刚的《甲方乙方》贺岁片系列、姜文的《鬼子来了》、张艺谋的《有话好好说》《我的父亲母亲》等影片。

---

① 蒋建国：《介绍深化文化体制改革的有关情况——在中央外宣办新闻发布会上》，2010-08-19。

② 《五步走上十七年产业路》，《新京报》，2011年4月1日。

民营电影公司的成长，使管理层开始重视它们的规范和发展。2002年国家广电总局颁布新《电影管理条例》，规定民营公司可以申请《摄制电影许可证》独立拍片。2002年，五家民营公司办理了58部影片的拍摄许可证。新画面、华谊兄弟太合影视、北大华亿、世纪英雄、东方神龙等民营公司成为活跃的电影制作力量。在发行方面，电影局也规定对国内资本开放，保利博纳、新画面等七家民营企业首批获得直接发行资格，摘掉了"代理"的帽子。至此，非国有资本与国有资本共同并立于电影发行市场之中。中国电影市场的结构发生了改变。

2003年，广电总局就电影制片、发行、放映经营资格准入颁布局长令，规定境内国有、非国有单位(不含外资)在连续拍摄了两部电影后，就可以独立成立电影制片公司，享有与现有国有制片单位同等的权利和义务。

在制播分离的背景下，2003至2004年，广电总局先后向24家民营影视制作机构颁发了《电视剧制作许可证(甲种)》。

2004年2月，国家广电总局在《关于促进广播影视产业发展的意见》中明确提出"逐步加大广播影视市场的开放力度，逐步放宽市场准入制度，吸引、鼓励国内外各类资本广泛参与广播影视产业发展，不断提高广播影视产业的社会化程度。"

获得市场准入的民营影视公司，成为中国影视发展的重要增量。其中，华谊兄弟已于2009年10月成功登陆内地A股创业板，成为"中国电影第一股"；2010年10月，浙江华策影视在创业板上市，成为"电视剧第一股"；博纳影业2010年12月在美国纳斯达克上市。

2010年中国电影票房突破百亿关口，其中国产片票房57.34亿，而华谊兄弟、博纳影业、星美传媒、光线传媒以及小马奔腾五家民营电影公司的票房总和便超过30亿[①]；民营的万达院线则发展成为全国最大的电影院线商。

在文化产业诸多非核心领域，也逐渐对民营资本开放。2003年，除了在国有控股的前提下参与国有文化企业改制外，"鼓励、支持、引

① 《五步走上十七年产业路》，《新京报》，2011年4月1日。

导社会资本以股份制、民营等形式，兴办影视制作、放映、演艺、娱乐、发行、会展、中介服务等文化企业”①，为民营资本兴办文化企业亮起了绿灯。

2004年11月，文化部发布《关于引导和支持非公有制经济发展文化产业的意见》，2009年发布《文化产业投资指导目录》。鼓励各类资本投资的行业包括：演艺服务业②、网络文化和动漫服务业③、文化休闲娱乐服务业④、文化科技服务业⑤、其他文化服务业⑥、文化投资服务⑦、文化贸易服务⑧、文化用品设备及相关文化产品的生产销售⑨。

2005年3月20日，国务院发布《关于非公有资本进入文化产业的若干决定》，对非公资本进入文化产业进行了指导（见表4.2）。

在国有文化单位进行存量改制、激发活力和竞争力的同时，对民营力量渐次开放准入，成为十年来内地文化创意产业发展繁荣的重要动力，也体现了制度创新带来的巨大红利。而在新兴文化创意行业，如动漫、网络游戏、网络视频领域，民营公司更展现出更强的趋势发现和把握能力。可以说，民营作为文化创意产业发展的增量，在十年间与时俱进，不仅实现了自身的成长，刺激了国有文化公司的竞争和活力，在某些领域甚至完成了“逆袭”。这一历程本身就说明了，文化产业作为文化创意发展繁荣的路径，其绩效远远优于单一的事业模式。

---

① 国务院：《文化体制改革试点中支持文化产业发展的规定》（试行），2003年12月31日。

② 包括文艺创作、艺术表演团体、营业性演出、舞台美术服装道具、文艺演出院线、艺术表演场所。

③ 包括网络文化信息服务、数字内容产品开发、网络博物馆图书馆美术馆、网络游戏、网络音乐、手机游戏、手机音乐、网络手机游戏衍生产品开发、移动多媒体文化产品开发；动漫创作、动漫工作室、动漫文化推广、动漫技术开发与应用、动漫服务平台、动漫衍生产品开发。

④ 包括休闲娱乐服务、文化旅游资源开发与经营、民族特色文化产品开发与经营、农村文化服务产品开发与经营、民间民俗工艺品开发与经营。

⑤ 包括文化科技成果产业化服务、文化中小企业创新服务、文化艺术新技术研发应用与推广、文化新产品研发应用与推广、文化科技服务平台建设与开发。

⑥ 包括文化商务服务、文化会展服务、文化活动服务、文化信息服务。

⑦ 包括文化企业孵化中心、文化产业投资基金、文化产业风险投资基金、文化产业创业投资服务、文化投资担保服务。

⑧ 包括文化产品出口服务、文化贸易经纪代理。

⑨ 包括乐器及相关产品、游艺器材及娱乐用品、照相器材、工艺美术品生产销售。

表 4.2 文化产业对非公资本开放情况

类别	领域	备注
鼓励和支持	• 进入文艺表演团体、演出场所、博物馆和展览馆、互联网上网服务营业场所、艺术教育与培训、文化艺术中介、旅游文化服务、文化娱乐、艺术品经营、动漫和网络游戏、广告、电影电视剧制作发行、广播影视技术开发运用、电影院和电影院线、农村电影放映、书报刊分销、音像制品分销、包装装潢印刷品印刷等 • 从事文化产品和文化服务出口业务	
	• 参与文艺表演团体、演出场所等国有文化单位的公司制改建 • 可以控股从事有线电视接入网社区部分业务的企业	非公有资本可以控股
许可	• 出版物印刷、发行，新闻出版单位的广告、发行，广播电台和电视台的音乐、科技、体育、娱乐方面的节目制作，电影制作发行放映 • 建设和经营有线电视接入网，参与有线电视接收端数字化改造	国有资本绝对控股 51%以上
	• 出版物印刷、可录类光盘生产、只读类光盘复制 • 开办户外、楼宇内、交通工具内、店堂等显示屏广告业务，可以在符合条件的宾馆饭店内提供广播电视视频节目点播服务	
禁止	• 投资设立和经营通讯社、报刊社、出版社、广播电台(站)、电视台(站)、广播电视发射台(站)、转播台(站)、广播电视卫星、卫星上行站和收转站、微波站、监测台(站)、有线电视传输骨干网等 • 不得利用信息网络开展视听节目服务以及新闻网站等业务；不得经营报刊版面、广播电视频率频道和时段栏目；不得从事书报刊、影视片、音像制品成品等文化产品进口业务；不得进入国有文物博物馆	

4.4 香港：由 3Ts 到 5Cs

香港特区奉行自由市场经济，政府对市场抱“不干涉”主义，但对于推动经济结构调整、培育新兴的文化创意产业，政府则通过种种规划措施，扮演着推动力量。以英国创意产业规划发展为蓝本，香港引入了创意产业体系、创意指数等，对文化创意产业进行全面的规划和支持。

4.4.1 创意产业的 SWOT 分析

在香港特区政府的年度《施政报告》中，对发展创意产业持续进行着 SWOT 分析①，认真地对自身的优势和劣势进行不断地认识和判断，作详尽的可行性分析，从而确立自身的创意产业发展战略。

总体而言，香港特区政府认为，香港发展创意产业具有明显的竞争优势，"综观亚太区超过 20 亿人口的范围，香港是最适合发展文化及创意产业的其中一个地方"（2006 年度《施政报告》）。

香港发展创意产业的优势包括：

文化资源层面："香港长期以来是中西文化交汇之地，有利于创意产业的发展"（2004 年度《施政报告》）；"既是中西文化交汇点，又是不少海外华人的文化摇篮，文娱活动百花齐放，生活方式多彩多姿，让创作人员容易找到灵感和题材"（2005 年度《施政报告》）。

社会及制度方面："我们的社会高度开放和自由，信息、资金、人才和货物可以畅通流动；我们有健全的法治体制，能有效保护知识产权"，"我们的社会多元化，十分包容"（2005 年度《施政报告》）。

人力资源层面："香港市民的知识智能、创新思维、创业精神和灵活求变的能力，是发展创意产业的良好基础"（2003 年度《施政报告》）；"香港人又一向善于学习和改造运用，勇于创新"（2005 年度《施政报告》）。

产业基础方面："香港创意产业已有一定基础，存在着进一步开发的潜力"（2003 年度《施政报告》），"电影、音乐、出版、建筑、广告和各类设计、数码娱乐等，都打开了外地市场"（2004 年度《施政报告》）。

---

① SWOT 分析法通过评价企业的优势（Strengths）、劣势（Weaknesses）、竞争市场上的机会（Opportunities）和威胁（Threats），用以在制定企业的发展战略前对企业进行深入全面的分析以及竞争优势的定位。

香港创意产业发展的劣势包括:

“无论在培育创作人才、激励创意、促使创作成果产业化,以至创业融资等方面,多个环节似存在制约因素,文化和创意产业因此仍未能在香港充分发展,至今只占本地生产总值的4%左右,相对于英国的8%,显然尚有增长的余地。”(2005年度《施政报告》)

香港创意产业的威胁:

主要是华语区内的竞争加剧,不进则退:2008年度《施政报告》称,政府已经意识到创意产业竞争激烈,香港优势已经被邻近地区所侵蚀,如韩国电影、台湾音乐等,内地城市纷纷成立创意产业园,各地旅游局以创新方法推销城市形象品牌,吸引游客。未来五年香港的创意产业需要加快发展,否则优势不保。

香港创意产业的机会:

背靠内地,内地文化产业的发展和文化消费市场规模的扩大,是香港创意产业面对的重大机会,也是产业发展的特别优势。“内地近年大力发展文化产业,机会处处”的优势被清醒地认识。而利用地缘优势,与珠三角形成文化的交融和产业的合作,也逐渐形成清晰认识:“香港作为一个多元文化汇集的国际大都市,其经济的多元化、社会市场环境的自由化直接导致其文化的多样性,多样性的文化与珠三角的岭南文化交融汇合,创造出更多新形态的文化”(2006年度《施政报告》)。随着CEPA的实施,香港特区政府对相关受益行业进行了梳理,认为“凭着CEPA,香港电影背靠强大的内地市场和资源优势,面对着新的机遇,加上政府的适当协助,可以再创新的辉煌”(2007年度《施政报告》)。

基于上述SWOT分析,香港开始研究具备比较优势的创意产业发展战略。定位为“亚洲的世界都市”是香港新世纪的总体发展方向,成为“亚洲文化都会”,则是其文化发展的战略定位。这一定位意在突出香港作为亚洲各种文化汇集之地的资源和人才优势,形成其文化的多元、包容和动感。这有利于为其创意产业发展获得文化氛围和创意人才,也有利于其创意产品以明确的香港品质对外销售。

为适应文化创意产业发展,香港特区还着手理顺政府对于创意产业的管理体制和机制。

总体来看,2009 年前,香港创意产业推动相关机构分散在多个部门,包括:民政事务局、工商及科技局、艺术发展局、香港贸易发展局、教育局、中央政策组等。2006 年《香港文化创意产业与珠江三角洲的关系研究》报告中,研究者建议“政府成立创意产业高层委员会,由行政长官或政务司司长领导,制订长远的创意产业政策”。2009 年 6 月成立“创意香港”办公室,专责推动香港创意产业发展,同时设立 3 亿港元的“创意智优计划”。该计划在未来三年资助有助创意产业整体发展但不属于电影发展基金、电影贷款保证基金和设计智优计划涵盖的项目。

4.4.2 香港创意指数:5Cs

香港特区政府在明确提出创意产业政策和目标之后,将推进措施落实到产业评估、特色路径分析之上,寻找香港创意产业的特点和比较优势。

2002 年,香港首次评估创意产业的经济贡献。香港贸易发展局当年 9 月发布了首份《香港的创意产业》研究报告,用就业人数、产值、出口额等指标评估了创意产业对香港经济的贡献。报告评估,截至 2002 年 3 月,香港创意产业聘用了超过 9 万人,占香港总就业人口 3.7%;创意产业 2000 年出口总值达 100 亿港元,占香港服务出口总额3.1%;同年,创意产业产值为 250 亿港元,约占香港本地产值 2%。

2003 年 9 月,香港特区政府中央政策组委托香港大学文化政策研究中心完成《香港创意产业基线研究》(*Baseline Study on Hong Kong's Creative Industries*),对创意产业的定义为:“一个经济活动群组开拓和利用创意、技术及知识产权,以生产并分配具有社会及文化意义的产品与服务”。

《香港创意产业基线研究》将创意产业生产系统分为三个组别:内容创作生产产业、提供生产输入或基建支持的产业及再生产与分销产业;将香港创意产业分为 11 个类别:广告、建筑、古董及手工艺品、设计、数码娱乐、电影与视像、音乐、表演艺术、出版、软件与电子计算、电视与电台。

与英国创意产业分类相对照,可以看到,香港仅仅未列入“时尚设计”一项,其他类别基本相同。

表 4.3　香港特区与英国创意产业分类比较

香港创意产业分类	英国创意产业分类
• 广告	• 广告
• 电影与视像	• 电影与录像
• 出版与印刷	• 出版
• 电视与电台	• 电视与广播
• 古董及手工艺品	• 艺术与古玩
	• 工艺
• 音乐	• 音乐
• 表演艺术	• 表演艺术
• 建筑	• 建筑
• 设计	• 设计
	• 时尚设计
• 软件与电子计算	• 软件设计
• 数码娱乐	• 互动休闲软件

香港特区还引入创意指数概念,发布香港创意指数。创意指数最早由学者理查德·弗罗里达(Richard Florida)在《创意新贵》一书中提出,用于衡量地区创意竞争力。他设计的指数包括高科技指数、创新指数、衡量“创意新贵”人数、综合多元化指数(包括“同性恋指数”、“波希米亚指数”、“人才指数”、“熔炉指数”)[①]。弗罗里达于 2004 年建立“欧洲创意指数”,包含技术(Technology)、人才(Talent)和宽容度(Tolerance)三个指数,即“3Ts”。

香港沿此思路,制作和发布香港创意指数,持续监测创意产业发展状况。香港特区政府民政事务局委托香港大学文化政策研究中心展开创意指数研究。2004 年正式推出的香港创意指数(HKCI),拟定了 5Cs 作为香港的创意指数:创意的成果、结构及制度资本、人力资本、社会资本、文化资本[②]。从 3Ts 到 5Cs,体现了香港对于自身创意产业特色的认知和评估。

用香港 5Cs 创意指数衡量,香港自 1999—2004 年的整体创意指数

---

① 〔美〕理查德·弗罗里达:《创意新贵》,台湾宝鼎出版社 2010 年版。

② 香港特区民政事务局委托、香港大学文化政策研究中心:《创意指数研究》,2005。

正增长，指数由1999年的75.96上升至2004年的100(以2004年作为基准年)①。

表4.4 香港创意指数构成

5Cs 维度	指标
创意成果 Outcomes of Creativity	• 经济贡献、经济部门中富创造力的活动、非经济回报的创造力
结构及制度资本 Structural/Institutional Capital	• 法律制度、贪污程度、表达意见的自由、信息及通讯科技的基础建设、社会及文化的基础建设、小区设施、金融架构、企业化
人力资本 Human Capital	• 小区为“知识库”的发展提供一个合适的环境的能力——(指标包括研发支出和用于教育的公共开支)； • 小区增长和知识工作者的可得性——(指标包括研究人员的多寡和拥有高等学历的人口数量) • 人力资本与人口的流动性——(指标包括抵步旅客人数、本地居民离境人数、本地居民移民外地的人数，以及劳动人口中申请工作签证的比例)
社会资本 Social Capital	• 一般信任、制度信任、互惠原则、功效意识、合作性、接受多元化和包容的程度、对人权的态度、对外地移民的态度、对现代价值的支持、自我表达、政治活动的参与、社会活动的参与
文化资本 Cultural Capital	• 公共部门与企业对以投放资源来支持文化艺术发展的承诺；在创造力、艺术、艺术教育和知识产权保护方面，文化规范与价值的衡量；在小区里文化参与的程度和范围

就香港而言，不仅地处中西交汇之处，在“一国两制”的框架下，与珠三角地区无论在地理还是人才、市场、创作等方面都有合作的空间，这是香港的特色。如何借势，成为香港创意发展的一个重大课题。

2006年，香港特区政府中央政策组委托香港大学文化政策研究中心进行《香港文化创意产业与珠江三角洲的关系研究》，表明加强与珠三角和内地的文化交流和产业合作，并寻找到香港文创产业的区域竞

① 香港特区民政事务局委托、香港大学文化政策研究中心：《创意指数研究》，2005。

争力,成为政府思考的问题。研究报告建议,香港文化创意产业必须结合珠三角的实力,并把着眼点放在全球,实行人才、资金和技术的引入,使创意产业成为香港的支柱产业。

由此可见,香港在规划和发展创意产业时,通过对自身的 SWOT 分析,确定了香港创意产业的指数体系,从而反映出香港对自身特色和定位的判断。这使香港创意产业的发展既与英国创意产业规划和路径有一脉相承之处,又具有自身的特色。特别是 5Cs 中提出的"结构及制度资本"、"社会资本"两个维度,展现了香港社会和政治的优势和特色,也是极难在短时间内复制的。而它们对于创意人才、品牌、企业的吸引力是非常大的。这与新加坡提出的"心件(Heart ware)"有异曲同工之妙。此外,香港创意产业也选择在珠三角—中国—亚洲的维度上深度嵌入,充分认识到了自身在珠三角、中国、亚洲各个层面上的比较优势。

4.5 台湾:两大文创发展规划

在经历此前的经济奇迹、"民主"奇迹之后,台湾地区期待文化创意产业的发展,再创文化奇迹,成为中华文化的另一个版本,提升台湾文化在全球的能见度。

台湾分管文化创意产业的职能部门包括"文建会"、"新闻局"、"经济部"和"内政部"。1998 年 3 月,台湾当局成立"行政院文化创意产业推动小组",起草《创意台湾:文化创意产业发展方案》,协调上述各责任部门行动。

2002 年,台湾地区出台《挑战 2008:台湾发展重点计划》,推动台湾地区经济转型。自 2002 年至 2007 年的六年间,规划发展十项重点计划:培育 E 时代人才、文化创意产业发展、建设国际创新研发基地、产业高值化、观光客倍增、数字台湾建设、营运总部建设、全岛运输骨干建设、水与绿建设、新故乡小区营造。"文化创意产业发展"即作为台湾发展的重点计划之一。

《挑战 2008》将台湾地区的文化创意产业发展瞄准华语圈,设计出"在华文世界,建立台湾文化创意产业的领先地位"的"蓝图"。

从产业的角度来说,《挑战2008》计划实现台湾地区文化创意产业就业人数增加1倍,产值增加2倍,体现其经济功能;同时扶持数字内容产业,使之实现高成长。可以看到,台湾地区在规划文化创意产业的赶超战略时,与韩国一样,重点切入新兴文化产业领域,以图实现跨越式的发展。台湾重视自身在华语文化创意产业中的领先地位,使台湾与大陆、香港文化创意产业的发展都不再是孤立的个体,而是相互为战略对手和合作伙伴、既有竞争又有合作的群舞和合唱。中华文化的竞合态势呈现。

《挑战2008》将三个方面的产业归入文化创意产业范畴,包括文化艺术核心产业、设计产业、创意支持与周边创意产业,形成了核心与外围的圈层结构,与英国创意产业分为艺术、设计、媒体的类别相似。

可以看到,台湾地区将计划的时点确定在2008年,并冠以“挑战”的动词,时间上与北京成功申办2008奥运会成为全球关注焦点相照应,文化创意产业发展背后的竞争意图极为明显。六年计划注重台湾地区“软实力”的建设,对台湾地区文化资源和特色进行了研判,也明确了台湾文创产业的全面迈步,期待在全球文化创意产业中确立自身的比较优势和核心竞争力。

2007年,《挑战2008:台湾发展重点计划》执行完毕。根据《2008年台湾文化创意发展年报》统计,台湾文化创意产业经济组织总数增至50667家,较2002年增长13.32%;文化创意产业营业额由2002年的4352.6亿新台币增至6329.4亿新台币,占台湾地区生产总值GDP的2.65%。平均年增长率7.7%,远高于台湾整体经济的平均增长率3.7%。[①]

2009年,金融风暴冲击全球,台湾出台《创意台湾:文化创意产业发展方案》[②]予以应对,文化创意产业被列为六大新兴产业之一,并有针对性地提出了环境整备与旗舰计划两大主轴。

所谓环境整备,就是政府为文化创意产业创造良好的发展环境和

---

① 徐延:《文化创意产业的概念辨析》,《当代传播》2007年第4期。

② 台湾“经济部”、“新闻局”、“文建会”:《创意台湾——文化创意产业发展方案》(核定本),2009。

基础设施。台湾当局从多元资金注入、产业研发及辅导、市场流通及拓展、人才培育机制四个方面着手。其中产业研发及辅导、人才培育机制均由“经济部”独立负责,规划从2009—2013年共计分别投入8.49亿和1.98亿进行培植;多元资金注入由“经济部”和“国发基金管理会”负责,市场流通及拓展将联合“经济部”、“外交部”、“台委会”、“陆委会”、“交通部”和“新闻局”共同执行,5年时间分别共计投入6.47亿和5.12亿新台币。

所谓旗舰计划,就是打造龙头产业。从现有的文化创意产业门类中,选择六个较为成熟、具有发展潜力的产业,包括电视内容、电影、流行音乐、数字内容、设计、工艺等产业,形成产业旗舰效应。显示台湾文创产业“造大船”,培育强势、优势产业的策略,由全面开花转入重点突破。

方案预计到2012年六大旗舰产业营业额突破1万亿元,累计创造约6.7万个就业机会,培养约1万人次的专业及中介人才;家庭娱乐教育及文化服务支出比率提升至15%。

方案实施后,随着金融危机影响的减弱,2010年台湾文创产业营业额达到6616亿元新台币,较2009年增长16.1%。

2010年,台湾地区《文化创意产业发展法》经历八年的起草修订获得颁布。《文化创意产业发展法》将文化创意产业定义为:“源自创意或文化积累,透过智慧财产之形成及运用,具有创造财富与就业机会之潜力,并促进全民美学素养,使国民生活环境提升的产业。”主要包括15个门类,可归为四大类:艺文类、媒体类、设计类和数字内容类(见表4.5)。

与此前的分类相比,增加了“流行音乐及文化内容产业”和“视觉传达设计产业”。特别是流行音乐的加入,体现了台湾传统的优势,也使台湾文化创意产业的门类更为齐全。与英国的分类相比,明确增加了“数字内容”类,体现了文化创意产业发展的新趋势。

2011年,台湾当局通过《文化基本法草案》,作为文化政策的最高指导原则。《草案》规定,当局应召开台湾文化会议,设置文化发展基金,每4年拟订台湾文化发展计划,应鼓励大学院校设立文化相关学程,并于中小学设置文化美学学习课程,以落实文化扎根。

表 4.5 台湾文化创意产业分类

领域	文化创意产业发展法(15 项)	原 13 类	分管机构
艺文类	视觉艺术产业	视觉艺术产业	“文建会”
	音乐及表演艺术产业	音乐及表演艺术产业	“文建会”
	文化资产应用及展演设施产业	文化资产应用及展演设施产业	“文建会”
	工艺产业	工艺产业	“文建会”
媒体类	电影产业	电影产业	“新闻局”
	广播电视产业	广播电视产业	“新闻局”
	出版产业	出版产业	“新闻局”
	广告产业	广告产业	“经济部”
	流行音乐及文化内容产业		“新闻局”
设计类	产品设计产业	设计产业	“经济部”
	视觉传达设计产业		“经济部”
	设计品牌时尚产业	设计品牌时尚产业	“经济部”
	建筑设计产业	建筑设计产业	“内政部”
	创意生活产业	创意生活产业	“经济部”
数位内容	数位内容产业	数位休闲娱乐产业	“经济部”

4.6 产业政策共识

面对文化创意产业的发展机遇和西方强势文化创意产业的竞争，中国大陆、香港和台湾都大约在 2002 年前后开始规划和支持本地文化创意产业发展，以赢得新一轮文化传承和产业发展的时间与空间。

在各自的战略规划和政策辅导中，三地都着眼自身文化竞争力的构建，具有一些共同点：

首先，尽力保护本土文化创意产业。

作为文化创意产业的发展中地区，中国大陆、香港和台湾都面临着西方文化创意产品、产业的竞争和冲击。因此，对于本地文化创意产业的扶持和保护，成为共同的立足点。

中国加入 WTO 时，对文化领域的市场开放进行了承诺，以逐步开放的方式，为本土文化产业设置保护期，使它们能够适应竞争、培育竞争力。

在分销服务方面：

书报刊零售：自加入 WTO 时起，允许跨境邮购和境外消费；加入 WTO 的 1—3 年内，允许外资企业从事书报刊零售。加入时，设立合资企业的服务地域限于五个经济特区（深圳、珠海、汕头、厦门、海南）和八个城市（北京、上海、天津、广州、大连、青岛、郑州、武汉），且北京上海合资零售企业数量各不超过 4 家，其他地区不超过 2 家，允许北京合资企业中的 2 家在北京设立分店；加入 WTO 第二年内，允许外资控股；加入第三年内，取消对外资从事书报刊零售企业在地域、数量、股权及企业设立形式方面的限制，但超过 30 家分店的销售来自多个供应商的、不同种类和品牌商品的连锁店，不允许外资控股。

书报刊批发：自入世第三年内，允许外资服务提供者从事书报刊批发。允许外资控股，取消数量限制。

特许经营和无地域限制的批发和零售，自入世第三年起，没有限制。

根据国家新闻出版总署、商务部颁布的《外商投资图书、报纸、期刊分销企业管理办法》，分别自 2003 年 5 月 1 日起、2004 年 5 月 1 日起对外国投资者开放书报刊零售、批发业务。

在视听服务方面：

录音制品分销服务：加入 WTO 时，对跨境提供服务和境外消费没有限制；在不损害我国审查音像制品内容的权利的情况下，允许外国服务者与中方伙伴设立合作企业，从事音像制品的分销，但电影除外。

电影院服务：加入 WTO 时，对跨境提供服务和境外消费没有限制；允许外国服务者建设或改造电影院，外资比例不得超过 49%。

电影进口：加入 WTO 时，在与我国有关电影管理条例相一致的情况下，允许以分账形式每年进口 20 部美国电影用于影院放映。

承诺并未涉及影视节目制作内容的准入。

2003 年 12 月，国家广电总局宣布允许成立中外合资的电影制作及发行公司。2004 年广电总局出台《关于促进广播影视产业发展的意见》，提出“逐步加大广播影视市场的开放力度，逐步放宽市场，吸引、鼓励国内外各类资本广泛参与广播影视产业发展，不断提高广播影视产业的社会化程度”。2004年11月28日，《中外合资、合作广播电视节目制作经营企业管理暂行规定》（广电总局44号令）实施，外资媒体公司可以入股国内广播电视节目制作企业，中方占绝对控股地位；对外资进入大型国有媒体集团的要求也做了降低。

除了上述的保护期设置，中国还采用了荧屏配额（screen quota）制度。配额是指特定期间内，政府对进出口商品或劳务实行的数量限制，或（在特殊情况下）的价值限制[①]。在加入世界贸易组织谈判中，中美双方达成协议，进口影片配额提高到20部，并在3年内达到50部，其中20部影片采用分账制，其余采用批片制[②]；2012年2月28日，中美就解决WTO电影相关问题的谅解备忘录达成协议，进口分账影片配额扩大到34部。

动画对于儿童影响巨大，而内地动漫业较为弱小。国家广电总局规定，自2006年9月1日起，全国各级电视台在17:00—20:00时段不得播出境外动画片[③]。此“禁播令”也是一种荧屏配额。配额制度一定程度上为本土的影视动漫业赢得了学习和成长的时间，但也会导致配额次品（quota quickie）的产生，即出现专门填充本土文化作品配额时间的低成本烂片。

就华语区来看，为保护本土电影，大陆和台湾地区都不同程度地实行进口电影配额。大陆曾经将香港和台湾电影视作进口影片进行管理。自2010年起，大陆已经取消了进口香港和台湾影片的配额限制[④]，凡取得《电影片公映许可证》的台湾影片，作为进口影片在大陆发

---

① 《大不列颠百科全书》，中国大百科全书出版社2007年版，第97页。

② 分账引进大片大都是好莱坞新片，由一线公司制作，大明星、大投资，有完善的市场运作，以商业大片为主，在中国的上映时间距北美上映不超过半年，要参与中国票房分账，每年的引进配额是20部；“批片”则由发行公司以一定价格买断影片在中国市场的放映权，一般是多国别、多体裁、多样式的进口影片，因为它们多是批量操作，被圈内称为“批片”，通常一年在30部左右。

③ 国家广电总局：《关于进一步规范电视动画片播出管理的通知》，2006年8月。

④ 根据2010年9月12日正式生效的《海峡两岸经济合作框架协议》（ECFA），关于服务贸易早期收获应在框架协议生效后尽速实施的规定，2010年10月26日实施以下对台电影开放措施：根据台湾有关规定设立或建立的制片单位所拍摄的、拥有50%以上的电影片著作权的华语电影片经大陆主管部门审查通过后，不受进口配额限制在大陆发行放映。该电影片主要工作人员组别中台湾居民应占该组别整体员工数目的50%以上。

行,不受进口影片配额限制①。

台湾为保护本土电影,对在台湾上映的外国影片实行拷贝配额,但在加入 WTO 时已全部取消。但出于政治惯性的考量,台湾地区对大陆影片实施进口配额,每年限定 10 部。随着近年片商对大陆电影的兴趣增加,申请进口配额的电影逐年增多。过去一年 10 部的配额常常到年底才会核发完毕,这几年,配额在 1 月底就使用完毕,有发行商为了抢配额,提前两天到主管机构排队。因此,自 2013 年起,台湾文化主管机构改以抽签方式决定配额。据台湾文化主管机构公布的数据表明,2012 年,共计 18 部大陆影片申请在台公映配额;2013 年共有 22 部大陆电影争取 10 部配额,最终在大陆创下国产电影票房新高的《人再囧途之泰囧》未能抽中配额,无法与台湾观众见面。6 月,根据《两岸服务贸易协议》,进口大陆电影配额增加到 15 部。

当然,从长远来看,种种本土文化保护措施只是暂时的,文化创意产业最终必然要进入市场自由竞争的阶段。在香港和台湾,好莱坞电影长驱直入,对本地电影工业造成冲击,观众不断流失。台湾本土影片所占票房份额仅有约 5%。这都促使香港和台湾电影寻找重装上阵的路径。唯有中国内地,近十年来保持着国产影片票房高于进口票房的纪录,直到 2012 年才被打破。

在实施配额的同时,通过政府基金等手段,补贴、扶持本地文化创意产业发展,也是一种保持措施。例如文化产业发展专项资金、香港的"创意智优计划"和"设计智优计划"、台湾的电影辅导金制度都属此类。通过政府投资,鼓励和引导本地文化创意产业得到必要的营养。2012 年,中央财政安排文化产业发展专项资金 34.63 亿元;香港"创意智优计划"资金规模为 3 亿港元。

其次,着眼于培育产业竞争力。

面对西方强势的文化创意产业,"大象"与"蚂蚁"成为最形象的比喻。文化创意企业如此,文化创意产业亦如此。

培育企业的竞争力,从而形成产业的竞争力,这使大陆、香港和台湾都需要在短时间内完成西方二战以后长时间积累、全球扩张的发展

---

① 国家广电总局:《关于加强海峡两岸电影合作管理的现行办法》,2013 年 1 月 17 日。

历程。大陆将培育强势文化创意企业称为造“航母”，台湾称为造“旗舰”。其用语的相似，表明了在战略设定和目标路径选择上的一致性。

台湾打造华语文化创意产业的“六大旗舰”产业，就是力图在六个领域构建比较竞争力，以回应华语区和全球文化创意产业竞争和挑战。旗舰建设的目标是使台湾在电视、电影、流行音乐、数字内容、设计、工艺六大产业保持在华文市场的领先地位。

大陆“十二五”规划完成了传统文化产业与新兴文化产业的划分，也相应明确了不同的战略投入。而这一划分，更清晰地盘点了以往文化体制改革的绩效。应该说，十年的文化体制改革成效显著，制度创新使国有文化企业的活力增加、垄断地位被打破、企业集团上市公司出现。但是，不难发现，在这十年间，移动互联技术飞速发展，并嵌入每个人的日常生活，文化创意产业的消费情境、消费媒介都在发生巨大的变化，由此导致消费的内容、商业模式、竞争热点都被改变。

传统文化产业与新兴文化产业的分野正在形成。

而政府大力扶持的国有文化创意企业却主要沿袭着传统文化产业的流程、模式、经验和路径。与此同时，能够通过创业、创新敏锐捕捉新兴文化产业模式和趋势的民营企业、中小企业，却无法获得政策、资金的支持。这使得不少民营文化企业只能海外上市，进一步推动创新资源、资金流向业外、海外市场，形成了新兴文化产业以非国有公司为主体的市场格局。拿出版领域举例，尽管十年的文化体制改革构造出了不少实力雄厚的国有出版发行集团、上市出版公司，但是却无一能够在新兴的数字出版领域具备话语权。相反，成立不过5年的盛大文学却完全颠覆了传统出版模式，建立了整合创作、推广、付费、阅读、传播、版权等线上线下新业务模式。其中最具杀伤力的是UGC（用户创造内容）和付费阅读：一个改变并垄断了华文文学创作的生态，另一个是完全不再需要出版社这个中介存在的商业模式。作为盛大网络的子公司，盛大文学天然具备将网络文学改编成网络游戏、影视等的便利，使UGC的价值链延长。2013年，盛大文学先后获得高盛、淡马锡、新华新媒的投资，按高盛、淡马锡以1.1亿美元收购盛大文学20%的股权推算，盛大文学估值为5.5亿美元。这是5年间创造的企业；而亚马逊自1996年开始尝试网上书店的新业务模式，如今已经构建起网上书店、Kindle 电子书、平板电脑、数字版权分发销售平台等完整的数字出版产业链。苹果公司更是以 iPad 平板电脑为新一代读者打造了数字阅读终端。在苹果商店里，无数的阅读 APP 就像一家家出版社和创作工作室，源源不断地分流着传统出版的市场份额和消费需求。

近十年来，国有文化企业的“旗舰”式发展，使其规模越来越大，造成其战略性转身的难度也相应增大；而新兴文化产业的竞争层次已经大大提升，面对的竞争对手不仅来自业内，更来自像亚马逊、谷歌、苹果、百度、搜狐这样的互联网企业。

这是非常值得思考的方向性问题。

再次，寻找战略的差异定位。

文创产业政策规划之时，由于发展的资源和社会条件差异，相关政策规划特别注意到了自身的定位和特色。

中国所提的文化战略目标，无论是“建设有中国特色社会主义的文化”（中共十五大报告）还是“建设社会主义文化强国”①，都以“社会主义”作为定语，这也是最突出的特色。文化的内核是价值观，明确了文化及文化强国的核心价值观，也即规定了文化创意产业发展的方向。其着眼点是“正路”与“邪路”的中国道路竞争，是“道路自信、理论自信、制度自信”在文化领域的体现。

中国文化战略的第二个特点，是其高度和视野。无论从面积、人口还是历史承继来看，大陆都是中华文化的主体和中心。因而，内地文化战略的高度是站在中华民族的伟大复兴的历史进程中来确立的，其指向是宏大的历史叙事，突出的是民族文化传承、创新和屹立于世界文化之林的历史重任。

相比之下，香港和台湾从地理和文化上来看，历史上与大陆形成“中心—边陲”的文化格局。其文化战略更聚焦于自身的区域文化竞争力的构建。

香港建设“亚洲的国际都会”的战略，香港贸易发展局发表《香港的创意工业》研究报告，将香港定位为“亚洲的创意中心”。这一战略

① 中共十七届六中全会：《中共中央关于深化文化体制改革推动社会主义文化大发展大繁荣若干重大问题的决定》，2011 年 10 月 25 日。

定位是基于对香港地理、经济、历史、人才等诸多因素的考量之上，充分体现了香港谋求的定位。其竞争目标是亚洲的港口城市新加坡、上海等，以及东京等世界城市。香港特区进行的规划和研究也多关注香港创意产业在亚洲的竞争力。而“一国两制”又使香港特区处于亚洲和世界进入中国内地、中国走向亚洲和世界的战略通路上，香港文化战略又增加了与珠三角、广东和内地互动的维度。

台湾地区的文化战略没有大陆那样宏大，相比香港的亚洲创意中心定位又有所不同。台湾的优势在于中华文化、华语，因此将文化创意产业的发展面向定为“华文世界文化创意领先者”，一方面可以充分发挥其优势，另一方面也显示出台湾地区对于中华文化话语权的需求，以增强其“文化能见度”。从这个意义上来看，大陆与台湾相互参照、创新中华文化的竞争和合作会更多。

第五章　培育华语文化航母

文化和产业的使命，最终要落在市场的主体——企业肩上。企业是市场的主体，强大的文化企业竞争力才能整合出强大的产业竞争力。临近加入 WTO 的关口，华语文化传媒业放眼四望，突然感觉到自身的弱小。

“一个贝塔斯曼的年收入就相当于全国出版业一年的收入”。这个比喻在世纪之交成为极富刺激力的警告。而无论是大陆造文化“航母”还是台湾造文化“旗舰”，都体现出对西方跨国企业的想象和忧虑。

5.1　注入产业 DNA

20 世纪 90 年代，因应国际市场上跨国文化传媒企业集团化的特征，中国掀起一阵“集团热”，将业务相近的国有文化单位行政划拨到一起，意图组建传媒“联合舰队”，打造传媒“航空母舰”。

1996 年，广州日报报业集团成为全国首家报业集团；1999 年，上海世纪出版集团成为全国首家出版集团；2001 年，中国广播影视集团的成立更成为广电“航母”①，2003 年还试图整合旗下 35 家报刊出版社，

---

① 据新华社 2001 年 12 月 6 日报道，中国广播影视集团的主要成员单位有：中央电视台、中央人民广播电台、中国国际广播电台、中国电影集团公司、中国广播电视传输网和中国广播电视互联网等，是以事业单位为主体，拥有广播、电视、电影、传输网络、互联网站、报刊出版、影视艺术、节目制作销售、科技开发、广告经营、物业管理的大型国家级综合性传媒集团。有员工 2 万多人，固定资产 214 亿元，年总收入 110 亿元。

成立中广报刊音像出版集团[①]。但因文化体制改革启动，事业性集团的路径已被理论和实践所否定而未展开。

虽然中外“集团”表面上看起来都一样，实际上完全不同，因为行政集团根本没有集团和产业的DNA。彼时的集团主要是形似而神不似的事业集团，其业务和子公司都是行政捏合的，无非由原来的社、台改名而来；集团所属各单位彼此之间貌合神离，只有行政的联系，缺少业务和资本的有机联系，没有化学反应，只有物理聚集，被形象地称为“麻袋里装土豆”；集团内部各单位仍为事业单位，缺少企业的激励机制，缺少融合，当然也就缺乏市场竞争力。在行政管理和事业单位的体制下，这种事业性集团甚至在一定程度上巩固了省域的市场壁垒。

模仿集团的形态，只是形似，而要神似，就必须厘清集团成立、成长、发展的机理和逻辑。只有使文化单位转制为企业，建立现代企业制度，才可能打破对于行政力量的依附，成为真正的市场竞争主体。到这个层面，就需要通过体制改革，完成政事分开、政企分开、管办分离，各级政府不再把本地文化单位当做“亲儿子”，清理区域垄断的根源；同时激发文化企业的创造力和市场竞争力，通过市场竞争来打破原有的行政配置资源形成的均衡态势，使有资源、有能力的文化企业变得更加强大。

通过“两分法”的分类改革路线图，绝大多数国有文化单位完成了转企改制。而成为市场主体的各省域国有出版公司已经自发、自觉地呈现出谋求全国市场的意图。文化企业有了做大的动力。

经过这一“否定之否定”的历程，竞争力培育终于回到正确的起点：市场经济、现代企业。

2003年12月31日，国务院颁发《文化体制改革试点中支持文化产业发展规定》和《文化体制改革试点中经营性文化事业单位转制为企业的规定》。明确提出“党报、党刊、电台、电视台等重要新闻媒体经营部分剥离为企业”，而做强做大的路径明确为市场配置资源、打开资本进入的窗口，为文化企业注入产业DNA。

成为企业之后，其成长发展的路径就得以借鉴西方的成熟路径。

① 《广电系统35家平面媒体合成中国最大传媒集团》，《财经时报》2003年1月26日。

通过充分而完全的市场竞争,国外的文化传媒巨头大多会通过兼并重组形成专业化的特色集团或者跨媒体、全媒体的多元文化传媒集团。

例如,贝塔斯曼(Bertelsmann AG)集团,从出版《圣经》起步,目前业务涉及广播电视(RTL 集团,欧洲最大的广播电视公司)、出版(兰登书屋 Random House Inc,世界最大图书出版集团[①];格鲁那加尔 Gruner + Jahr,欧洲著名报纸杂志出版集团;直接集团 Direct Group Bertelsmann)、音乐(BMG)以及媒体服务等。

新闻集团包括福克斯(Fox)电视台、20 世纪福克斯电影公司、泰晤士报、华尔街日报和哈珀·柯林斯出版公司,基本上涉及了除音乐之外的文化传媒行业。新闻集团还在社交网络(MSN)、数字报刊(*The Daily*)上进行着尝试,虽然暂时以失败告终,但都为其转型和发展提供了宝贵的经验。

时代华纳(Time Warner)更是早在世纪之初就与美国在线并购,迈出了新媒体和传统媒体的业务整合,使这个传媒巨人不断地通过资本纽带保持着业务竞争力和创新能力。时代华纳业务横跨出版(《时代》周刊)、影视(CNN、HBO、华纳兄弟)等。

而迪斯尼公司通过出版、电影、电视、主题公园等业务,将动漫形象和故事的赢利能力发挥到了极致,开启了多层次的赢利窗口,从而使自己成为文化传媒巨头。

这就是国外文化传媒巨头的成长路径,除了长时间的业务拓展和品牌积累之外,还有另外一种增长方式:资本运作。如今全球的跨国文化创意产业巨头,大多都经历了多轮的兼并重组,通过横向和纵向产业链的构建,奠定业务领先和不断进入创新领域的战略。

以此为目标,内地曾经启动过“造大船”运动,但是由于文化行业缺乏市场基因,一度进入只求形式上的“大”而忽略竞争力之“强”的弯路,以为通过国有文化单位的行政捏合,就能造出规模与跨国企业竞争的文化央企。行政化集团可以做得规模很大,但是却缺乏竞争力,因为事业体制局限它无法面向市场、适应竞争。并且,国内的传媒集

① 2013 年兰登书屋与培生集团旗下的企鹅出版集团合并,贝塔斯曼拥有 53% 的股份,培生集团拥有另外 47% 的股份。

团仍然在行业主管部门的条状分割下，以单一媒体为核心，组成国有出版集团、报业集团、广电集团、演艺集团等业务分离的分业集团，使文化创意产品的价值链变短，无法实现迪斯尼式的多重赢利窗口的模式。并且，这种单一媒体的集团是原有的行政分业管理的体制下，行政力量推动的结果，而非市场竞争实现的规模经济，与通过市场竞争形成的特色鲜明的专业集团完全不同。

国有文化单位经过转企、改制、股份制改造，通过资本市场展开上市融资、兼并重组的时机逐渐成熟。资本的逐利性，使其对于产业发展前景极为敏感。而资本青睐的行业，能够迅速形成价值高地，吸引人才、资源的进入，促成产业的发展繁荣。例如，在转企改制后的改名潮中，众多出版集团纷纷去掉省市名称，代之以区域名称或者无地域因素的名称，寻求跨地域发展空间；还不约而同地以“传媒”替换“出版”，寻求跨行业发展的可能。

这些做强做大的目标，靠原有的政府投资已经无法更好地实现。培育骨干旗舰型企业和战略投资者的目标开始借鉴西方成熟的现实路径：资本运营。

但是，由于前文所述，内地文化创意产业的发展，其战略定位是“社会主义文化强国”，价值内核是“社会主义核心价值体系”，因而，即便认同了资本运作的产业化发展路径，仍需要保证资本进入文化国企后，意识形态管理不“失控”，这也形成了中国特色的文化产业资本运作路径。

国有文化传媒业资本运作的“中国特色”在于：“摸着石头过河”，先由意识形态较弱的行业试水，在确保国家绝对控股、主导，逐渐消除管理层担心后，资本运作获得合法性。

出版业是最先获得管理层许可展开资本运作的核心文化产业。当然，国有文化企业对社会资本的开放仍然限定了前提，也即“四个必须”：必须确保国有资本的主导地位；必须按现行的各项规定严格履行审批手续；必须确保新闻出版单位在合作和融资过程中实现国有资产的保值增值；在企业资本结构变化过程中，必须确保出版物的导向正确,不得改变党的领导和行政管理权,不得削弱国有方经营管理的责任①。

在国有控股、按章审批、保值增值、导向正确的前提下,“允许吸收社会资本”。具体来说,“国有发行集团、转制为企业的科技类报刊和出版单位,在原有投资主体控股的前提下,允许吸收国内其他社会资本投资;广播电视传输网络在广电系统国有资本控股的前提下,经批准可吸收国有资本和民营资本”②。广电的准入还是严于出版发行和非时政类报刊。

对资本的正名逐步展开:2006 年 7 月,国家新闻出版总署在《关于深化出版发行体制改革工作实施方案》中表示要积极推动有条件的出版、发行集团上市融资。2006 年 9 月国务院发布的《“十一五”时期文化发展规划纲要》,提出加快国有文化企业的股份制改造,2010 年前推出一批主业突出、核心竞争力强的上市文化公司。10 月,上海新华书店(新华传媒)借壳上市;2007 年 5 月,四川新华书店(新华文轩)在香港 IPO 上市。

在上市路径上,最初只允许文化传媒企业的经营业务单独上市,这是极富“中国特色”的。因此,经营广告、分销、物流、印制等业务的报业发行公司、新华书店率先获得资本运作许可。新华传媒(600825. SH)、新华文轩(0811. HK)都是这一设计的受益者。

对于包含了内容制作的全业务文化传媒公司,制度设计是将其一分为二,内容部分切割出来,只允许经营部分业务打包上市,在香港上市的北青传媒就是这一“中国特色”的上市公司。《北京青年报》本来拥有完整业务流程,内容编辑、产品分销和广告经营等形成了完整而成熟的价值链,但在资本市场上被人为分割开来。2004 年在香港上市的北青传媒(01000. HK),由于编辑业务不允许上市,因此被形象地称为“没有厨房的餐厅”,使投资者的政策风险加大。

通过文化经营性资产分拆上市的试水,2007 年中共十七大后,国

① 国家新闻出版总署:《关于进一步规范新闻出版单位出版合作和融资行为的通知》,2004-7。

② 国务院:《文化体制改革试点中支持文化产业发展的规定》(试行),2002 年 12 月 31 日。

有文化公司的编辑业务获准与经营业务一同整体上市，这使出版产业与资本市场完成了对接，打通了出版产业的融资渠道，也为其他文化创意企业的资本运作进行了安全性试水。

2007年底，总部位于辽宁的出版传媒(601999. SH)成为首家"内容+渠道"业务整体上市的国有出版公司。在其前后，一大批文化传媒类公司进入资本市场。主要包括：国有改制文化公司的上市和非国有文化上市公司两类；而上市的地点也包括中国大陆A股、中国香港H股和美国纳斯达克。

经过政府、资本、市场的不断博弈，国有文化创意企业与资本市场的对接已成为成熟路径。不仅国有文化创意企业通过资本运作路径获得做大做强的契机，民营文化创意企业同样也得以利用资本市场，实现做强做大的目标。

按照中国证监会发布的《上市公司行业分类指引》(2012)，与本研究所关注的文化创意产业较接近的为第R类"文化、体育和娱乐业"，属于上市公司24个基本产业门类之一。其下又分为新闻和出版业、广播电视电影和影视录音制作业①、文化艺术业、体育和娱乐业等。根据中国文化产业门类，目前A股涉及的文化产业类上市公司主要有传统文化产业的出版发行类、影视传媒类；新兴文化产业的网络创意、数字内容、动漫(主题公园)类、广告营销等。

除了上市融资，对于未上市企业，产业投资基金也是重要的融资渠道。

根据2006年国家发改委《产业投资基金管理暂行办法》的定义，产业投资基金是指"一种对未上市企业进行股权投资和提供经营管理服务的利益共享、风险共担的集合投资制度，即通过向多数投资者发行基金份额设立基金公司，由基金公司自任基金管理人或另行委托基金管理人管理基金资产，委托基金托管人托管基金资产，从事创业投资、企业重组投资和基础设施投资等实业投资。""民营演艺第一股"宋城股份在国内

① 指对广播、电视、电影、影视录音内容的制作、编导、主持、播出、放映等活动；不包括广播电视信号的传输和接收活动。

A 股上市前，就获得了东方星空创业投资有限公司基金的投资。

据 China Venture（投中集团）的统计，国内迄今累计成立文化产业基金 92 只，其中 36 只基金已开始募资，56 只基金募资完成（含首轮募集），目前募资（含首轮募集）规模达到 465.56 亿元，平均单只基金募资额 8.31 亿元[①]。

"中国文化产业投资基金"是目前唯一一只国家级文化产业投资基金，于 2011 年 7 月 6 日成立，由财政部、中银国际控股有限公司、中国国际电视总公司及深圳国际文化产业博览交易会有限公司共同发起设立。其中财政部出资 5 亿元，在将来的运作过程中还将吸纳包括 VC/PE 在内的民间资本的加入。基金目标总规模 200 亿元，首期募集规模为 60 亿元。此外，该基金项目投资将封闭运行 10 年，前 5 年为投资期，后 5 年为退出期。

"中国文化产业投资基金"投资范围主要包括传统媒体、新媒体、文化衍生产业三大领域，在投资比例上基本上是传统媒体、新媒体、文化衍生产业各为 4∶3∶3。作为股权投资基金，中国文化产业投资基金将主要投资处于成长期和成熟期的项目，以细分行业龙头为主要考虑目的。在判断项目时，基金没有利润指标、资产规模等硬性限制，主要考虑项目的盈利能力，并兼顾推动我国文化产业发展振兴的使命。关于具体投资标的，基金将选择文化内容和传播渠道中市场条件好、具备良好盈利记录和稳定现金流、预估资产具有盈利潜力的传统文化企业、文化创意企业和新媒体企业作为投资重点。

"中国文化产业投资基金"已投项目包括：新华网股份有限公司[②]、中国出版传媒股份有限公司[③]、北京中投视讯文化传媒有限公

---

① 《国内文化产业基金迅速圈地　推动产业奔腾发展》，《解放日报》2013 年 5 月 13 日。

② 新华社主办的中央重点新闻网站，是党和国家重要的网上舆论阵地，在海内外具有重大影响力。

③ 国家级大型出版发行机构，拥有包括人民文学出版社、中华书局、三联书店、商务印书馆等在内的多个知名品牌。正在冲刺国内 A 股 IPO 上市。

司[①]、上海骏梦网络科技有限公司[②]、法宝网[③]、万方数据股份有限公司[④]、欢瑞世纪影视传媒股份有限公司[⑤]、北京开心麻花娱乐文化传媒有限公司[⑥]。其中，新华网、中国出版传媒正在积极准备IPO上市。

各地的文化产业基金包括：由北京市政府倡导发起的“北京服务·文化创新发展基金”；由上海文广新闻传媒集团、中国国家开发银行及中国宽带产业基金联合发起设立的“华人文化产业投资基金”，已投资“东方梦工厂”以及收购星空卫视；“湖南文化产业基金”，该基金计划总规模为30亿元，包括湖南省财政厅、省委宣传部、省文化厅、省旅游局在内的多个政府部门共同出资21亿元，目前由湖南电广传媒旗下的达晨创投管理；工商银行广东省分行、南方报业传媒集团、工银国际等联合发起的“广东文化产业投资基金”等。

外资背景的文化产业基金有：“大摩华莱坞基金”，由摩根士丹利合作基金亚太金融资本、擎辉基金与滨湖区金源投资三方出资，基金规模为人民币10亿元加美元1个亿的平行基金；新加坡的私募股权基金“华映资本”也分别在苏州和常熟设立了两只人民币的文化产业基金。

股权投资的退出渠道，主要是投资企业上市。如弘毅资本4.81亿元注资凤凰传媒，凤凰传媒(601928.SH)上市使弘毅投资获得1.74倍回报；中南传媒上市为达晨创投、华鸿资产、亚洲资产带来3.67倍回报。

除了股权投资形式，文化产业投资基金还进行项目投资，以在较短周期内获得投资回报。IDG中国媒体基金就相继投资了《高考1977》《山

---

① 国内首批从事手机视频内容制作的文化传媒公司，拥有相关信息网络视听节目牌照以及强大视听内容的制作和运营能力。

② 以自主研发为核心竞争力，同时具备资深运营和营销经验的新兴网页兼社交游戏公司。

③ 国内领先的线上综合法律服务提供商，拥有庞大的服务团队和强大的运营能力。

④ 中国数字出版和期刊数据库领军企业。

⑤ 国内领先的影视内容制作公司，拥有多位一线艺人及出色的制作能力。

⑥ 立足于喜剧舞台剧的综合性娱乐文化公司。首创贺岁舞台剧概念，全面投入综合娱乐产业，并布局全产业链，已成为民营话剧市场“第一品牌”。

植树之恋》《雪花秘扇》等影视作品,“华人文化产业投资基金”则先后投资制作综艺节目《舞林大会》《中国好声音》《中国达人秀》等。

5.2　新闻出版类公司

新闻出版类公司是上市公司最多的文创行业。经过文化体制改革,改制、股份制改造到位的发行公司、经营性资产凭借内容和渠道分离的政策优势先发上市,然后进入“内容 + 渠道”整体上市的阶段。

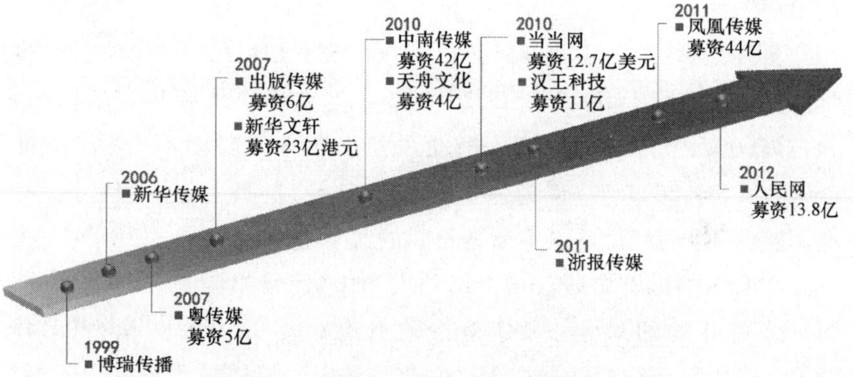

图 5.1　新闻出版类公司上市时间节点

在出版业内,新华书店是上市的先锋。2006 年,上海新华发行集团借壳上市,股票代码为新华传媒(600825. SH)。2007 年,四川新华发行集团在香港 H 股 IPO 上市,股票代码新华文轩(0811. HK),募集资金 23.3 亿港元,成为国内首家在境外上市的出版发行企业。之后,安徽新华传媒股份公司 2010 年 IPO 上市,股票代码皖新传媒(601801. SH),募集资金近 13 亿元。

包含“内容编辑”业务的出版公司的上市始于中共十七大之后,由辽宁出版集团公司的上市开启(出版传媒,601999. SH)[①]。值得注意的是,辽宁出版集团旗下的辽宁教育出版社、春风文艺出版社、辽宁少

① 出版传媒 601999 公司是由中宣部和新闻出版总署确定的中央文化体制改革试点企业和全国文化传媒行业第一家带有“编辑内容”上市的出版企业,主营业务包括出版业务、发行业务和票据代印服务。

年儿童出版社、辽宁音像出版社4家出版社当时并未包含在上市公司资产中，体现出管理层对于“编辑内容”导向与资本市场联姻并不百分之百放心。2010年IPO上市的湖南出版集团的中南传媒（601098.SH）正是因此成为首家“整体上市”的国有出版公司。2011年，中国内地实力最为强大、首家资产和收入均超过百亿元的江苏凤凰出版集团IPO上市（凤凰传媒，601928.SH）。中南传媒募集资金42.43亿元，凤凰传媒募集资金总额44.79亿元，远远超过了三年前出版传媒6亿元的量级，显示了资本市场对文化出版类公司的信心，也培育了大而强的出版公司。

另外，安徽出版集团的时代出版（600551.SH，2008年）、江西出版集团的中文传媒（600373.SH，2011年）、河南中原出版传媒集团的大地传媒（00719.SZ，2011年）、湖北长江出版传媒集团的“长江传媒”（600757.SH，2012年）都通过借壳实现上市，表明文化出版业成为产业调整的重要力量，是资本市场青睐的蓝筹业务。

在众多的国有出版公司上市的大潮中，民营出版类公司大多成为国有公司并购的对象。IPO上市的只有湖南的天舟文化（300148.SZ）①，募集资金约4亿元。天舟文化是湖南省规模最大的民营图书企业，2010年底在创业板上市，紧随国有的湖南中南传媒上市之后，成为“中国图书出版发行行业民企第一股”。而创造了数字出版业务的盛大文学公司，通过资本纽带收购了国内有影响力的网络文学站点，经过几轮融资，先后获得高盛、淡马锡、新华新媒等的战略投资，在美国的上市之旅也已经展开。

目前，中国出版集团旗下首个IPO项目中国出版传媒股份有限公司已发布辅导公示，辅导机构为中银国际证券，出版业的“国家队”计划2013年冲刺资本市场。中国出版传媒公司由中国出版集团公司、中国联合网络通信集团有限公司、中国文化产业投资基金及学习出版社共同发起成立。另外一艘国家级出版大船中国科技出版传媒已经出

① 天舟文化主要从事青少年图书的策划、设计、制作与发行业务，是全国具有总发行资质的18家民营发行商之一、全国十大民营书业实力机构、第一个捧走中国新闻出版行业最高奖项“中国政府出版奖”的民营企业。

现在中国证监会IPO申报企业名单上，中国教育出版传媒上市也提上日程。中国人文、科技和教育出版的三大航母都将完成与资本市场的对接，以展宏图。此外，南方出版传媒、读者出版传媒、湖北知音传媒等也都在IPO申报名单中。

新闻领域相较于出版而言，管制更严格。早期的报业与资本市场的对接只能通过间接方式实现。1999年，《成都商报》就通过借壳间接上市，博瑞传播（600880. SH）成为"报业第一概念股"。之后再通过并购将《成都商报》的纸张、发行投递、印务、广告等优质资产注入上市公司。2008年，博瑞传播以发起人的身份参股创办了面向全国市场的《每日经济新闻》[①]。目前是成都传媒集团资本运营平台。面对传统媒体的衰落大势，博瑞传播正在由"报业第一股"向网游股转型。

2007年，广州日报实际控制的粤传媒（002181. SZ）在深圳主板上市。该公司的投资价值在于广州日报报业集团的子报印务、招聘广告代理和书报发行业务支持，也得益于所处的珠三角作为世界印刷中心之一的地位。2010年度，粤传媒实现重大资产重组，广州日报社经营性资产整体进入上市公司，公司也正式更名为"广东广州日报传媒股份有限公司"，旗下三家子公司：广报经营、大洋传媒、广州日报新媒体公司。同时，广州日报报业集团也得以充分利用粤传媒这一资本平台实现业务规模效益的扩张。

借壳上市的路径启发了众多报业集团。浙报传媒集团（原浙江日报报业集团）于2011年实现借壳上市，成为中国第一家媒体经营性资产整体上市的报业集团。浙报传媒（600633. SH）明确打造新闻传媒、互动娱乐、影视三大产业平台和文化产业投资平台；推动纸质媒体建立社区化、本地化、移动化的现代全媒体传播模式，打造新闻传媒平台；通过对盛大网络旗下的电子游戏平台边锋和浩方的收购，加快推进互动娱乐社区平台建设；推进东方星空转型为直投和管理相结合的基金管理公司，打造文化产业投资平台。

---

① 《每日经济新闻》的股权结构：成都商报社出资2400万元，占总股本40%；博瑞传播出资2100万元，占总股本35%；博瑞投资集团出资1500万元，占总股本25%。其中，成都商报社为博瑞传播实际控制人，博瑞投资集团为博瑞传播控股股东。

除了传统新闻出版公司的上市，新兴的新闻出版业态更成为资本市场的热点，也代表着传统媒体业态的升级和发展。

借助亚马逊公司 Kindle 电子书阅读器造就的天时，“电子书第一股”汉王科技(002362. SZ)2010 年 3 月在创业板上市。公司募集资金 11.3 亿元，超募 8 亿多元。汉王以亚马逊公司的“数字内容 + 平台 + 终端”为业务模式，在一段时间内借助电子书的热销，与传统内容提供商合作搭建数字内容平台。不过，与亚马逊公司相比，汉王缺乏在出版业的运营经验，也缺乏对于读者和用户的关系积累，因而未能在移动阅读领域扎下深根。上市后，汉王在央视投放广告，通过大手笔的广告营销汉王电纸书产品，一度使电子书成为礼品。这些都使得电子书业务模式未能可持续发展。2012 年年报显示，汉王电纸书销售收入为 0.62 亿元、毛利率 10.31%、业绩占比为 15%。与 2010 年销售收入 9.30 亿元、毛利率 36.99%、业绩占比为 75% 的风光已有天壤之别。这显示了汉王电子书商业模式的不可持续性，也再度证明了缺少创新是新兴文化产业最大的风险。

新的商业模式改变了用户的文化消费习惯。相对于传统图书分销的商业模式，网上书店就是商业模式的创新。以亚马逊为代表的互联网企业将线下购书业务平移到线上，使图书与读者直接见面，省去了传统分销的批发、零售层次；用空间无限的在线书库代替了有限的店面和书架，使图书能够永远在线，实现长尾销售。这就建立起新的销售商业模式，缔造出在线商店帝国。亚马逊模式直接催生了中国的当当网①和卓越网。2007 年拒绝亚马逊的收购后，当当网 2010 年在美国纽约证券交易所上市，融资 2.72 亿美元。与亚马逊一样，当当网以网上书店起步，成为中国最大的在线图书零售商。上市使当当网开始了由网上书店向网上沃尔玛的全面转型，对亚马逊中国形成竞争。卓越则被亚马逊收购，成为其旗下站点。

---

① 当当网(www. dangdang. com)1999 年投入运营；2001 年业务拓展至网上音像店；2005 年开通时尚百货频道，由单一出版物业务向“网上沃尔玛”转型。目前当当已拥有 6 大商品种类：美容及个人护理产品；家居及个人用品；母婴用品；电器；服装服饰以及鞋包皮具。2009 年，当当启动“平台 B2C”计划，采用自营加联营两条腿走路的战略，吸引第三方商家在当当网上展示及出售它们的商品；2010 年 11 月，当当成立出版物数字业务部。

中央级媒体网站上市也成为热点：人民日报社旗下的人民网于2012年4月IPO上市，成为"中国官网第一股"，募集资金13.82亿元，超募8亿多元。人民网募集资金投资项目包括移动互联网增值业务、技术平台改造升级项目和采编平台扩充升级项目。这既表现了主流国有媒体对待资本市场的开放态度，更看到传统新闻媒体加快转型谋求舆论和市场双重话语权的战略。据悉，新华网等也在排队上市过程中，政策的倾向意图有力地构建了网络时代中央媒体的舆论影响力和资本话语权。

上市融资，突破了国有新闻出版类公司发展的资金瓶颈，而募集资金投向要符合证券监管层和行业监管层的双层监管、满足投资者对投资回报的要求[①]。资金的实际投向反映出上市公司对于产业发展趋势和自身竞争力的认识和判断。

综合上述新闻出版类公司的操作可以发现，融资的投向主要集中于以下几个方面：

第一，打造核心竞争力，路径是收购形成品牌的团队和公司。

传统出版业的核心竞争力在于内容创作，在这方面的竞争力打造，属于横向产业链的构建。

横向产业链指对业务相同或者相近的公司进行并购，实现规模经济。首家IPO上市的出版传媒为增强内容创意策划能力，对民营出版资源展开了一系列收购，先后与路金波、李克、汪俊等知名民营策划人组建了万榕、智品、万邦三家合资出版公司，实现内容策划人才和资源的集聚，进行外延式增长。新收购的出版资产对其利润产生了立竿见影的贡献：IPO上市后的首份年报显示，出版传媒实施出版策划项目的主体万卷出版公司，净利润同比增长593.91%。其中，万榕公司出版的饶雪漫的《离歌》销售38.6万册，韩寒《杂的文》销售19.7万册。

盛大网络旗下的盛大文学，也是通过一系列的横向产业链收购，形成目前华语网络原创文学的规模最大的品牌：2004年10月，盛大收购起点中文网，进入网络文学领域，随后展开撒网式的收购，将红袖添香网、小说阅读网、榕树下、言情小说吧、潇湘书院等网络文学站点收

① 龙阳：《我国上市出版集团募集资金投向初探》，《传媒》2008年7月15日。

购至麾下。根据艾瑞数据,2010 年盛大文学在中国网络原创文学市场中份额为 71.5%,高居首位。海量的资源得以支持盛大文学付费阅读模式的运行,也使盛大文学成为中国移动阅读基地最大的付费内容提供商。

第二,构建完整产业链,路径同样是兼并收购。

传统出版业的内容与渠道是分立的,产业链上下游不贯通。通过纵向产业链构造,出版公司向产业链上下游拓展,实现范围经济。在香港 H 股 IPO 上市的书店股新华文轩,则基于已有的发行网络基础,向出版产业链的上游——图书策划出版领域延伸,谋求构建由发行到出版的完整价值链。除了自建编辑部之外,新华文轩展开了一系列的投资:2008 年 8 月,新华文轩与华夏出版社合作,共同出资 1500 万元成立北京华夏盛轩图书有限公司,文轩控股 51%,以策划出版更多适销、畅销的产品;2010 年,新华文轩以总价人民币 12.55 亿元与四川出版集团重组,获得其旗下 15 家全资子公司全部股权。重组完成后,公司更名为新华文轩出版传媒股份有限公司。由此,新华文轩构造出完整的出版发行产业链,其赢利模式、赢利前景将更为清晰。

第三,产业转型升级,路径是跨界融合和商业模式创新。

管理学大师彼得·德鲁克说过:“21 世纪企业的竞争,不再是产品与服务之间的竞争,而是商业模式之间的竞争。”西方文创产业的发达和强大,商业模式的创新就是重要的竞争力。

上市公司和骨干企业的商业模式一般是成熟的,如果能够顺利地将成熟的业务模式由本地拓展到更广阔的市场,并能够不断地实现商业模式的创新,就能够较好地实现可持续发展。

就图书分销商业而言,连锁书店是一种成熟的商业模式,能够实现品牌、业务、价格、服务的标准化,优于单间独立书店。而随着文化消费需求的变化,仅仅在产业上强大的连锁书店也渐渐无法满足消费者需求,于是“文化 Mall”的商业模式被创新出来,即以文化产品和服务为主的连锁商店。这就使得书店不再只是图书卖场,而是社区的书房,大量的文化活动、多样化的文化品类,甚至使其成为当地的文化地标。台湾诚品书店就是这一模式的典范。同时,这种“文化 Mall”也渗入到地产领域,成为文化商业地产的重要模式。

如今,网上书店、网店已经成为用户的基本生活设施。但是,在这个领域,优势的品牌都是非国有资本或者非出版企业。相反,传统的实体书店、商店正面临不断飞涨的地租和用户流失的双重压力。

在移动互联的环境下,文化创意产品和服务的提供,必须依靠现代传播体系、分发平台、客户终端。手握海量的网络原创文学资源的盛大文学建立起在线阅读和数字出版的商业模式是数字出版领域的创新模式:作者签约盛大文学进行原创、发布,供会员免费阅读;点击量达到一定标准后,移到 VIP 阅读区,会员需要付费订阅;付费标准为千字 2 ~ 5 分钱;网站与作者收入五五分成。2013 年获得高盛和淡马锡的 1.1 亿美元融资后,盛大文学宣布把订阅付费收入 100% 返还给作者,以增加作者的忠诚度。2011 年 2 月,盛大文学"云中书城"建立,允许作者、出版商自已开"店中店"销售数字阅读内容。云中书城提供作者数字出版的平台和技术支持,实现向多种互联网终端和移动终端的内容分发。盛大也曾试水自主品牌的电子书终端 Bambook(锦书),试错带来了宝贵的教训。招股书显示,盛大文学 2009 年、2010 年和 2011 年的净营收分别为人民币 1.346 亿元、3.93 亿元和 7.011 亿元(约合 1.114 亿美元),年均增长率达到 128.3%;2009 年、2010 年和 2011 年净亏损分别为人民币 7450 万元、5650 万元和 3590 万元(约合 570 万美元),呈不断减少的趋势。可以说,盛大文学这种集文学创作、分享、支付、阅读、授权等核心数字出版环节于一身的架势,营造了良好的大众数字出版生态。模式既不同于亚马逊,也不同于苹果出版模式,对传统出版业极具创新性和颠覆性。

在新兴领域,传统出版传媒企业并不具竞争优势,需要尽快地通过业务和资产的整合,形成转型,以免在未来的出版版图中丧失话语权。2011 年,上市公司中南出版传媒与华为公司共同出资 3 亿元打造数字出版平台。中南传媒借助华为的技术优势,能否进入信息化市场,谋求数字阅读市场份额,还有待观察。

另外,不少公司在产业转型和股东回报的压力下,进入新兴的文化产业,例如博瑞传播通过一系列收购,使网络游戏成为其主营业务;浙报传媒更是以 35 亿元收购了盛大集团旗下的杭州边锋和上海浩方两家游戏公司。这种"换乘"战略体现了新旧产业的兴替,而进入陌生的新兴行业，需要注意风险控制。

5.3 影视传媒类公司

在影视传媒类公司中，非国有公司较早地展开了资本运作，特别是创业板的开启，使华谊兄弟、华策影业、光线传媒等民营公司实现上市融资；"国家队"实现上市的仅有华录百纳，国有影视旗舰中影集团、上影集团等正在冲刺IPO过程中。

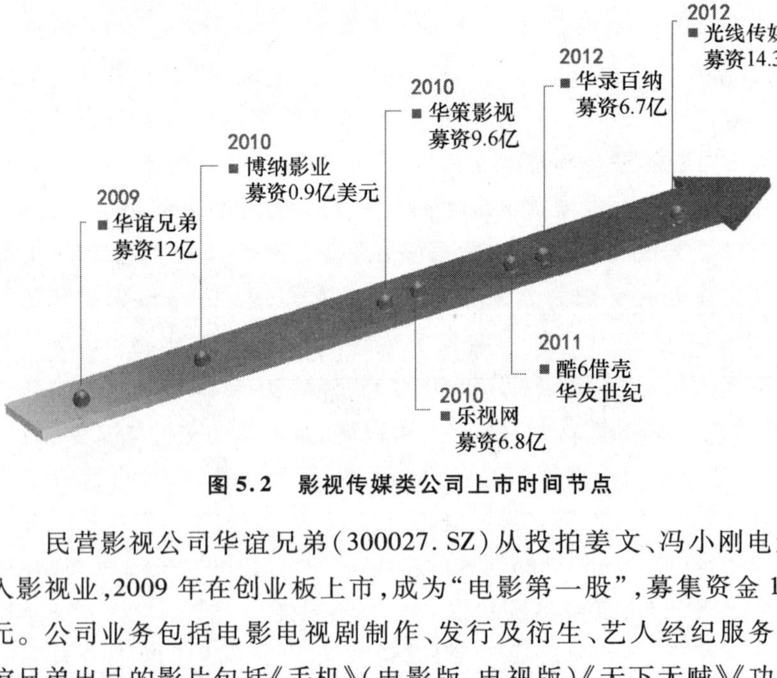

图5.2 影视传媒类公司上市时间节点

民营影视公司华谊兄弟（300027. SZ）从投拍姜文、冯小刚电影进入影视业，2009年在创业板上市，成为"电影第一股"，募集资金12亿元。公司业务包括电影电视剧制作、发行及衍生、艺人经纪服务。华谊兄弟出品的影片包括《手机》（电影版、电视版）《天下无贼》《功夫之王》《夜宴》《集结号》《风声》《非诚勿扰》《唐山大地震》《狄仁杰之通天帝国》《一九四二》等。但是，冯小刚电影对华谊兄弟过于重要，也使其赢利模式存在风险。上市时，华谊兄弟旗下拥有包括冯小刚、陈国富为代表的电影导演与监制；张纪中、吴毅为代表的11个电视剧工作室；李冰冰、姚晨、张涵予、邓超、王宝强、段奕宏等100余名签约艺人。他们构成影视内容生产的核心竞争力之一。而随着明星的出走、离开，公司股价都会出现异动，这成为华谊以及众多文化创意公司都面临的难题。

2010 年 12 月，民营电影发行公司博纳影业在美国纳斯达克上市，成为国内首家在美国上市的中国影视公司，融资总额为 9950 万美元。博纳影业是目前中国最大规模的民营电影发行企业，业务包括电影发行、制片和影院。博纳影业将自己的发展目标定位为“中国的派拉蒙”。博纳影业前身为成立于 1999 年的北京保利博纳电影发行有限公司，后来改组为博纳国际影业。已发行了 139 部影片，并正在扩展旗下的影院网络。

“电视剧第一股”是 2010 年 10 月在创业板上市的浙江华策影视(300133. SZ)，募资 9.6 亿元。主营业务为影视剧的制作、发行及衍生业务，是国内目前规模最大、实力最强的民营影视企业之一，也是经国家商务部、文化部、国家广电总局、新闻出版总署四部委批准的首批国家文化出口重点企业。2009 年 7 月，浙商创投入股华策影视。

国内最大的民营电视节目制作和运营商之一光线传媒(300251. SZ)于 2012 年在创业板上市，募集资金 14.38 亿元，成为“制播分离第一股”。公司的主营业务是电视节目和影视剧的投资制作和发行业务。电视栏目、演艺活动和影视剧是公司的三大传媒内容产品。光线传媒已成为中国最大民营娱乐电视节目制作和发行商，日均制作四小时电视节目，在国内 620 个电视频道播出，节目包括《娱乐现场》《蒙牛酸酸乳音乐风云榜》《最佳现场》《影视风云榜》等，是“电视联供网”模式的先行者和领导者。2012 年，光线出品的徐峥导演的作品《泰囧》创造了 12 亿的国产电影票房纪录，一跃成为电影业的大公司。

影视业的“国家队”中，华录百纳(300291. SZ)2012 年 2 月在创业板上市，募集资金 6.75 亿元。华录百纳公司具备年产 300 集以上电视剧的制作能力，代表作有《汉武大帝》《媳妇的美好时代》《王贵与安娜》《双面胶》和新版《红楼梦》《黎明之前》等。华录百纳公司在电影业也进行了有效地拓展，参与投资制作了《大内密探灵灵狗》《建国大业》《刺陵》和《建党伟业》等电影。

中国电影旗舰中影集团、上影集团以及央企中唯一的专业文化产业企业集团保利文化集团都正谋求上市。

中影集团(中国电影股份有限公司)2010年12月就已经成立,注册资金14亿元。其业务主要集中在制片、营销和发行领域。中影集团推出了《无极》《投名状》《赤壁》《梅兰芳》《建党伟业》《新少林寺》等商业电影。中影股份控股、参股的6条电影院线,票房约占全国电影市场的40%,包括全国第二大院线中影星美院线。中影的另一个竞争优势是拥有进口电影发行权,全国仅中影与华夏两家公司拥有进口电影发行权。中影完成上市之后,将着力打造中国电影的完整产业链,形成影视制片、制作、发行、营销、放映、影视服务等完整的产业链条。

上影集团是除中影之外,国内另一家巨型国有影视企业。业务涉及发行、院线、广告、影视剧拍摄、制作等全产业链。上影集团最赚钱的业务是上影联合院线,目前在全国73个城市拥有192家电影院、934块银幕,2011年上影联合院线票房占到全国11%左右的份额。

保利文化隶属于中国保利集团公司,成立于2010年12月,是央企中唯一的专业文化产业企业集团。业务覆盖演出与剧院管理、艺术品经营与拍卖、影业投资与电影院线管理三项,拥有30多家全资及控股企业。2010年,保利文化实现营收10亿余元,实现利润总额4亿余元,总资产超过20亿元。

上述国家队的资本运作,将会使国内影视产业格局发生更大的变化。

综合分析影视类公司募集资金的投向,同样可以看到与新闻出版类公司类似的方向:

第一,打造核心竞争力。

随着影视市场竞争者的增加,内容成为重要的竞争力。在电影领域,“华语类型+好莱坞式制作”的“国产大片”模式和影视精品被证明了市场空间,因此集中资金打造有市场潜力的国产大片和影视精品,成为影视业的共识。

华谊兄弟将资金投入电影制作(2.34亿)和电视剧制作(3.85亿),得以扩大影视作品制作规模,达到电影年产量6部,电视剧年产量600集以上。

华策影视向已储备的成熟影视剧目制作投入5亿多元,并继续投资积累优秀剧本资源,从而提升制作质量和数量的竞争力。公司2010

年底提出了第一个五年计划,使电视剧制作产量由600集增至1000集以上。

光线传媒募集资金投向也都集中在节目制作上,包括5个项目:电视联供网电视节目制作、数字演播中心扩建项目、节目采编数字化改造项目以及其他与主营业务相关的营运资金。光线传媒通过认购欢瑞世纪影视传媒股份有限公司4.81%的股权,获得欢瑞世纪电视剧地面电视播出权的优先购买权。欢瑞世纪具备每年制作300集电视剧的产能,光线传媒的股权投资目的在于增强光线的优质电视剧供应能力。

募集资金的另一个重要投向是构建完整产业链。

华谊兄弟以影视制作、发行、经纪起家,要使电影获得好的排片和宣传,影院终端的布局必不可少。华谊兄弟将募集资金1.29亿投向影院环节,拟在国内建立6家现代化电影院,从而与电影制作、发行上中游贯通,形成较为完善的电影产业链。

第二,商业模式复制和创新。

与数字出版挑战传统新闻出版业一样,移动互联、网络视频也挑战着传统的电视电影观看模式。艾瑞咨询调查显示,近4年来中国大城市电视开机率逐年下降:北京地区仅为30%,上海跌至27%以下①,传统电视不再成为家庭的中心。

华策影视应对移动视频的策略,是收购新媒体传播渠道。华策以1.4亿元收购西安佳韵社数字娱乐发行有限公司55%股权。佳韵社是数字娱乐发行商,面向PC/TV/手机等多媒体终端发行影视内容,已发行超过2万小时的电视剧、电影、动漫、综艺节目、纪录片,并拥有432部12161集电视剧的网络传播权。这使华策影视在电视台这一传统播出渠道之外,能够布局电视剧的新媒体发行渠道,并获得较丰富的网络电视剧内容资源。

电影院线是好莱坞电影的商业模式之一,院线商业模式的引入,使内地电影院的格局和体验都发生了实质性的变化。前述的国有公司中影、上影、保利都在院线领域形成了竞争力;民营的万达也成为国

① 王丹:《重新发明电视》,《环球企业家》2012年第7期。

内和全球最大的院线公司。

根据国家广电总局的数据，2012 年，我国共有 25 条院线票房超过亿元，其中万达（24.56 亿元）、上海联和（16.50 亿元）、中影星美（16.20亿元）、中影南方、广州金逸、广东大地 6 条院线超过 10 亿元。排名前十的院线总收入 120.5 亿元，占当年全国票房 70.6% 的市场份额，较 2011 年增加 0.3 个百分点。

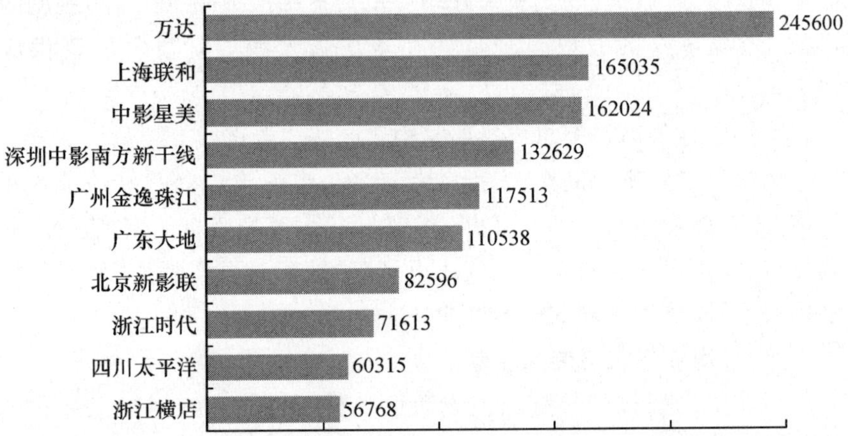

图 5.3　2012 年电影院线公司票房收入（万元）

从 2012 年的数据可以看出，北京、上海、广东等为最具消费力的电影市场，是全国电影市场的风向标和主流。而电影院线和影城的特色，是吸引观众的重要的消费体验。

多厅影院和院线建设，成为中国电影票房增长的重要保证，也成为电影领域重要的投资方向。国际巨星成龙与北京耀莱国际影城管理有限公司共同投资打造北京耀莱国际影城，占地 15000 平方米，设有 17 个厅，包括可容纳 590 人的巨幕大厅，共有 3500 张座椅，为目前国内最大的单体影城，成为 2012 年内地票房收入首位的影院（8169 万元）；香港导演吴思远投资创建的 UME 影城，为观众提供“终极电影体验（Ultimate Movie Experience）”。自 2002 年第一家 UME 在北京中关村开业以来，以每年一家的速度先后在上海、重庆、杭州、广州落成，并以其别具一格的装潢、人性化的设施、与国际接轨的服务成为当地白领、外籍人士的观影首选。其位于北京的两家 UME 影城，票房收入排在全国第五和第六位（分别为 6703 万元、6384 万元）。2012 年票房收入前十位的影城票房收入总计 6.89 亿元，占全国总票房的 4%。

院线的战略意义还导致了海外并购。2012 年，内地票房收入排名第一的万达 26 亿美元收购美国第二大院线 AMC（American Multi-Cinema）①的 100% 股权，成为全球规模最大的电影院线运营商。

第三，产业升级和转型。

电视作为电子媒体，向数字媒体的转型压力更为明显。

如果说上述公司的战略投资主要代表了传统影视业的产业路径和模式，那么随着流媒体技术的发展和宽带的普及，网络视频公司因其带来全新的业务模式和消费者体验，既成为文化消费的新热点，也成为资本市场追逐的热点。而三网融合导致的终端多屏融合，使传统影视业在电视端建立的垄断优势正在受到 IPTV 的竞争。通过业务和资本整合，网络视频正成为传统电视业强有力的竞合者。

以美国的视频社交网站 YouTube 模式和长视频网站 Hulu 为蓝本，国内视频网站风起云涌。

以 UGC（用户创造内容）短视频为特色的优酷、酷 6、土豆等复制了视频社交网站模式。由于竞争的加剧，网络视频行业正在经历痛苦的洗牌，以打造骨干企业、构建产业竞争力。2009 年 11 月，视频网站酷 6 网同盛大旗下的华友世纪合并，成为上市公司华友世纪的主体业务，由此实现借壳上市。国内视频网站第一梯队中的优酷网与土豆网，于 2012 年 3 月 12 日，宣布将以 100% 换股的方式正式合并。两家公司合并后，优酷将拥有新公司约 71.5% 的股份，土豆将拥有新公司约 28.5% 的股份。战略合并完成后，土豆将保留其品牌和平台的独立性，帮助加强和完善优酷土豆的视频业务。

随着短视频的新鲜感渐渐消失，长视频成为网络视频的又一竞争高地。传统影视内容制作精良，版权受到追捧；与此同时，网络成为影视剧分销的新兴渠道。而为了获得优质长视频资源，视频网站开始出

① AMC 院线总部在堪萨斯城，拥有的影院集中在北美大型城市中心地带，拥有北美票房最多的前 50 家影院中的 23 家。AMC 旗下拥有 5325 块银幕，仅次于帝王娱乐集团（Regal Entertainment Group），是北美第二大电影院线。2011 年收入约 25 亿美元，观影人数约 2 亿，员工总数 2 万人左右。

手购买正版视频，或者展开自制剧拍摄。

国内 A 股首家网络视频公司乐视网（300104. SZ）于 2010 年 8 月 12 日 IPO 上市，募集资金 6.8 亿。乐视坚持“合法版权 + 用户培育 + 平台增值”的“三位一体”的经营理念，通过互联网为 PC/TV/手机及其他移动终端用户提供正版、优质的网络视频节目服务。乐视网自主研发的“乐视 TV”将引领第三次视听产业革命。

在内容端，乐视网先后使用超募资金 7500 万元购买电影、电视剧独家网络版权，4000 万元对外联合投资电视剧获取网络版权[①]。目前拥有超过 9 万多集电视剧和 5000 多部电影的网络版权，已成为国内最大的影视剧网络版权库。乐视还在动漫内容资源上构筑竞争力。乐视动漫频道成立以来共收录了 2000 余部来自美国、日本、中国等国家的正版高清动漫，现已成为乐视网第二大流量来源。海量正版内容巩固了乐视网长视频第一的行业地位，提升了核心竞争力。

网络视频的勃兴，吸引门户网站也开始跑马圈地。搜狐视频、腾讯视频、百度视频等重量级对手纷纷进场。这更加推高了影视资源的价格。

2007 年、2008 年，像《金婚》和《士兵突击》等热播剧的网络版权价格不过每集三四千元；2009 年，热播剧《我的团长我的团》报价突然飙升到 2 万元一集；2011 年，各大视频网站纷纷加入内容大战，为争得独播权抬高价格。搜狐视频以每集 30 万元的价格买下《新还珠格格》的独家播放权；爱奇艺以每集 111 万元买到《太平公主秘史》；腾讯视频以每集 185 万元报价买到《宫锁珠帘》，创下历史纪录。其中自然有非理性或者作秀打广告的成分，买卖双方都因此抬高了身价。但从价格的飞涨能够看到，视频网站如此大手笔出价，不仅在于与网络视频竞争对手竞争，长远的目的更在于与电视台展开竞争。

搜狐视频高价购买正版美剧，使国内观众几乎与美国同步欣赏到一线美剧；腾讯视频打出英剧专卖店的招牌正面过招；百度视频则大手笔收购了长视频网站爱奇艺。

随着视频资源的争夺战的开打，热播剧的同质化现象日趋严重。

---

① 《乐视网信息技术（北京）股份有限公司超募资金使用计划的公告》，2011 年 2 月 10 日。

独家和自制视频成为视频网站寻找差异化竞争的路径。搜狐视频就以亿元级的费用获得“中国好声音”第二季的独家网络播映权,以大代价收获注意力;同时还拍摄《屌丝男士》等短剧。

在内容资源领域的布局基本完成后,渠道和用户成为制胜法宝。百度先后收购爱奇艺和 PPS,以获得在移动视频内容和渠道的优势地位,爱奇艺长视频内容与 PPS 的用户和移动渠道相整合,形成移动视频领域的核心竞争力。

以乐视网为代表的网络视频行业,以移动流媒体科技传播和分发影视内容,对传统的影视业形成了强有力的挑战和用户分流。

严格意义上来说,这些企业并不属于传统影视业的新进入者和竞争对手,因为网络视频业务是一块创新领域、创新市场,进场的选手是百度、阿里巴巴、腾讯级别的。传统影视业能够相持的优势就是内容制作,并巩固自身在传统的影院、电视荧屏上的垄断优势。

不过,新兴的网络视频借助三网融合的机遇,不仅通过 PC 端和移动端分流传统电视的用户,更向电视端渗透,布局客厅战略。苹果推出的苹果 TV、小米公司推出的小米盒子、乐视和爱奇艺先后推出的智能电视等,都是谋求网络视频的入口、终端,由版权内容向硬件拓展,意图替换广电机顶盒、“颠覆”传统电视机的路径,在改变电视产业生态和商业模式的同时,也改变人们的客厅文化消费习惯。

5.4 动漫网游类公司

动漫、网游是新兴文化产业的门类,属于 ACG 文化[①]的范畴,是青少年文化消费的主流。

动漫领域,迪斯尼动漫和日本动漫已经建立起成熟的产业路径和审美体系。中国的动漫产业曾经出现过“中国动画学派”,精品不少。但在美日动漫产业的强大竞争力的夹击下,失去竞争优势。国产动漫主要靠扶持政策生存,各电视台、动画频道为填充国产动漫时段,低价

① ACG,是动画(Animation)、漫画(Comic)、游戏(Game)的总称,有时也特指来自日本的动漫和游戏。

购买动漫播放，形成中国特色的“高补贴、低价格”、以拿政府补贴和奖项为主的产业路径。国产动画片产量虚高，但品牌效应小、盈利能力差、收视率不高，产业化发展停滞。

值得注意的是，随着移动互联网的成熟，中国的ACG领域出现了一些新的商业模式，“动漫+手机”、“动漫+玩具”等创新使动漫产业面临更大的发展空间。

2008年7月23日，“手机动漫第一股”拓维信息(002261.SZ)在深交所上市，募集资金2.9亿元。拓维信息2005年开始涉足手机动漫，向用户提供手机动漫杂志、移动动漫超市、真人动漫秀等多项产品，用户可用于设置动画屏保、来电动画、动漫游戏、MV以及资讯等。

其手机动漫产业链包括：由内容提供商创作动漫产品，由技术平台提供商提供统一的接入平台，由服务提供商负责在平台上提供相关的服务，然后由运营商向用户收费并与以上三个环节进行分成。拓维信息主要负责这个产业链条中的前两个环节。

传统的动漫产业，在嵌入手机渠道后，实现了产业升级，也跟上了移动互联时代的用户消费体验。事实上，传统的文化创意内容与手机媒体的整合，都形成了新的赢利模式，如短信是“文字+手机”创造出来的；彩铃是“音乐+手机”创造出来的。因此，“动漫+手机”的模式充满了想象空间。

2009年9月10日，主打动漫玩具的奥飞动漫(002292.SZ)上市，募集资金9.16亿元，募集资金分别用于动漫影视制作，公司筹拍6部动漫电影；对动漫形象衍生品产业化，使公司玩具产能储备增至476款。

奥飞动漫前身是珠三角地区典型的“贴牌”玩具生产企业，处于微笑曲线[①]的中间。奥飞动漫通过向上游动漫形象故事的拓展，以美国孩之宝(HASBRO，拥有变形金刚、星球大战、地产大亨等知名品牌)和日本万代(Bandai，最知名的产品为GUNDAM高达系列)的商业模式为借鉴，逐渐形成动漫全产业链盈利模式。

---

① 微笑曲线理论(Smiling Curve)由宏碁集团创办人施振荣在1992年提出。该理论表明，曲线的两端——研发和通路是高附加值区域，曲线的中段——代工、组装、制造是低附加值区域。

首先，通过原创内容和卡通形象创意来拉动玩具销售，并进入影视领域，多通路促进卡通形象的品牌认知。

奥飞动漫与全国近200家主流电视媒体构建起其卡通品牌的播放平台，同时在全国拥有超过20000个动漫衍生玩具终端销售网点，在全国每年举行超过30000场动漫品牌的地面推广活动。每年北美年度票房前十位中，总会有一二部动漫电影，表明了动漫电影的市场空间。奥飞动漫因此果断介入电影业，2013年全年将运作5部进入院线公映的动漫电影。首部搬上大银幕的是公司经营了5年的知名品牌《巴啦啦小魔仙》。《巴啦啦小魔仙》动画片、电视剧在电视播出5年，已拥有2亿粘合度极高的粉丝群体，为电影积累了品牌认知和观众基础。该片投资2000万元，票房超5100万元，该片相应的玩具衍生产品累计终端销售额近5000万元[①]，展现了从内容制作到媒介推广再到衍生品生产的全面整合能力。奥飞动漫将按每年一部的计划将其打造成《巴啦啦小魔仙》电影系列。

其次，将卡通形象授权给图书、饰品、服装等获得形象授权收入。

2012年底，奥飞动漫与乐视网达成独家战略合作，将旗下《开心宝贝》《飓风战魂》《蛋糕精灵》《闪电冲线3》《巨神战击队》等动漫品牌版权独家授予乐视网。这使奥飞动漫形象获得了更大的传播量级，也获得了独家授权收益；而乐视网得到独家播映权，构建独家竞争力，属于强强联手的“双赢”策略。

在网络游戏领域，大量的中国网游公司选择海外上市。如盛大游戏、网易、搜狐畅游、完美、巨人、九城等自2009年起陆续在美国上市；腾讯、金山、网龙等公司在香港上市。这是因为早期中国网游公司以代理国外网游为主，自主研发能力弱；而不少网游公司出于资本运作的需要，选择开曼群岛等地进行注册，并选择外资入股，因而无法在国内上市，成为海外令人瞩目的“中国概念股”。这些游戏巨头靠大型端游（客户端游戏）起家，特别是MMORPG（大型多人在线角色扮演游戏）类网游，创造了中国网游的黄金时代，同时在线人数过百万的作品接连出现：韩国ACTOZ公司开发、盛大运营的《传奇》；韩国Webzen开发、九城运营的《奇迹》；网易开发运营的《梦幻西游》；美国暴雪娱乐（Blizzard Entertainment）开发、九

① 数据来源：奥飞动漫公告，2013年2月28日。

城网易先后运营的《魔兽世界》。

国内创业板的开启，为网游企业打开了国内上市融资的窗口。

国内“网游第一股”中青宝（300052.SZ）2010 年 2 月 1 日在创业板上市，募集资金 7.5 亿元。中青宝主营业务是网络游戏的开发及运营，中青宝网运营的主要是红色网游，包括《亮剑》《抗战》等弘扬主旋律、爱国主义的网游。在武侠、魔幻网游当道的内地网游市场，中青宝排名在 20—30 名之间。目前公司网络游戏全部采用道具收费的模式。

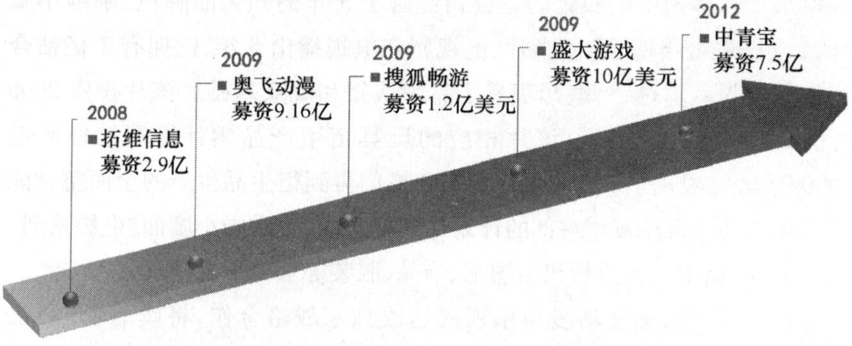

图 5.4　动漫网游公司上市时间节点

《成都商报》借壳上市的公司博瑞传播（600880.SH），正由“报业第一股”向网游积极拓展。2009 年起，博瑞传播以 4.5 亿元并购了网游公司成都梦工厂，成为其新媒体业务的平台。随后以 6000 万投资泥巴网络；斥资 5000 万元增资常州天堂网络科技有限公司；成功获取韩国 T3《劲舞团（Audition）2》5 年独家运营代理权；募资 10 亿元收购页游产品研发商漫游谷 70% 股权。

同样，网游随着用户和科技的发展，正在进行市场细分，端游（客户端游戏）、页游（网页游戏）、手游（手机游戏）等领域全面发育。特别是随着移动互联网的兴起，使手游成为新的商业模式。在美国纳斯达克上市的搜狐畅游有限公司（Nasdaq:CYOU）斥资 2000 万人民币获得金庸十部著作[①]的手游独家改编权，基于这十部武侠题材开发多款手游。例如取材于《天龙八部》的《口袋天龙》是卡牌对战游戏，小说里

① 十部作品为：《天龙八部》《鹿鼎记》《书剑恩仇录》《碧血剑》《雪山飞狐》《鸳鸯刀》《白马啸西风》《飞狐外传》《连城诀》《侠客行》（含《越女剑》）。

的人物例如萧峰、段誉都会以卡牌形式出现，小说的经典篇章也会融合到游戏中。还有一款基于金庸题材的跑酷手游也在开发之中。

可以看到，上述ACG类公司，一方面借鉴西方成熟的运营路径和业务模式，能够尽快地进入产业化运作的轨道；另一方面，需要创作和研发有特色的动漫形象、网游内容。

动漫和网游是属于青少年的文化娱乐活动，不仅需要关注青少年的需求，同样需要关注为其作购买决策的父母、老师等“代理人”的需求；而美国电影市场的实践表明，动漫大片常常跻身年度票房前列，其观众不仅仅局限于青少年。另外，借助新的媒体构建新的消费情境，不仅能够满足目标受众的使用偏好，也能够实现产业升级，创造出新的业务模式和赢利模式。动漫 + 手机、网游 + 手机的整合，都会促进动漫和游戏的创意、运营、消费和体验。

5.5 主题公园类公司

主题公园（Theme Park）是文化产业由虚拟到现实、由精神消费到文化体验的转换器，也是影视、动漫、演艺等文化创意产业衍生产品开发的实现。迪斯尼动漫形象支撑的迪斯尼乐园、好莱坞电影形象支撑的环球影视城，都是主题公园的成功典范。

在中国，主题公园是作为吸引游客、增加游客停留时间的手段来建设的。深圳华侨城集团公司旗下拥有著名的主题公园景区：“锦绣中华”、“中国民俗文化村”、“世界之窗”[①]等景区，相当有中国特色。1997年，华侨城A（000069. SZ）在A股上市，上述资产置入上市公司，

① 深圳“锦绣中华”于1989年9月建成，占地33公顷，投资1亿元人民币。它采用微缩和园林的手段，设景区82个，集中展现了中国神州大地的名胜古迹、壮丽山河。该景区成为中国第一个成功的主题公园，并被外交部指定为外国领导人的接待基地，被广东省和深圳市命名为爱国主义教育基地。深圳“中国民俗文化村”于1991年10月建成，该景区占地24公顷，总投资1.4亿元人民币，是一个荟萃中国民族民居建筑、民俗风情、民间工艺和民族饮食文化为一园的博物馆。该景区建有24个风格典型的民族村寨，安排有展现各民族古朴风情习俗的大型民族歌舞表演。深圳“世界之窗”于1994年开园，是由香港中旅集团和华侨城集团共同投资建设的大型文化旅游景区。“世界之窗”占地48万平方米，由世界广场、亚洲区、大洋洲区、欧洲区、非洲区、美洲区、世界雕塑园和国际街八大区域构成，连续两次荣膺国际游乐园及景点协会（IAAPA）大奖。

并投资1.19亿元合资新建主题公园项目“欢乐谷”[①]。华侨城以“旅游+文化+地产”的商业模式在在深圳湾畔形成了中国最大的主题公园群。

华侨城将这一模式进行连锁开发，在深圳、北京、成都、上海、武汉等地建设了五个连锁欢乐谷，同时强调每一处华侨城主题公园的原创性、产品的差异化，把“欢乐谷”品牌打造成为具有自主知识产权的、全国第一连锁的主题公园品牌，也提升了其地产项目的品质和品牌。

另一家民营旅游企业宋城股份（300144.SZ）以“主题公园+旅游文化演艺”为商业模式，核心产品为宋城景区和杭州乐园。宋城景区1996年建成，其中上演核心旅游文化演艺节目《宋城千古情》，客源以团体为主，瞄准美国拉斯维加斯“O”秀和巴黎“红磨坊”，打造“世界名秀”；杭州乐园主要分为狂欢嘉年华区、水公园区等五个区域，客源以散客为主，提供娱乐休闲服务。“宋城”品牌在主题公园的设计运营、旅游文化演艺作品的创作服务和大型主题文化活动的策划上奠定了行业领先地位，公司也荣获第二届全国文化企业30强称号。2010年末宋城股份在创业板上市，募集资金22.26亿元，超募15亿元。公司募集资金用于现有的三个项目的改扩建：宋城景区、杭州乐园和杭州动漫乐园。

商业模式的可行性，在于其可持续发展。华侨城和宋城股份都通过复制其业务模式，在全国各地展开相关的连锁、投资、收购。华侨城在全国连锁经营，宋城股份投资建设三亚千古情旅游演艺项目，使成熟商业模式跨地域拓展。

演艺、娱乐、主题公园等文化创意产业与旅游业的结合，提升了观光旅游的体验性和文化含量，对旅游目的地起到了增值效应。当然，国产主题公园存在的问题也是显而易见的：缺少具有影响力的品牌，发展模式同质化。例如，随着“印象·刘三姐”实景演出模式的成功，各地景区纷纷复制，杭州的“印象·西湖”、海南的“印象·海南岛”、嵩

---

① 深圳华侨城“欢乐谷”是深圳华侨城中西部开发计划的重要组成部分，由公司和香港浩达置业有限公司合资开发。该项目总投资21200万元（其中注册资本7500万元）。依三方出资意向书，华侨城持有60%的股份；香港浩达置业有限公司和总公司分别持有25%和15%的股份。

山少林封禅大典等实景演出在复制之余，并没有考虑到同一模式的边际效应是递减的。主题公园建设也是如此，相比迪斯尼、环球影城，缺乏文化创意端创造的符号、形象和故事，成为目前国内主题公园存在的最大隐患。无论是欢乐谷还是宋城景区、杭州乐园，虽然“硬件”可以建设得很先进，但缺乏核心的文化创意内容“软件”，也就失去了源源不断的创新和吸引力，本土主题公园的品牌也并不具备很强的识别度和消费者粘度。

中国市场已经吸引了迪斯尼的目光，除2005年香港迪斯尼乐园开园外，上海迪斯尼也开始建设，中国主题公园市场之大，由此可见一斑。而其最大的竞争者环球影城（Universal Studio）在日本、新加坡建成之后，谋求入华。北京通州正积极争取项目落户，等待国家发改委批复。环球影城是全球最大的电影、电视制片厂以及电影题材为主的主题公园。2004年5月，通用电气公司旗下的美国全国广播公司（NBC）从法国维旺达集团购得美国环球主题公园及度假区集团的相关股权。

新一轮的竞争即将开始，本土文化创意企业将面临世界级的竞争和挑战。

第六章　华语文创产业的创新路径

随着传播技术和社会变迁的持续发展，能够为新媒体、新情境、新行为提供产品和服务的新兴文化创意和商业模式必将受到青睐。这对并不天然具有互联网基因的传统文化创意产业而言，既是挑战，也是机遇。对华语文化圈来说，同样如此。

文化创意产业的创新是通过不断地转型升级实现的。这看似由外在的技术主导，实则是由内在的社会变迁、文化需求在主导。

文化创意产业创新路径，从媒介来看，传统文创产业正在向数字化转型；而新兴文创产业正在由 PC 端向移动终端、可穿戴设备转型；从业态来看，传统的分立的文创产业正在走向跨界融合；从意义生产角度来看，文化创意产业的参与感和体验性不断增加。

6.1　传统文创产业的升级

2012 年 6 月 11 日，奥斯卡颁奖典礼举办地的“柯达剧院”更名为“杜比剧院”。冠名企业的变化，既表明企业的沉浮，也标志着电影产业由胶片时代进入数字时代的升级。

从爱迪生时代就占据了电影胶片市场主要份额的柯达公司，2001 年以 7500 万美元买下该剧院 20 年的冠名权，成为有史以来非体育类赞助金额最大的交易之一；而仅仅十年，柯达就失速下滑，直至破产，退出电影舞台。杜比公司则是另一种状态：自 20 世纪 60 年代推出杜比降噪系统后，杜比公司不断创新，推出杜比环绕声、杜比逻辑环绕声、杜比数码、杜比 3D 和即将推出的杜比“全景声”。不断的创新使其与电影业不断进步，不断重生。在电影业之外，杜比还延伸到最火热的移动设备领域，越来越多的品牌智能手机、平板电脑使用杜比音效技术。

两种不同命运不仅在电影业真实而残酷地存在，也在所有的文化创意产业上演。这样的命运变化一直在发生：广播电视等电子媒体动摇了书籍报刊等印刷媒体的文化娱乐王者地位；同为影像媒体，电视动摇了电影的文化娱乐王者地位；而数字化技术和网络传播环境又动摇了以往所有的单一文化创意媒体的王者地位。技术变迁的背后，是消费者对文化娱乐内容和形式的需求不断激发，是对更新奇、更别致的文化娱乐消费体验的追求。

6.1.1　巩固传统优势

巩固传统文创产业优势，首先要利用制度创新的红利，打通产业链，解放文化生产力。

从微观上看，是文化单位成为市场主体，建立现代企业制度；从中观上看，是形成文化产业的骨干企业和战略投资者；从宏观上看，是建立有优势、有特色的文化产业和产业带。

由于我国国有文化创意产业占据传统文创领域主导地位，按照 S-C-P 范式来理解，十年的文化体制改革完成了微观层次的市场主体重塑后，中观和宏观层面的工作成为构建中国文化创意产业竞争力的重要抓手。当前，尤其需要打破行政垄断、优化市场结构、优化资源配置，构造企业竞争能力和服务能力，提升绩效水平，培养出一批文化产业的骨干企业和战略投资者。

2009 年，新闻出版总署就提出要“推进联合重组，加快培育出版传媒骨干企业和战略投资者”的路线图，时间表是“在三到五年内”，培育出六七家资产超过百亿、销售超过百亿的国内一流、国际知名的大型出版传媒企业[1]。

当年9月国务院发布的《文化产业振兴规划》就明确提出，在文化创意、影视制作、出版发行、印刷复制、广告、演艺娱乐、文化会展、数字内容和动漫等重点文化产业中选择一批骨干企业，“加大政策扶持力度，推动跨地区、跨行业联合或重组，尽快壮大企业规模，提高集约化经营水平，促进文化领域资源整合和结构调整”；通过资本运作“培育一批文化领域战略投资者，实现低成本扩张，进一步做大做强”[2]。

这指出了传统文创企业和产业的发展目标。

文化创意上市公司和骨干企业利用先发优势，以资本纽带展开业务整合，对传统文创领域展开资产兼并重组。这种对国有存量资产和民营增量资产的重组，既促进了骨干企业的培育，也体现了战略投资者的效益。

出版业骨干企业和战略投资者的行动可作为观察传统文创产业兼并重组的样本行业。梳理一下，制度创新和资本动力造成了如下几个维度的资产重组：

跨地域整合

传统的行政配置出版资源，形成同质化的平衡布局，其实并不符合各地的资源禀赋和市场需求等条件。同时，国有出版单位为事业单位，除非因把关不严出现政治、色情出版物会被吊销执照，一般都“只生不死”，没有退出门槛，也没有市场竞争。

转企改制后，这种均衡局面开始被打破，有实力的国有出版企业展开了突破行政布局的跨地域兼并，以下三种模式使出版业开始了市场化的格局重塑：

第一种模式是“地方+中央”：国有地方出版集团为进入北京，针对国有中央部委出版社展开收购，优化了地方出版公司的布局，盘活了中央出版公司的资产，实现了出版专业化经营。位于北京、分属118

---

① 国家新闻出版总署：《关于进一步推进新闻出版体制改革的指导意见》，2009年4月。

② 国务院：《文化产业振兴规划》，2009年9月。

个中央部委和单位的148家中央部委出版社,按照文化体制改革的要求,需要与主管部委脱钩、进行市场化运营。部委出版社具备部委专业资源,有的形成了细分市场的竞争优势,特别是在北京具备一定的品牌、渠道、读者份额。这成为不少希望以北京为辐射点、拓展全国市场的地方出版集团的收购目标。通过并购,地方出版集团能够较便利地获得北京的资源,完成在北京的业务拓展。例如,2007年,江西出版集团收购了中国宋庆龄基金会所属的中国和平出版社70%的股份,成为集团布局北京的一枚"飞棋";2009年5月,吉林出版集团控股中华工商联合出版社有限责任公司①。

除了地方国有出版集团"进京",中央级的出版集团也开始通过兼并重组打造龙头集团。

2010年12月,中国教育出版传媒集团组建,旗下包括人民教育出版社、高等教育出版社、语文出版社等中国最有实力的教育出版公司。

2011年,中国出版传媒公司成立,发起人包括中国出版集团公司、中国联合网络通信集团有限公司、中国文化产业投资基金及学习出版社。公司集合了中国出版集团旗下最优质的出版资源,包括商务印书馆、中华书局、人民文学出版社、荣宝斋等中国最优质的出版与文化企业,又收购了宁夏黄河出版集团、原属全国人大的民主与法制出版社,以规模和实力冲刺IPO。

2012年7月,中国科技出版传媒集团成立,以中国科学出版集团为主体,包括人民邮电出版社、电子工业出版社等。

按照2013全球出版商50强排名,中国出版传媒集团位列第22位,2012年收入约为67亿;中国教育出版传媒位列第30位,收入为43亿。

我国出版业在国家层面上的人文、教育和科技三大国有出版传媒"航母"布局已经形成。

第二种模式是"地方+地方":地方国有出版公司之间的相互兼并,打破了地方行政边界,成为强势国有出版公司扩张市场疆域、盘活整合弱势地方出版公司的手段。像辽宁的出版传媒分别与天津出版

---

① 公司注册资本3350万元,吉林出版集团持有51%的股份。

传媒集团、内蒙古新华发行集团签署共同出资设立股份公司；凤凰出版传媒旗下江苏新华书店收购海南新华书店，成立全国发行业首家跨省域整体重组企业——海南凤凰新华发行有限公司，收购使江苏新华的业务触角伸向海南。江苏新华还谋求收购海南教育出版社有限公司。

还有一类收购在国有的出版公司与发行公司之间展开，其意义在于贯通“内容+渠道”的出版产业链。在香港联合交易所主板上市的新华文轩(0811.HK)2010年6月与四川出版集团有限责任公司签订协议，以12.55亿元与出版集团15家全资子公司进行资源整合。公司名也由“四川新华文轩连锁股份有限公司”变更为“新华文轩出版传媒股份有限公司”。这是中国出版发行业首例以股权整合方式完成的出版发行资源整合，实现了新华文轩的完整出版全产业链构建。新华文轩也希望借此能够力争到2014年实现“百亿集团”销售目标，跻身全国同行业前列。

这些国有出版发行公司之间的并购，在之前都是不可想象的。随着制度创新和资本动力加速了国有出版资源的跨地区整合和流动，实现了存量资产的盘活。

第三种模式是“重新布局”：地方出版公司到全国的文化中心设立分支机构，弥补原有的地域劣势，缩短自身与出版资源的距离。

以广西的接力出版社为例，通过设立北京中心，吸纳了原作家出版社副社长白冰出任总编辑，使接力出版社品牌成长为全国性有影响力的少儿出版品牌，实现了“再造一个接力社”的发展目标；广西师范大学出版社在北京、广州、上海等文化中心地成立文化公司，开发文化资源和市场，特别是学习北京三联书店的出版风格，形成了独特的学术文化出版品位；湖北长江文艺出版社成立北京图书中心，吸纳华艺出版社的知名编辑金丽红、黎波，春风文艺出版社的安波舜以及青年作家郭敬明加盟，成为名人图书、青春图书等畅销书大本营。

随着新兴文化创意产业的发展，原有的文化格局也在发生着变迁。总部位于北京的商务印书馆就在杭州成立了商务印书馆(杭州)有限公司，其依靠的是杭州作为动漫创意资源聚集区的崛起，以及对台湾著名漫画家蔡志忠等动漫创作人才居住在人间天堂的优势。

可以看到，文化创意产业本身具有集聚发展的趋势，因为创意人才和阶层有集聚的特点。因此，在文化创意中心开设分支机构，不仅可以近距离地接近作者、学者、媒体等文化出版资源，还能够迅速地分享业界信息、创新模式等。

当然，随着创意阶层、创意城市的兴起和变迁，原有的文化出版格局还会不断地发生重构。传统的文化中心，如北京、上海，由于环境、交通、生活压力的增加，会使相当的创意阶层和人才转移到更适合创意和生活的城市。这也对北京等传统文化中心如何保持和巩固自身的文化创意竞争力提出了新的挑战。

面向全国市场，显然是提升文化产业市场规模和活力的重要战略。同样，走向海外市场，更需要以全国市场为强有力的支撑。这更是目前中国文化创意产业的一大"软肋"。需要更好地改革，解放束缚企业做强做大的种种非市场因素。

这三种模式必将极大地改变原有的出版同质化、均衡化产业格局，提升国有出版公司的绩效。

跨所有制整合

对于文化创意产业来说，面临的一个现实挑战就是创意如何才能源源不断。一般来说，创意必然是大浪淘沙的过程。民营和外资，相对传统的国有出版资本而言，就是竞争的活力和发展的增量。

在出版领域，民营出版公司一般具有小型、专业化的特点，在某些细分类的出版市场具备核心竞争力，占据了大众市场畅销书 80% 的份额。因此，大量的创意个人、民营中小企业、团队成为骨干企业和上市公司收购的"创意奶牛"。

同时，《出版管理条例》没有给予民营出版公司合法出版资源，购买书号增加了民营出版公司的生产成本和经营风险。被国有出版公司收购后这一问题得以迎刃而解。双方一拍即合，"国有 + 民营"模式应运而生。

首家 IPO 上市的出版传媒有一项募投项目"出版策划"，其中重要的执行方式就是与民营出版人路金波、李克、汪俊[1]合作，分别设立了万榕书业、智品书业、万邦书业；中南传媒与民营公司博集天卷成立合资公司、与民营出版人陈垦合资成立上海浦睿文化传播公司；凤凰传媒集团下属的江苏人民出版社收购北京共和联动公司成立凤凰联动公司、译林出版社收购北京鹏飞一力公司、北京雪漫文化和上海青马文化；湖北长江出版集团与民营的海豚传媒股份有限公司合资；上市公司皖新传媒(601801.SH) 2010 年重组民营的江苏大众书局。这些收购，为民营出版资源进入国有出版公司平台构建了路径，为解决民营公司出版权、解放出版生产力提供了现实路径。

除民营外，"外资 + 中资出版类公司"也是重要的整合模式。希望进入国内市场的境外和业外文化出版类公司、资本，为获得相关业务资质和较高的起点，对国内国有和民营出版公司进行收购和投资，尽快切入内地市场。

根据中国加入 WTO 的分销市场开放时间表，贝塔斯曼旗下的直接集团 2004 年通过收购民营公司 21 世纪锦绣图书连锁公司股份，获得中国大陆图书连锁零售业务的资质，从而将"书友会"模式由上海一地拓展向全国；2006 年，通过与辽宁出版集团建立合资公司辽宁贝塔斯曼，获得从事图书批发业务的资质。不过，随着中国大陆阅读市场的变化，贝塔斯曼直接集团中止了相关的图书出版和分销业务，退出中国大陆市场。辽宁贝塔斯曼公司也于 2008 年注销。这宣告了贝塔斯曼的"书友会"业务模式在中国市场和数字阅读时代的"水土不服"。这是后话。

可以说，跨所有制的并购，使国有、民营和外资能够实现资源和资本的联合，实现业务创新、商业模式创新，提升中国出版业的运营和管理水平。

跨行业整合

中国文化行业由新闻出版总署、国家广电总局和文化部分别管理。因此，传统的国有文化单位都是分业经营的：报刊出版、广播电视

① 汪俊与出版传媒的合作于 2009 年 6 月结束，后与中南传媒合作。

与文化演艺等互不相关,各有“婆婆”。这显然不利于骨干企业和战略投资者的构建。

因而,在完成转企改制后,国有出版企业就掀起了一轮改名潮,以消除地域名称对自身发展的局限。

首家IPO上市的出版传媒,于2009年将公司名由辽宁出版集团改名为北方出版联合集团;宁夏出版集团改名为黄河出版集团;河南出版集团改名为中原出版集团;安徽出版集团改名为时代出版集团;福建出版集团改名为海峡出版集团;湖南出版集团改名为中南出版传媒;湖北出版集团改名为长江出版传媒集团;江西出版集团的上市公司取名为中文天地出版传媒;江苏出版集团改名为凤凰出版传媒集团。

改名淡化了地方色彩,也减少了地域分割的形象。但是目前,国有文化创意企业的目标市场还主要局限在当地,必须要经历一次次“洗牌”。以上市出版公司的年报来看,总部位于湖南长沙的中南传媒的营业收入中,来自湖南省的比例超过八成,来自湖南省外的比例不足二成;总部位于辽宁沈阳的出版传媒情况稍好,来自辽宁省内的比例为六成多,来自省外的接近四成。这是上市公司的情况,可以想象一些非上市的省级出版集团,其市场集中于本省市场的集中度会更高。这种布局在出版生产力不发达的历史时期满足了当地出版生产和需求;但逐渐沦为保护地方既得利益的制度安排。

到2010年底,全国已建成29家出版集团,49家报业集团,4家期刊集团,24家国有发行集团。市场边界的扩张,必然使原有业务、布局同质的文化企业面临更强烈的竞争,其结果是通过市场竞争的优胜劣汰和兼并重组,市场重新“洗牌”。而通过市场竞争和市场扩张,会形成三至五家全国性的出版传媒集团,使中国出版业由行政力量导致的同质化、均衡性布局被打破。

巩固传统文创产业优势,还要学习全球先进的产业路径和经验。

传统文创产业的国有文化单位进行文化体制改革,民营文化资本不断获得市场准入,文化创意市场不断完善,产业繁荣发展。随之而来的,就是全球文化创意产业成熟的运营模式。作为发展中的文化创意产业,华语区需要学习全球经验、成熟路径,才能促进自身的产业成熟，方能与产业巨头们同台竞技。

十年来，诸多文化创意产业都经历了这样的一个先学习、再谋求超越的过程。盛大游戏、完美世界最初从代理海外游戏起步，掌握了游戏行业的流程、模式之后，开始向海外出口游戏。如今，它们已经开始在海外展开游戏公司的并购，通过横向产业链的并购，巩固自身的竞争力。这种路径，与华语区制造业的兴起极为相似。像香港特区、台湾地区以及最近三十年的中国大陆，都是先承接外来订单做加工，接着做外贸，然后开始创建自己的创意、设计、品牌，从“微笑曲线”低附加值的制造、组装中段，向两头高附加值区域实现产业转型和升级，并对全球制造业企业进行并购。产业的培育、人才的蓄积都在这一过程中得以完成。

内地电影就是一个典型。正是通过对包括好莱坞在内的全球电影的细致学习，引入电影制作环节的类型化影片、商业大片、制片人中心制等，发行环节的院线、营销，电影增值服务、衍生品开发等模式和路径，使内地电影及电影市场十几年来发生了根本性的变化。

缺乏吸引观众的作品、影院环境不佳、电视的冲击等因素的叠加，使中国电影出品量和票房在 1999 年跌到了历史最低谷。

2001 年，台湾导演李安的《卧虎藏龙》改变了一切。这部“华语电影巅峰之作”，让中国观众感受到了电影院里看山水画和飞檐走壁的视觉快感。循着“武侠 + 大片”的类型电影和商业大片的模式，张艺谋导演的《英雄》投资 3000 万美元、营销费用 1000 万，2002 年上映后创造了 2.5 亿电影票房。这使人看到了商业大片、电影类型等成熟电影路径的市场魔力。此后，更贴近市场的制片人中心制代替了电影艺术创作的导演中心制，大投入、大产出、大营销、大回报以及配合华语电影优势的电影类型，成为国产大片的运营规则。

对好莱坞电影产业路径的学习和引入产生了可观的绩效：2010 年，全国票房突破百亿大关，这不仅要归功于二十世纪福克斯出品、詹姆斯 · 卡梅隆执导的《阿凡达》(*Avatar*)贡献的约 14 亿票房；同样，国产大片《唐山大地震》《让子弹飞》等也都分别为百亿票房贡献超过了 6 亿。

2012 年，内地票房收入超过 170 亿元，超过日本成为全球第二大电影市场。目前排在内地票房前面的是北美(包括美国与加拿大),年票房收入超过100亿美元。

自文化体制改革以来,内地电影票房的成长,主要靠三个因素:电影产量、银幕数量和观众人次。而这些因素又都与电影的内容和类型、电影科技的发展息息相关。

从电影产量来看,2002年时,中国故事片电影的年产量约为100部,2007年达到400部,2010年突破500部,2012年达到745部。产量仅次于美国和印度,位居全球第三。自2002年起,每年以分账形式引进20部好莱坞大片,2012年,进口分账大片数量增至34部,增加额度用于3D等高科技影片。美方票房分账比例也将由此前的13%提高到25%。《英雄》《变形金刚》《阿凡达》等国产大片与好莱坞大片的加入,吸引更多的观众回归影院,观影人次增加。2003年11月5日,中国100家影院第一次与纽约、东京、伦敦、柏林的影院同步首映《黑客帝国3:矩阵革命》。这是中国电影市场融入电影全球化时代的表现。

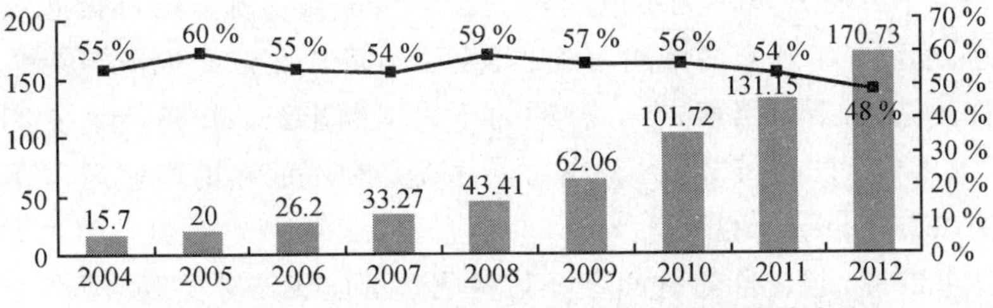

图6.1 2004—2012内地电影票房(亿元)及国产片占比

市场的复兴,刺激资本投入电影制作、影院建设。

以2005年为例,当年生产的260部故事片中,国有电影制片单位出品的有65部,民营电影机构和其他社会机构出品96部,国有电影单位和民营电影单位联合出品的有62部,还有国有、民营单位与境外合作拍摄的影片37部。非国有资本的进入,使电影产量迅速增加,经过市场的大浪淘沙,精品佳作不断涌现。2004年,《十面埋伏》《功夫》《天下无贼》等国产大片涌现,使国产片终于占到了总票房的半壁江山。而"中国电影第一股"也花落民营电影公司华谊兄弟。

2002年起,中国引入好莱坞的院线制,影院放映环节的市场整合完成。万达电影院线、UME国际影城、新影联院线等相继成立,影院终端建设成为院线竞争的重要基础设施。多厅影院、巨幕影院等给观众带来全新的观影体验，也使更多的电影得以登上大银幕。

2010年被称为中国电影“井喷年”，总产量超过500部。其中27部影片票房过亿，比2009年多出11部，其中“3亿”影片有4部——《唐山大地震》《让子弹飞》《非诚勿扰2》和《狄仁杰之通天帝国》。“大片”迈入以“亿”为计量单位的时代。

2012年贺岁档开始，《人再囧途之泰囧》《西游降魔篇》等国产影片不断刷新内地电影票房纪录，分别达到12.64亿和12.44亿，仅次于《阿凡达》2010年创下的13.91亿的纪录。两部电影分别吸引了4000万人次和3100万人次观影，超过了《阿凡达》创下的2900万人次的纪录。

在市场化运作下，电影档期、电影类型等成熟的运营手段被有效地利用。“十一档”、“贺岁档”等休闲时间长、消费欲望高的时间被开发成为内地电影黄金档期，冯小刚的贺岁片成为电影观众的年度期待，从《甲方乙方》《不见不散》《没完没了》《非诚勿扰》等，都掀起观影热潮，也培育了观众的观影习惯，开发了市场。而像光棍节等亚文化节日，也成为新的档期，有心耕种的小成本电影《失恋33天》在2011年11月11日“神棍节”大获成功。这都是利用成熟的产业运作路径与中国文化相结合的例子。

可以说，通过自觉地学习好莱坞成熟的电影产业路径，国产电影开创出“国产大片”的特色电影，融合内容创作和产业运作，从而使内地电影市场复苏，经受住了好莱坞电影的冲击。近十年来，内地国产电影票房都占据了半壁江山，与进口电影形成相持态势，在华语区一直保持着国产电影票房份额最高的纪录。2012年国产片票房占比首次不足一半，为48.46%，10年来首次被进口片略占优势。

台湾地区电影同样在华语地区曾经饱受赞誉，黄梅调影片、琼瑶电影都是有台湾特色的电影类型，风行东南亚市场。在对好莱坞影片开放市场后，遭到极大的冲击。好莱坞八大公司直接在台湾设立发行公司，垄断了院线和影院，在排片、营销上排斥台湾本土电影，“国片”生存受到挑战。

为求生存，台湾电影人在相当长时间内，采取了与大陆电影大致相同的路径:领取政府补贴;参评国际影展。电影并不以公映作为价值实现的路径。这种路径使台湾影片的市场份额更加缩小、观众进一步转向好莱坞电影。

这种状况直到《海角七号》《那些年,我们一起追过的女孩》等电影的出现,才使台湾电影找到一条在好莱坞商业大片中杀出重围的影片类型——“小清新”,没有大场面,故事健康温馨,符合儒家文化的审美标准,面向青年观众,一定程度上带动了台湾电影的复兴和观众对华语电影信心的恢复。

从大陆、台湾电影业发展的历程可以读出,华语文化创意产业的发展是华语文化创意内容与好莱坞产业元素的完美整合,任何一端有缺失,或者只强调任何一端,都可能使装水的木桶出现短板。而从历史和逻辑上来看,大陆和台湾的华语文化创意资源丰富,但产业运营和管理能力欠缺,因此导入商业大片的模式,包装特色文化内容,能较好地学习和超越好莱坞;香港虽然商业电影路径成熟、经验丰富,但由于市场狭小,投资收益不高,因此难以抗衡好莱坞依托全球市场形成的竞争力。“合拍片”的出现,使香港能够进行大投入的电影制作,而向华语市场的重新拓展,是香港电影产业发展的空间。

总体来看,商业大片模式被引入华语地区,是华语电影产业复兴的条件之一,但只有当具有本土特色的类型出现,无论是华语大片还是小清新电影,华语区电影才能够真正地进入复兴。毕竟成熟的路径和经验引入时间不长,与本土文化的融合、碰撞正在发生中。在好莱坞已经成熟的电影植入式广告、衍生品开发等,在华语区还刚刚起步。

从这个意义上来说,传统文创产业在华语区其实还有很大的发展空间。

6.1.2　布局可持续发展

2001 年,一本名叫《谁动了我的奶酪》的图书全球畅销 3000 万册。如今用这个书名来形容传统文创产业的心态,可能是再合适不过。技术、资本与文化创意产业的结合,形成社会变迁的洪流。传统文创产业升级转型的节奏加快。要实现可持续发展,必然要及早地布局未来。

以国家统计局2004年、2008年两次全国经济普查数据来看，中国文化产业在四年间获得了较大的发展，增加值、资产总量、法人单位、从业人员等多项指标都有实质性的增长，增加值占同期GDP的比重上升0.3个百分点，达到2.43%，2011年达到2.85%。

分部门来看，根据《文化及相关产业分类2004》，如果以从业人员、实现增加值、资产等指标衡量，“核心层”和“外围层”的7个类别中，规模最大的类别是“出版发行和版权服务”，其次是“文化休闲娱乐服务”。但是，与“相关层”中的“文化用品、设备及相关文化产品的生产”相比，显得弱小。从国家统计局的数据可以看出，就规模来看，中国文化服务业还低于文化制造业和销售业。文化产业的生产制造能力够硬，但创意、软实力还待加强，文化产业的结构还有待调整，增加其创意内容和服务。

表6.1　2008年、2004年文化产业比较①

项目	2008	2004	变动
增加值（亿元）	7630	3102	↑121.8%
占同期GDP的比重	2.43%	2.15%	↑0.3%
法人单位（万个）	46.08②	31.8	↑45%
从业人员（万人）	1182③	907	↑18.6%
资产总量（万亿元）	2.7487④	1.83	↑50%
营业收入（万亿）	2.7244	1.6774	↑62.4%

上述数据表明，中国文化产业成长迅速，产业指标增长明显，但是应当关注结构优化。目前传统的文化制造业占较大比重，文化服务业占比有待提高；在文化服务业中，传统服务业优势明显，需要进一步开拓现代和新兴服务业。

正是基于此，2009年《文化产业振兴规划》提出了九个重点文化产业门类；2012年国家“十二五”文化规划更是明确地提出了传统文化产

① 数据来源：国家统计局。

② 法人单位数增长最多的类别是“核心层”的新闻服务（增长216%）和“外围层”的文化休闲娱乐服务（增长111%）。

③ 占全国从业人员（77480万人）的1.53%，占城镇从业人员（30210万人）的3.91%。

④ 资产规模扩大显著的类别是网络文化服务（增长157%）和其他文化服务（增长115%）。

业与新兴文化产业的分类。

政策规划和产业实践都基本上勾勒出内地文化创意产业发展的两个维度：一是巩固传统文化创意产业的优势，二是向现代和新兴文化创意产业转型。

综合来看，传统文化出版企业的转型和升级着眼点集中于两个维度：

第一个维度是基于价值链和产业链的投资、业务和流程再造，谋求现实赢利。

其路径是：通过横向并购巩固原有核心优势；通过纵向并购构建完善产业链；通过混合并购进入新兴市场，实现多元化发展。

先行上市的文化创意类公司，在行政配置资源的力度消退后，市场的动力会推动构建完整产业链。一系列的跨所有制、跨地域、跨行业、跨媒体收购都意图为传统文化创意公司构建完整的产业链，增加内容的价值实现节点，也即有效地延长了内容创作的价值链，实现了价值的增值。

传统出版产业链基本上由创作—出版—印制—发行构成。出版领域的明显动作，是出版与发行的上下游产业链贯通：发行公司向上游融合出版环节，新华文轩收购四川出版集团就是一例。而发行公司向上游的内容创意、作家和书稿经纪环节展开并购，同样是基于这一考虑。

对于影视公司而言，其产业整合路径首先是沿着影视内容制作、发行、院线、影院等产业链诸环节实现规模扩张和范围扩张。而影视骨干企业同样着眼于布局影视全产业链，以影视内容制作为主业的公司向演艺经纪、发行、院线、影院延伸；同样，院线、影院等公司也上溯到影视制作、演艺经纪环节，以好莱坞派拉蒙公司为发展模式。

另外，好莱坞成熟的衍生品开发模式也随着华语市场产业环境和文化消费模式的形成受到青睐，使影视作品的价值得到更大的产出，影视收入结构朝着更优化的方向重构。这使得多元化的业务模式成为可能和必然。

第二个维度是尽早进入转型过渡。

传统文创产业无法与自身相割裂，一夜之间进入到新兴文化产业。而在传统与新兴的过渡带试水、转型，则是必须要做的功课。

目前，传统出版正向数字出版过渡；传统电视正向网络视频、社交电视过渡；传统电影正向3D、CG电影过渡；传统游戏正向手机游戏、体感游戏、可穿戴设备过渡；传统动漫正向手机动漫过渡。技术和社会变迁渗透到文化创意产业的各个门类，使其充满了创新动力。

这种转变将深刻地影响文化创意产业的格局，从而导致传统文化创意企业面临着最为简单的选择：转型求生、固守等死。

不过，即便是这个过渡区域，也充满了挑战和不可知。

对于传统的文化创意产业来说，曾经以成熟的商业模式和市场经验，形成了较为稳定的产业格局。而技术和社会变迁形成的新的需求、新的潜在进入者对原有的竞争力带来了极大的挑战。

以传统的书报刊发行来说，国有的邮局、新华书店最早建立起了传统的分销渠道，成为书报刊分销的“主渠道”，分享着垄断收益。随后，“小红帽”、民营书店成为新进入者，成为“二渠道”，市场重新洗牌，重切“蛋糕”，形成新格局。

但是，以亚马逊为代表的新竞争对手开始进入市场，情势就不再能够和平共处了。最初，亚马逊是作为出版业的服务商进入的，以网上书店弥补实体书店的不足，提升出版业的服务水平，出版业对之持欢迎态度。但是，随着网上书店的销售额不断增长，书刊消费开始平移到网上书店，传统书店的商业模式受到极大的挑战。网络渠道、数字化分发平台的兴起，传统书店卖场的产业功能和价值大打折扣，因读者分流、物业高涨而不断关闭。书店如果仍然只作为销售图书的卖场，其前景堪忧。

而接下来，随着数字化创作和阅读的普及，亚马逊开始销售电子图书。凭借产业链下游网上书店已经建构起来的渠道和客户，亚马逊迅速地建成了作者、出版商与读者交流、消费的数字平台，并与出版商商谈书刊数字版本的定价和分成比例。

到这时，不仅传统书店已经被亚马逊排除在外，传统的出版商也面临着失去代理作者出版业务的危机。当亚马逊推出创新性的Kindle电子书阅读器时，亚马逊的威胁真正显露出来：短期内，它帮助出版商销售了更多的图书，但从长远来看，它是革命者，它不是仅仅来分奶酪的，而是来“抢”奶酪的。

亚马逊 Kindle 销量超过 800 万台后，亚马逊网站电子书与纸质书的销售结构开始发生变化：2010 年 7 月，亚马逊网站上的 Kindle 电子书销量超过精装图书，当月，《龙文身的女孩》成为亚马逊首部销量破百万册的电子书；2011 年 1 月，Kindle 电子书的销售首次超越平装书；2011 年 5 月，Kindle 电子书销量首次超过精装和平装纸质图书的总和，亚马逊网站每销售 100 本纸质图书的同时会售出 105 本 Kindle 电子书①。数据清晰地表明，传统阅读与数字阅读正在发生根本性的结构转换。

亚马逊的威胁在于，作为新进入者，它并非传统的出版企业，而是具备“赢家通吃”能力的资本和互联网巨头。

在传统书店向网上书店的过渡中，我们看到的是熟悉的传统实体书店的倒掉，而在新兴的网上书店队列里，全是陌生的新面孔。当出版公司仿效亚马逊、苹果推出自有品牌的移动阅读终端的时候，不难发现天时、地利和人和都不站在自己这边。

同样的历程也发生在电视领域。视频网站、手机视频的兴起，使电视剧销售有了增量渠道，看似皆大欢喜。以前电视剧主要依靠电视台购买，热播剧可以实现每集百万元的天价，而网络视频的购买价格不过每集几千元，几乎可以忽略不计。

但如今，视频网站购买影视版权的价格节节走高，由每集千元级上升至万元级，部分精品剧价格达到十万元级，甚至超过每集一百万元。有实力的视频网站更是不惜重金购买独家播映权。搜狐视频就以上亿元的价格买下了《中国好声音》第二季独家视频播映权。视频网站决不是“钱多、人傻”的那一拨。随着用户越来越通过移动互联网络而不是传统的电视观看电视剧，量变到质变的产业拐点正在出现。

对节目制作方而言，从视频网站获得的销售收入已经占到制作方收入的 10% ~20% 以上；更重要的是，视频网站已经显示出优于传统电视台播出平台的优势，例如可以反复点播、用户可以实时互动、讨论容易形成话题和热点等等。一个“社交电视”的模式已经清晰呈现。可以预见，制作方的天平会越来越向视频网站倾斜，这就意味着越来

① 翁昌寿：《阅读终端的变局与布局》，《中国出版》2011 年第 7 期。

越少的观众会再打开电视机忍受“广告里插播电视剧”的痛苦。有一天，观众在客厅里摆放的电视机将不再是传统的电视，而是超级电视、智能电视，它的背后连着海量的影视“云”，它打破的是传统电视的商业模式，构建的是网络视频的商业模式。

新的技术和设备的出现，都会引发传统产业的生存危机和转型契机。三年前出现的 iPad、智能手机，就使网游出现由 PC 端到移动终端的转移。传统的客户端游戏，特别是“大型多人在线角色扮演游戏”(MMORPG, Massive Multiplayer Online Role-Playing Game)依然有专业级的沉迷者，但是《愤怒的小鸟》《切西瓜》《植物大战僵尸》等“小儿科”触摸手游风靡一时，也诞生了芬兰 ROVIO 这样的游戏新贵，成为芬兰新的国家形象代言。苹果在线游戏商店不仅是一种新的游戏应用，更是一种新的商业模式。

值得注意的是，在传统文化创意企业力图判断形势、论证转型必要和路径之际，新兴文化创意形态和模式已经被创造出来，并开始分流传统市场份额。同时，在完成用户的文化消费形态由传统情境向移动互联情境的转移过程后，新兴的文创产品和服务模式不仅丰富了用户的消费体验和方式，同时也形成“倒逼”机制，促使传统的文化创意产业链进行再造和重构。

以电视业为例，2013 年以来，联想、乐视、小米、爱奇艺等互联网企业开始进入智能电视领域，这不仅是对传统电视机制造厂商的冲击，更是对传统电视内容提供商(电视台网)的冲击。三网融合导致的三屏融合，正在客厅展开新一轮竞争。

可以说，传播技术的突破、社会的变迁，使用户的文化消费习惯和情境发生了变迁。传统文创企业具备内容创意、品牌和传统的渠道和市场优势；而新兴的文创企业则与青年一代、网络一代、移动一代受众近距离，成为传统市场格局的“搅局者”。这种技术和社会变迁造成的文化消费群体的代际变迁，实际上是传统的文化创意产业最需要警醒的。正如电脑时代诞生的微软公司，在互联网时代被谷歌取代霸业，而移动互联时代的到来，使脸书、推特成为新贵——产业升级是一个“只见新人笑，不见旧人哭”的残酷过程。

当然，业态的转型并非完全与文化传统和传统文化资源割裂开来。事实上，新兴的文化创意产业及其手段，如果合理使用，恰恰能够激活一些传统的文化资源和产业资源。

一个值得注意的现象就是，优质版权资源获得了新的增量传播渠道，其价值也获得了重估。视频网站花重金购买优质的影视剧版权，数字出版商对创作者提高分成比例、为作者和出版商提供数字内容专卖店等，都说明了传统文化创意产业所具有的内容创作优势和精品版权优势。

同样，传统的文化资源，借助新兴的文化创意产业思维和路径，能够获得当代的价值。“青春版”《牡丹亭》就是这样。

昆曲于2001年5月18日被联合国教科文组织评定为“人类口述非物质文化遗产”，这表明了世界对于中华民族文化创造力的肯定。但是，昆曲的传承却出现了严重的危机，当代人特别是当代青年对昆曲只是作为一种文化遗产来认识和保护，而难以欣赏。如何保护和传承昆曲？如何让当代华人青年欣赏和听懂昆曲？

台湾作家白先勇自任“昆曲义工”进行了尝试。他提出排演“青春版”的《牡丹亭》，也即给青年欣赏的昆曲。为此，他提出了遵从传统、现代青春的制作大原则①。

遵从传统是对昆曲艺术规范和昆曲美学的认可和传承，绝不“戏说”，也绝不后现代。现代青春，首先是将原著由55折浓缩为27折，上中下三本依次为“梦中情”、“人鬼情”、“人间情”，适合现代青年的观赏节奏；其次是加入现代舞台元素，台湾一流的创意设计家一同投入这项浩大的文化工程；从苏州昆剧院挑选出青春靓丽的男女主角，带给观众以惊艳之感。

白先勇做“青春版”《牡丹亭》，实现了传统文化传承的两个希望：一是希望培养出一大批青年演员来传承这个戏；二是培养一大批青年观众来观赏。

2004年4月，青春版昆曲《牡丹亭》在台北首演，9000张戏票早就抢购一空，《联合报》头版头条报道；5月赴港演出轰动香港剧坛；6月

---

① 参见白先勇：《古典美学与现代意识》，《世纪大讲堂・文化卷》，辽宁人民出版社2007年版。

起在内地苏州大学、上海国际艺术节演出；2005年3月在澳门国际艺术节演出。2005年4月8日起，“青春版”《牡丹亭》先后在北京大学、北京师范大学等高校演出。“青春版”《牡丹亭》还在海外巡演，白先勇回忆英国首演结束时，“华人观众早已激动得眼眶泛红，女孩子哭，男孩子也哭，在异国看到自己的文化大放异彩，这种民族情绪是复杂的”①。自2004年首演以来，“青春版”《牡丹亭》已在海内外巡回演出200余场，观众超过16万人，70%以上都是年轻人。之后，白先勇与北京大学共同打造“北京大学昆曲传承计划”，以五年为一期，以北大为基地进行昆曲传承②。

两岸艺术家、创意者对于传统文化的现代传播，发掘出中华传统文化资源的魅力和感染力，增加了中华文化的认同感。这给人以深深的启示：如果没有成熟的文化创意产业运营路径，如果没有现代的创意和创新，昆曲可能只会是一件活化石。但是，白先勇等以创意点石成金，使昆曲和《牡丹亭》走进了当代、走进了青年、走进了华人的文化生活，这是文化之幸、产业之幸。“青春版”《牡丹亭》现象也显示了中华文化资源的丰富性，是文化创意产业发展的坚实根基。

6.2 新兴文化产业培育

传统文化产业与新兴文化产业的区分，是在中国共产党十七届六中全会上作出的，体现了在2009年确认了重点文化产业后，对中国文化创意产业认识的进一步深化。文化创意产业的竞争力培育将向新兴文化产业倾斜，内地文化创意产业发展的结构调整拐点已经出现。

传统与新兴文化产业的分法被写入国家《“十二五”文化发展改革规划》。对“出版发行、影视制作、印刷、广告、演艺、娱乐、会展等传统文化产业”，要“发展壮大”；对“文化创意、数字出版、移动多媒体、动漫

① 白先勇：《英伦牡丹开——“青春版”〈牡丹亭〉欧洲巡演纪实》，《南方周末》2008年8月28日。

② 宋厚亮：《一个国家真正不亡的是文化》，《中国慈善家》2013年第5期。

游戏等新兴文化产业”，要“加快发展”[①]。

充分关注新兴文化产业，完成传统文化产业向新兴文化产业的转型，这一战略是具有前瞻性的。传统业界一定要避免战略性的误判，使整个产业受到根本性的影响，保证文化创意产业实现可持续发展。

以被确定为新兴文化产业的数字出版为例，我们能够看到机遇和挑战。机遇是，在数字出版领域，中国基本上与世界同步，差距并不大；挑战是，西方成熟的产业和社会环境，使其占领了数字出版领域的创新高点，新的产业分工体系正在固化，中国可能再度成为产业追随者。更大的挑战可能在于，传统出版业也许并不具备数字出版的基因，这是一个全新的舞台。

我们可以从贝塔斯曼直接集团退出中国市场与亚马逊收购卓越，这一退一进来佐证这个观点。它们所呈现的就是传统文化创意产业与新兴文化创意产业“冰火两重天”的结局。

贝塔斯曼作为跨国传媒巨头，在加入 WTO 之初，成为海外出版传媒大鳄的代名词，令中国出版商期待又恐惧。贝塔斯曼的书友会模式是不同于传统书店的创新渠道。为了将这一新兴模式带到中国求得更大的收益，贝塔斯曼集团自 1996 年起就通过政府公关、按中国市场开放政策不断收购分销牌照，以足够的耐心和诚意，最终建立起中国的贝塔斯曼书友会、直营店。但是，“无可奈何花落去”，当它建立起在传统出版业属于创新的书友会模式和连锁书店模式之时，猛然发现阅读情境和生态已经发生了变化。在中国书业坚持了 13 年之久的贝塔斯曼，2008 年关闭全国连锁书店和书友会业务，这距 2001 年贝塔斯曼大举启动连锁店业务不过七年。

一边在关书店，另一边却在开书店，只不过是在网上。全球网络零售巨头美国亚马逊（Amazon. com，NASDAQ：AMZN）公司 2004 年以 7500 万美元曲线收购卓越网，完成了进入中国市场的战略布局，成为继英国、法国、德国、日本和加拿大之外的第六个海外亚马逊站点。收购完成后，亚马逊开始改变卓越的少而精的精品模式，而复制亚马逊

---

① 中共十七届六中全会：《中共中央关于深化文化体制改革推动社会主义文化大发展大繁荣若干重大问题的决定》，2011 年 10 月 25 日。

的全品种百货模式。业务模式的转型导致不少管理层出走。2007 年，卓越正式更名为“卓越亚马逊”。2011 年改名为“亚马逊中国”。亚马逊中国在内地建设了十个营运中心，面积已经超过 40 万平方米，是除美国以外最大的运营网络。

亚马逊管理层极为推崇“全球模式、中国创新”。所谓“全球模式”，指亚马逊成功的运营方式，包括后台的技术、供应链管理等，有全球的统一标准；“中国创新”则要根据中国的实际情况和消费者的购物习惯，量身定制服务。如自建物流配送、提供送达日期预估系统等，都是为符合中国用户的购物习惯而推出的特色服务。目前，亚马逊中国有 260 万种商品，大约是亚马逊全球商品数量的九分之一，亚马逊将努力使中国消费者能够购买到的商品达到 2000 万种，让消费者买到任何想要的东西。

不过，亚马逊并非是简单地以“O2O”(Online to Offline)模式，将线下书店的业务搬到网上，它有着足够的创新性，这使它在 2009 年再度带给数字出版一个全新的模式：Kindle 电子书。

回溯数字出版发展进程，近十年可以说是数字出版领域出现实质性的创新和发展的时期，其标志性的节点就是包括电子书、iPad、智能手机在内的移动终端的出现。

正如 PC 是上一个时代的地标，微软凭借 Windows 操作系统成为时代巨头；移动终端是这个新时代的新地标，诞生了安卓、苹果 iOS 操作系统。PC 只是众多屏幕中的一种，而移动终端已经完成“多屏合一”。这意味着，分属各个渠道和媒体的文化传媒实现了融合，重新将用户被分散的注意力聚合到一个屏上。其背后是“三网融合”基础设施构建的完成。基于移动阅读终端，全新的文化创意产业的商业模式被创造，新的领导企业成长起来，新的文化消费行为被发掘。

移动阅读终端最初的功能就是阅读，电子书就是其形象的称谓。

第一代电子书诞生于 1998 年，美国 NuvoMedia 公司推出“火箭书”(Rocket E-book)[①];两年后,国内辽宁出版集团(后来首家 IPO 上市的出版传媒)制造了中文电子书阅读器。不过,第一代“掌上书房”生产了 3000 台,第二代生产了 100 台,随后就无疾而终[②]。

第二代电子书基于电子墨水(E-ink)技术而臻于成熟。2008 年亚马逊 Kindle 上市;一年后,汉王公司推出中文“电纸书”。目前,在中关村在线上可以查询到的在销电子书品牌多达 42 个。而台湾地区凭借 IT 制造业的基础,迅速成为电子书硬件制造的代工中心。

第三代电子书的标志是 2010 年苹果发布 iPad,电子书成为其标配应用;亚马逊随后发布 Kindle Fire 平板电脑。平板电脑和智能手机确立“移动阅读”的新主流地位。这一次,台湾富士康公司以为苹果代工的身份进入了产业体系,其他厂商则以制造低价平板电脑争取低端市场,基本不具备数字出版的话语权。

回顾电子书发展史可以看出,在第一代电子书时,中国传统国有出版社还能够进行跟随;到第二代电子书模式时,主导者变为汉王等 IT 企业;到第三代电子书时,华语区企业只能跟进到硬件制造环节,数字内容出版商被边缘化。

我们来看一下国外进入数字出版的厂商:亚马逊公司从 1996 年做网上书店开始,再造传统出版业流程;13 年后推出电子书并建立商业模式,开启出版业的革命。如今,亚马逊已经成长为在线零售业巨头。而国内的电子书“大佬”汉王公司,在空降电子书之前基本没有涉足过出版业,缺少数字内容运营的经验和积累。苹果公司同样是一个高科技的内容企业,其对产品设计和创意的重视,使 iPad 成为创新产品,迅速流行,开启了移动阅读的全新体验。

随着竞争升级和产业链的构建,电子书更多地指数字内容和阅读终端的整合体,被定义为“将文字、图片、声音、影像等信息内容数字化的出版物”[③]。而亚马逊和苹果公司都在电子书领域创造出新的商业

① 火箭书大小与普通平装书相仿,重约 0.6 公斤,售价 200 美元。使用自有的电子书格式,用户需要将电子书由电脑导入,一共可存储约 4000 页该种格式的图书。NuvoMedia 于 2001 年被 Gemstar 公司收购,2003 年宣告倒闭。

② 翁昌寿:《阅读终端的变局与布局》,《中国出版》2011 年第 7 期。

③ 国家新闻出版总署:《关于发展电子书产业的意见》,2010 年 1 月 9 日。

模式，不约而同推出“终端+内容(应用商店)”的模式，以创新的移动终端吸引用户，将阅读嵌入用户的文化消费中，形成创新的数字出版路径。

亚马逊的“终端+内容”模式，采取定价分成或者由内容提供商自行定价的模式，赢得新闻出版商内容合作的兴趣。用户甚至可以通过Kindle购买《纽约时报》畅销书排行榜前十位图书以及《纽约时报》《华尔街日报》等报刊的电子版。苹果iPad专门打造了在线电子书平台iBookstore，由版权方上线充足的阅读APP。

苹果更具备竞争力之处在于，平板电脑不仅可以阅读图书和期刊，还可以应用多媒体，这使阅读体验更为丰富，也使书报刊阅读、网页浏览、视频观赏、音乐欣赏、游戏娱乐等文化创意产品和服务集于一身，因而其用户基础更为广泛。

对比平板电脑和电子书等阅读终端销量突破百万台所花的时间[①]可以佐证这一点：以上市公司汉王生产的电纸书花了约两年的时间销量达到百万台；同样使用E-ink技术的亚马逊Kindle花了两个多月时间；而iPad仅仅花不到一个月就突破了百万关口。

表6.2 移动阅读终端销量达百万台所花时间

终端产品	上市时间	销量破百万时间
iPhone 3G	2008-7	3天
iPad	2010-4	28天
Kindle	2007-11	73天
汉王电纸书	2008-8	约二年

亚马逊为何能比汉王受欢迎？在于它与用户群的“关系”。亚马逊网上书店经过13年的运营，积累了需求明确、黏性较强的读者。亚马逊通过推出Kindle阅读器，准确地判断了用户数字阅读的需求和体验，成功地将购书者转化为Kindle用户；再通过数字内容平台的构建，将Kindle用户牢牢地吸引住。亚马逊通过不断为读者提供更多的增值服务，从而加强了与用户的“关系”。牢固的“关系”，是亚马逊的终

① 相关数据综合媒体新闻报道整理。

端和内容平台战略得以顺利实施的保障。

相比之下,汉王等电子书阅读器制造商,此前并没有任何读者基础,营销又过多针对公务礼品用户,因而用户对其终端既无认知亦无认同,“关系”极为脆弱。从某种程度上说,这导致汉王电纸书比其他品牌多花了10倍以上的时间,才达到百万台的销量。这漫长的过程使汉王终于错过了电子书的商业机会。

而平板电脑不到一个月就实现了百万销量,这明白无误地表明,数字出版和阅读的多媒体形态比黑白书页形式更受欢迎,数字出版如果像某些传统出版商理解和操作的那样,仅仅是将实体书电子化平移到移动终端,那绝对是战略误判。

在整个数字阅读终端的发展过程中,传统的出版商虽然手握优质的内容,但确实对数字阅读终端缺少话语权,也缺少适用于移动阅读终端的创新。在全新的数字阅读终端这一数字出版新业态中,内容提供商的品牌被淡化,聚合内容的平台品牌却得到强化。

平板电脑和智能手机的用户特征,使其并不可能保持单一的移动阅读终端的功能,事实上它们是用户的移动娱乐终端。这其实是将阅读的竞争升级为文化创意产业层次的移动屏幕大战,实际上争夺的是用户的宝贵的注意力、有限的时间。

如果说,电子书等移动阅读终端更多展现了大众出版领域①的数字出版状况,在专业出版领域,则出现了数据库出版等成熟的商业模式。

国外的励德·艾思唯尔(Reed Elsevier)、威科(Wolters Kluwer)、斯普林格(Springer-Verlag)等专业出版商较早地研究和实践了专业出版的数字出版模式。针对科研和教育读者对图书文献和学术期刊的阅读需求,出版商对海量学术文献和电子书刊进行数字化和元数据的标引,建设数据库,并提供检索和借阅服务。数据库的构建提供了“海量信息的个性化检索”的便利性服务,极大地提高了受众文献获得的精准性,因而为受众创造了价值。这一业务模式使励德·艾思唯尔、威科、斯普林格等全球出版巨头顺利完成了由传统出版商向内容提供商

① 现代出版业一般被划分为大众出版、专业出版和教育出版三个板块。

的转型，并通过向科研单位、图书馆进行数据库销售、订阅，形成了成熟的商业模式，成为数字出版时代的专业出版领导者。

国内进行数据库建设的有清华同方、北大方正、万方数据、世纪超星等技术企业，相比之下，传统出版社心有余而力不足。原因是多方面的。一是传统出版社对于以教材出版为赢利点的路径依赖，难以静心进行业务创新；二是单个出版社的内容资源难以满足数据库海量数据的要求；三是传统出版社缺乏相关的技术和人才储备；四是最重要的，数字出版业务和商业模式与传统的出版业务之间，存在明显的替代关系。甚至原来拥有内容话语权的传统出版商，在数字出版的体系中，会沦为文化代工者。传统出版商的无奈和无力，更清晰地反映出新兴文化产业既是机遇又是挑战的深刻含义。虽然产业在可持续发展，但产业发展的主体、受益者可能会发生逆转。

传统出版商背着传统商业模式的包袱，无法轻装上阵。而非出版商背景的互联网公司，正显示出其对数字出版的主导者风范。

2004 年，谷歌(Google)公司启动图书搜索(Book Search)服务①、学术搜索服务等，面向全球受众提供电子书数据库服务。谷歌为此启动了“数字图书馆计划”(Google Library)和“出版商计划”(Google Publishers)，大规模地对传统书籍进行数字化和数据库化。

对传统图书的大规模数字化，并以数据库、“终端 + 在线平台”等业务模式运营，互联网企业起着明显的主导作用。由于在海量信息数据库中，单个信息大幅贬值②，这些数字化战略不可避免地遇到传统新闻出版业的狙击。

美国几大出版商将谷歌诉诸法律，部分中国作家也对谷歌的侵权行为作出了强烈的反应。版权门槛、新旧出版商之间的利益冲突，使互联网公司开始寻求低成本、海量的内容生产模式，用户创造内容(UGC)成为数字出版商业模式中的内容供应链。

国内的盛大文学就通过并购，将全球华语网络文学创作内容掌握

① 2004 年 10 月，该计划在美国启动。2006 年，该计划进入中国。

② 例如，在新浪的新闻平台上，单篇报道的价值会比它发表在某媒体上时的价值要低得多；在爱思唯尔的学术期刊数据库中，单篇论文也会出现类似的大幅贬值现象。

在手中，以用户创造内容（UGC）形成内容端的优势；垄断性的网络原创内容吸引了超过6100万的注册用户，形成用户端的优势。盛大文学成为数字版权运营的平台，将内容端与用户端对接，通过在线付费读者订阅建立赢利模式。同时，盛大文学通过对第三方开放内容创作和内容销售的接口，形成了整合尽可能多的原创内容和用户的平台——“云中图书馆”。中国拥有网络文学写作者100多万人，每年有三四万部作品被签约；2011年，全国网络文学用户达1.94亿，超过了网上电子商务用户。这就不再是传统出版流程的再造和重组，而是全新的网络数字出版流程和商业模式。

此外，维基百科、百度文库、新浪爱问等也利用网民的力量，低成本、规模化地集聚数字内容资源，提供在线知识服务，以专业化的服务模式赢得了用户群。

与简单电子化的传统图书内容相比，这些原创内容，更符合网民的阅读需求；与网民随意创作发布的其他内容相比，经过了编辑把关环节，使内容的准确性、系统性和规范性都有较大的提升。因此，这类原创内容的不断积累和创作，走出了不同于传统新闻出版思维和模式的数字内容创作生产路径。

2010年11月4日，国家新闻出版总署发放了首批电子书牌照，共21家企业获得了电子书从业资质①。在21家企业中，获得电子书出版资质的仅有四家，且全部为中国出版集团等传统出版社。鉴于当前数字内容的同质化严重和创新性不足，传统出版商进行数字出版的动力和能力均不足，大多停留在简单的电子化搬家而非数字化、多媒体化创作阶段，因此更需要向非传统出版商和互联网企业发放相关牌照，以技术和产业的动力推动新兴文化产业发展。

新兴文化产业不仅对业界提出了转型升级要求，对政府监管也同样提出了要求。

2010年受各方关注的“魔兽审批门”耗时一年半时间。在无聊的等待中，2010年7月16日，百度贴吧“魔兽世界”有用户发出一条“贾君鹏，你妈喊你回家吃饭”的贴子，内容为空。仅仅一天就被“顶”到了

① 《21家企业获首批电子书相关业务资质》，国家新闻出版总署网站，2010年11月5日。

近 7000 页，有近 20 万个回复，点击量超过 450 万，成为年度最热网络流行语。其背后是众多等待漫长行政审批的无聊、无奈的玩家的心态。

2009 年，魔兽世界在华代理商由第九城市改为网易，根据新闻出版总署的相关规定，进口网络游戏变换代理运营单位必须重新履行申请批准手续；根据文化部发布的《文化部办公厅关于规范进口网络游戏产品内容审查申报工作的公告》，进口网游如果变更运营企业，原进口批准文号自动撤销，由新运营企业重新向文化部报审。

文化部在 7 月下旬已经通过"魔兽世界：燃烧的征途"的审批，但新闻出版总署并没有通过其审批，游戏只能免费公测，每日损失 500 万元。

9 月 18 日，网易在仍未获新闻出版总署放行的情况下开服运营游戏。文化部认为，根据国务院颁发的《三定》文件，网游不是出版物，理应由文化部管理，新闻出版总署并无管理权限。而新闻出版总署则针锋相对，于 10 月 9 日以国家版权局、"扫黄打非"工作小组的名义发布了《关于贯彻落实国务院〈"三定"规定〉和中央编办有关解释，进一步加强网络游戏前置审批和进口网络游戏审批管理的通知》，称凡是未经新闻出版总署前置审批就上网运营，或审批后擅自改变内容的网络游戏，都将被责令停止运营服务。

这场行政审批权的博弈最终在一年半后结束，成为行政审批职能权限不清、各自解释的现状的经典案例。

对于有利可图的审批，各部门趋之若骛，而对于需要管理和服务的地方，则互相推诿。2006 年中央电视台《新闻调查》栏目播出的《艺校女生陪酒调查》中，记者与杭州市文化广电新闻出版局市场管理处处长余建明有这样一段对话：

记者：酒吧不是娱乐场所？

余建明：对。从大的概念来说它应该是一个娱乐消遣的场所，但是我们在管理规定上，我们使用的法律法规上它不属于这个范围。

记者：那酒吧归谁来管呢？

余建明：是啊，就是有那么一个问题，这是个空白点，它只要到工商注册就行了，只要到工商部门去注册。

记者:那么酒吧里面演不演出,演出什么内容,有没有陪酒,那这个谁来管呢?

余建:所以说我们通过这件事情,我们杭州先给它管起来。

记者:您是说在这件事情发生之前是没有人管的吗?

余建明:对。

记者:是杭州如此还是说全国普遍这样?

余建明:都是一样的,普遍的,这是个普遍现象。

这表明,随着文化创意产业与其他行业的融合,新兴的业态会不断出现,原有的分类管理体制显然心有余而力不足,必须与时俱进地进行行政改革,政府和市场各司其职,把政府各部门权限理顺。

2004 年 9 月,文化管理开始打破"竖井式管理"的分业管理,中央宣传文化部门决定在综合性试点地区,以属地管理对文化市场实施统一综合执法,在地级市、县级市和县域内,对其现有的文化局、广电局、新闻出版局实行合并,设立文化广电新闻出版局,同时履行原三个部门的行政管理职能。尽管以"统一综合执法"为目标的合并其直接作用对象是文化市场执法体制,但至少开始尝试"大文化"监管的效果。

在国务院新一轮简政放权的政策中,针对动漫和网游等文化创意产业的审批程序将大为简化,时间将大为缩短,这对该行业将产生极大利好。但网游审批权限的归属,仍然没有大的突破。

6.3　文化创意产业的跨界融合

国家统计局在 2012 年对《文化及相关产业统计分类》进行修订时,取消了 2004 版"核心层"、"外围层"和"相关层"的同心圆式圈层结构,其理由是文化创意产业的相互融合,难以再有清晰的边界。

文化创意产业的跨界融合,既包括文化创意产业各门类间的相互融合,也包括文化创意产业与其他行业的渗透、融合。在政策层面和实践层面,融合受到鼓励和支持,正在成为一种创新路径。

6.3.1 文化创意产业内的融合

文化创意产业内的融合，指各门类间的跨界、互动、结合，从而形成创新的趋势。

一个明显的应用趋势是：演艺、会展、文化与媒体的结合，文化创意产业成为媒体节目创意和开发的重要源泉，获得广度和深度的传播。

文化需要传播，媒体需要内容和节目样式的创新，这使文化创意产业与媒体完美结合。种种职业剧、演艺真人秀，种种创意丰富了荧屏，创新了文化创意产业的生态。

近年来，艺人经纪、演艺、艺术品经纪等文化创意产业，都成为收视率高的电视节目。原有的艺人发掘和培养是在幕后进行的，受众消费的是成熟的艺人、明星。因此，艺人经纪公司承担着艺人发掘、定位、包装、营销的一系列风险。

而湖南卫视的“超级女声”节目就完整展示了一个歌手被发掘、定位、包装、营销的过程。在这个真人秀中，观众不再是被动的消费者，而是决定歌手去留和名次高低的评委，通过短信投票的方式，形成一个全民造星运动。这实际上将艺人消费的价值链延长，同时也极大地降低了经纪公司的风险。以“超级女声”为例，天娱公司只在选手进入各赛区十强之前与选手签订经纪约。经过前面漫长的赛程和足够长时间的媒体曝光，进入签约的选手已经是一个拥有可观数量粉丝的“准明星”。而最终胜出的选手，通过演唱会、发片、参演电影、接拍广告等文化产业链，可实现多样化的价值产出。随后引进节目模式版权的音乐类真人秀节目，从《中国好声音》到《中国最强音》，都大致沿着这一路径在进行。“造星”实际就是文化创意产业的符号化和意义赋予的过程。而从“文化经济”的模式来看，受众对这种草根明星更为认同，从中产出身份认同、励志、美感等意义，并结成明星与粉丝的关系，忠诚度极高。

传统的艺人经纪、演艺业、传媒业、广告业等等一直存在，为何在近期能够实现较深度的融合，正是在于大众方面文化消费的快餐化、时尚化、参与性和产业方面风险控制、延长价值链等需求的出现。借用国外真人秀和电视剧“季”的概念,这样的造星运动每年会进行一次,形成可持续的品牌和模式。

当然,扎堆的造星真人秀节目也会令观众疲倦,缩短艺人的艺术生命周期;另外,选手成为明星后,与经纪公司闹出解约纠纷,原因很多,属于另外一个话题。

越来越多的文化创意产业与传媒结合,形成优质的节目创意,既提高了媒体的视听率,又促进了相关文化创意产业的知识普及和公众参与。

艺术品经营原来属于富人的游戏。而“盛世收藏”使越来越多的民众开始关注艺术品收藏投资。央视经济频道率先推出《鉴宝》节目,就是对这一文化需求的把握。央视以此为起点,策划了系列节目。《寻宝》节目更是将文物艺术品收藏与地方历史文化相结合,打造地方、城市的文化形象,融合度更为深入。以鉴宝真人秀为模式的电视节目还有北京卫视的《天下收藏》、湖南卫视的《艺术玩家》、河南卫视的《华豫之门》、山东卫视的《收藏天下》、天津电视台都市频道的《艺品藏拍》、吉林卫视的《找你》等。其中,王刚主持的《天下收藏》设置砸赝品环节,更增加了节目的悬念和观赏性。这类节目的走红,是艺术品收藏业与传媒业融合的产物。

第二类融合特别指传统文化产业与新兴文化产业的融合。

随着技术和社会的发展,传统文化创意产业必然会向新兴文化产业转型,而随着技术和社会的进一步发展,新兴的文化产业及业态、模式会不断地被创新出来。因此,传统与新兴的融合就是一种常态。

前文讨论过,传统文化产业门类,包括出版发行、影视制作、印刷、广告、演艺、娱乐、会展等;新兴文化产业包括文化创意、数字出版、移动多媒体、动漫游戏等。传统与新兴并非截然断裂的个体,而是存在诸多的交集,融合正是在这些区域发生。二者既延续了传统文化产业的生命周期,又为新兴文化产业提供了内容、经验和路径。

传统文化产业门类中的出版发行、影视制作、印刷等产业,都需要与数字出版技术和平台融合,也需要实现载体“换乘”,搭乘移动多媒体。例如,网络书店和电子书,就减少了传统发行渠道的市场份额和必要性。传统的发行渠道要么迅速地“触网”,要么转变为第三方物流，成为网络社会的“搬运工”。因为电子书的出现，使越来越少的图书和报刊需要被“印刷”出来，再发行到读者手中。手机、平板电脑、电子书已经成为读者的信息终端和入口。这也正是固守书刊销售的传统实体书店不断遭受关店命运的客观原因。书店要生存下去，不能仅仅提供书刊销售的单一功能，必须增加对读者其他文化消费和文化需求的满足。像台湾的诚品书店、新加坡的页一堂（Page One）书店，在大陆实体书店如“多米诺骨牌”一样倒下时，却成为当地的文化景观，并在华语区不断开张新店，这正是打破传统的发行业思维，而更多地转向文化跨界服务的成功。

同样，传统的广告业根植于报刊、影视媒体，硬广告对于阅读和节目观看的生硬打断，已经影响到受众对广告的情绪，最终使广告效果大打折扣。与此同时，受众转向新媒体，使传统媒体的广告效果受到影响。广告业也需要合理地确定媒体结构。例如网络游戏、社会化媒体、网络视频中植入广告，其效果更为精准。如果广告内容与文化消费内容并无违和之感，会使用户无意识地增加品牌和产品认知。同样，广告代言人也需要更多地考虑到与品牌内涵和目标受众的契合，例如网络红人、人气动漫形象等，对网络时代的用户更具备认同感。日本 YAMAHA 公司为推广其网络音乐产品而创作的虚拟少女歌手“初音未来”，就是一个成功的例子。这个虚拟的动漫人物已经成为 90 后青少年心中“真实”的偶像，她的演唱会吸引了众多粉丝，并不输给任何一个真实的超级偶像。日本丰田公司则使用手冢治虫的铁臂阿童木、茶水博士等动漫人物，为其油电混合汽车代言。曾经被科学少年阿童木迷倒的那一代人，正是现在汽车消费的中坚群体，其广告创意效果自然可期。

会展业也是如此。学者陈少峰将其扩展为活动经济[①]，即通过策划包括会展、演出、展览等文化活动，以带动观光、旅游、城市品牌营销等。会展业本身就是一个产业信息发布和展示的平台。会展活动要有人气，必须跟进消费者的需求。如今，动漫、游戏已经成为文化会展的重要内容。动漫展（节）期间的 Cosplay，动漫迷们会扮成自己喜欢

① 陈少峰：《文化产业商业模式》，北京大学出版社 2011 年版，第 185 页。

的动漫形象，形成独特的动漫文化。

6.3.2　文化创意产业与其他产业的跨界融合

在《国家"十二五"文化发展规划》中，对于文化产业与其他行业的跨界融合作了明确的部署："推动文化产业与旅游、体育、信息、物流、建筑等产业融合发展"，目的是"提升其品牌价值，增加物质产品和现代服务业的附加值和文化含量"。

文化创意与旅游

文化创意与旅游业的融合，是最多样、最有效的路径。传统旅游业的"白天看庙、晚上睡觉"的粗放模式，已经不再适应当代旅游者的体验、参与等需求。同样，传统的历史遗迹和自然风光也需要通过文化创意的注入使其充满活力。

通过文化创意，创新原有旅游景点的消费和体验内容，才能提升旅游目的地的吸引力。文化创意与旅游的融合，最具代表性的案例当属"印象"系列山水实景演出。广西旅游资源丰富，"桂林山水甲天下"的美誉流传已久。而张艺谋、梅帅元等结合广西民间传说，打造在桂林阳朔实景演出的《印象·刘三姐》集合了当地传说、山水实景、名导演、现代舞台艺术等文化创意元素，为游客呈现出一种震撼的奇观，给桂林山水间注入了人文之魂。2002年3月起开始公演后，由于光影效果需要在晚间演出，改变了游客白天游阳朔、晚上回桂林的模式，使阳朔餐饮、酒店业受益极大。而演出者大多来自阳朔当地的600多位壮族、侗族渔民，既使演出古朴、自然，又为当地渔民增加了收入。更多的当地老乡，甚至仅靠售卖看演出的望远镜和驱蚊水都发了家。《印象·刘三姐》的票房也令人满意，制作投资7000多万元，除了吸纳国家政策性扶持资金20万元，其他投资都是市场化融资得来，演出两年多全部收回。

在旅游景区的实景演出是中国文化创意界的创新。《印象·刘三姐》大获成功之后，"印象"模式便被张艺谋团队复制到各景区，《印象·丽江》《印象·西湖》《印象·海南岛》《印象·大红袍》《印象·普陀》等先后在各地出现。张艺谋团队策划"印象"系列选址有一些标准，例如每年有百万以上游客人群；全球知名的景区；交通便利，距离主城区车程在 1 小时以内。

另一创作者梅帅元则自立门户，接连创作了泰山景区的《中华泰山·封禅大典》、嵩山景区的《禅宗少林·音乐大典》、呼伦贝尔景区的《天骄·成吉思汗》、江西的《印象·井冈山》、湖南张家界的《天门狐仙——新刘海砍樵》等八部实景音乐剧。这些实景剧制作成本都上亿，其中《禅宗少林·音乐大典》投入 3.5 亿元。

张艺谋与梅帅元的实景演出模式有所不同。张艺谋团队以导演的角色与景区合作，负责创意、制作，但不负责运营等；而梅帅元团队则以公司化形式与景区合作，深度参与项目的运营管理。从实景演出的内容上来看，张艺谋印象系列侧重于歌舞表演、大场面调度；梅帅元团队则更注重故事性，并以音乐剧的形式表现。

各个景点以这种"实景 + 当地民间传说 + 品牌制作团队 + 原生态参演"模式推出的后续演出，增加了旅游消费的文化含量，提升了景区的观感。实景演出的不断红火，吸引导演陈凯歌也加入实景剧阵营，导演了耗资 2 亿多元的《希夷之大理》。各地旅游区也有一些实景演出，如陕西华清池的《长恨歌》、河北承德的《鼎盛王朝·康熙大典》、江苏昆山的《梦萦周庄》。

根据国家旅游局政策法规司的统计，自 2007 年开始，全国投资百万元以上、具有一定知名度的旅游演艺节目已达 200 多个，几乎每一个著名景区都有自己的演艺团队，有些项目投资巨大。

2010 年 11 月，文化部、国家旅游局联合评选出首批"旅游演出类国家文化旅游重点项目名录"，旨在推动打造高品质的旅游演艺产品。《印象·刘三姐》《宋城千古情》《禅宗少林·音乐大典》《魅力湘西》等 35 个文化旅游演出项目上榜。2010 年底，以大型休闲及人文主题公园、旅游演艺项目为主营业务的宋城股份，在深圳证券交易所挂牌上市，成为国内"演艺第一股"。《印象·丽江》项目则被上市公司丽江旅游收购。

不过，遍地开花的实景演出也遭受到不少质疑，例如同质化的模式，会令游客审美疲劳。实际上，自《印象·刘三姐》后，虽然此后的实景演出越来越大投入、大制作，但从影响和品牌角度来看，已经难以复制《印象·刘三姐》的成功。

实景演出的实质就是文化旅游的兴起,改变了旅游景点传统的景点门票模式。在这方面,其实还有很大的创意空间,有很多文化资源都能够通过跨界结合,被发掘出新价值。

像北京旅游,除传统的故宫、长城、天安门之外,越来越多的父母带着孩子到北京参加高校游,为未来的高考确定激励目标。传统旅游与教育结合,获得了文化新内涵。

还有医疗养生与旅游的结合。去过印尼等东南亚国家旅游的游客都会在当地选择SPA按摩浴,甚至不少休闲游旅客就是冲着SPA放松而去,成为吸引游客的休闲养生品牌。这就是当地的SPA按摩与旅游业的结合。韩国旅游与美容业的结合、瑞士旅游与整容美容的结合,都已经是部分人群去上述旅游目的地的主要动力。反观中国的中医文化、中医按摩,要么被妖魔化,要么沦为骗术。有必要推动中医养生术与旅游休闲的结合,并形成中华文化品牌,这是一个巨大的内需和外需市场。

创意城市

经济结构的调整,必然带来城市发展模式的变化。由比拼GDP到更关注碧水蓝天、人文氛围、娱乐休闲,这是城市可持续发展的路径。

城市形象越来越多地由文化创意产业来塑造。一个有吸引力的城市应拥有文化创意氛围,从而形成有竞争力的文化创意产业集聚,吸引创意阶层。北京市确定“世界城市”的发展目标,瞄准了纽约、伦敦、巴黎等参照系。其中,文化创意是“世界城市”不可缺少的魂魄:它是低碳环保的新的经济增长点,它又能使城市增加吸引力、认同感和幸福感。例如纽约的传媒业、广告业、演艺业、艺术品产业集聚,而其市中心的中央公园、光怪陆离的时代广场、百老汇的歌舞都使人流连忘返,具备了独特的城市文化气质;巴黎拥有丰富的历史文化遗存、无与伦比的文物和艺术品,从埃菲尔铁塔、罗浮宫玻璃金字塔到蓬皮杜中心,巴黎一直包容着艺术的想象和创新,孕育出无数的画家、作家、思想家。而其成熟的时尚设计业、演艺业、艺术品经营业,又使巴黎成为浪漫之都。伦敦则借英国创意产业先发优势,以“创意伦敦”作为城市发展维度。在2012年伦敦奥运会开幕式演出中，集中推出了伦敦符号和英国符号。

文化的个性、特色与文化的标准化、工业化生产之间的矛盾，一直是文化产业研究的重要问题之一。从法兰克福学派到英国伯明翰学派和美国文化产业学派，其理论的交锋都在文化的产业化是否使文化丧失了创造性和超越性，是否造就了同一的、标准的、无个性的大众文化这一层面上展开。而现代化、全球化、大众文化、消费文化等正在全球制造以高楼大厦、世界品牌为表征的同质化城市文化。因此，特色文化创意产业的发展，能够保持城市文化的独特性。这也是华语区城市发展，特别是以建设世界城市为发展战略的北京所应当注意的问题。

国内学者围绕北京建设世界城市文化维度所进行的研究，主要集中在以下方面：

一是北京建设世界城市的人文资源：金元浦认为，文化是北京建设世界城市的最重要的资源和特点，北京应创造一个具有独特品格的东方文化型的世界城市；冯惠玲等认为，奥运留下了宝贵的软遗产和丰厚的硬遗产，是北京走向世界城市过程中的重要资源；耿波认为明清皇家文化、传统士人文化、传统市民文化、现代红色文化、当代群落文化、国家窗口文化都可资利用；杨奎、孙照红则认为，在可资利用的文化资源方面，北京与其他公认的世界城市存在一定的差距。

二是世界城市建设的北京人文特色：袁吉富认为，每个城市既是地域性的城市，又是世界历史性的即国际化的城市，而根本上是国际化的城市；连玉明提出以中国元素为核心构建开放多元的文化体系，让古都文化和中华文化绽放现代异彩；王一川则认为，应有意识地新建一系列足以代表北京的“世界城市”特征的新型城市文化符号。

2011年11月，北京发布“北京精神”：“爱国、创新、包容、厚德”。其中“创新”、“包容”都对城市营建创意氛围、吸引创意阶层有所作用。这些价值要素的提出为北京文化建设进行了顶层设计，从而避免了北京的世界城市建设落入现代化的陷阱，丧失北京—中华—东方文化的个性。在这一基础上，北京的文化创意产业的发展也必然是具备特色和比较优势的产业结构和集群。

城市品牌的构建营销,越来越多地依靠文化创意产业来实现。法国能够成为全球第一旅游大国,除了拥有丰富的历史文化遗存之外,正是在创造和激活文化旅游资源方面成效显著。《达·芬奇密码》小说的热销、电影的上映,带动了千千万万受众到巴黎去寻访电影中的场景,旅游变成了一场发现之旅。同样,奥黛丽·赫本主演的《罗马假日》,也成为游客罗马旅游的经典导游。而电影《哈利·波特》在伦敦取景拍摄的大桥、车站,正成为伦敦旅游的新热点。这一路径正在被华语区文化创意产业成熟地运用。

冯小刚导演的《非诚勿扰 1》,在日本北海道有很大的戏份,电影的传播带动了北海道的旅游热。到《非诚勿扰 2》,城市营销的自觉性显现出来,北京市旅游局成为华谊兄弟新片的首席合作伙伴,电影大打北京观光牌,慕田峪长城、欢乐谷、潭柘寺、紫竹院公园、798 艺术区等北京元素逐一出现。台湾地区邀请李安导演在台湾取景拍摄《少年派的奇幻漂流》,电影斩获奥斯卡奖后,取景地台中也涌入大量的观光客。

一部好的文化创意作品,能够提升一个地区、一个城市的关注度,从而带来旅游、会展、商业、人才等连锁回馈,从而提升了城市的文化竞争力。正是文化内涵的注入,使城市品牌得以创新和传播,产生了新的意义。认同其意义的观众就会转化为旅游观光的行动,这是单纯的宣传广告片所无法比拟的传播效果。从这个意义上来说,花巨资在纽约时代广场投放60 秒的中国国家形象宣传片,不如将中国元素植入好莱坞电影效果持久。前者属于广告宣传,后者属于传播。

城市文化形象、创意氛围的优劣,能够带来综合效益,吸引创意人才聚集、产业聚集,带热会展、演艺活动、文化旅游等等。例如杭州市就依托“上有天堂、下有苏杭”的自然人文景观,专门在风景秀丽、环境宜人的西溪湿地风景区建起西溪创意产业园①,其中的 50 幢别墅以免费或者极低的租金给知名人士、机构使用,目前吸引了画家潘公凯、吴

① 西溪创意产业园占地约 0.9 平方公里、建筑面积 2.6 万平方米,投资近 2 亿元,是杭州市十大文化创意产业园之一。西溪创意产业园分为东西两区:其中西区为艺术村落区,有近 50 幢提供给文化名人名家,作为工作室、艺术创作和展示空间;东区为创意产业区,由创意产业机构和研发中心等组成。

山明，音乐家徐沛东，作家余华、麦家、刘恒，台湾导演赖声川，剧作家邹静之，台湾漫画家朱德庸，英国经济学家约翰·霍金斯等12位文化名人入驻；世界动画协会中国动漫博物馆等4家文化创意机构也首批入驻。这一大动作既实现了动漫、创意顶尖人才和机构的聚集，提升了杭州动漫创意产业发展的资源优势，又增加了杭州以及西溪湿地的知名度。有多少市民和游客都期待在这里与大师们不期而遇呢？

6.4 面向年轻一代

传播学有“知识鸿沟”的理论，指由于传播技术的发展，掌握先进传播技术和工具的人与不掌握的人之间，会形成知识、信息方面的显著区别。这种区别标示了传播技术带来的文化权力格局的调整。

而传播技术近几十年来的飞速发展，特别是以网络传播为代表的技术进步，使电脑、网络、智能手机、平板电脑等成为青少年成长和生活的基本媒介环境。他们更熟悉这些新兴媒介。

根据CNNIC统计，截至2013年6月，中国网民人数达到5.9亿，其中手机网民规模为4.6亿，占到78.5%。这些以新技术手段进行文化交流和消费的人群，可以称之为“下一代受众”。文化创意产业能否面向下一代受众，是文化传承和创新的关键指标。与传统的读者相比，下一代受众有着明显的代际特征：

传统的受众，多是单一媒体或者多个媒体的信息消费者，与单一媒体的信息传播格局相对应。而下一代受众从小在电子媒体和网络媒体中成长，对融合了图文、音视频的多媒体信息形成了消费偏好，单一的媒体形式难以引发他们的注意力。他们还注重信息消费的体验，例如是否具有交互性、易用性，是否时尚等等。这都对文化创意产业提供的产品和服务的全媒体形态、质量和功能提出了更高的要求。

同时，读者不再仅仅被动地接受信息，还通过网络、手机终端等及时发布信息，成为信息的传播者，信息的交互性空前释放。而社会化媒体的出现，再度使传播路径由知识、信息中心向周边的传播，调整为以社会关系为路径的传播。知识、信息本身的重要性退居次位，而传播者与接收者之间的关系成为传播质量和效果的决定因素。由此，读书看电视，很可能是因为自己关注的朋友的推荐；而读书看电视等娱乐活动，除了愉悦身心之外，还派生出与亲友分享的功能。文化传播和分享具备了社交功能。

文化创意产业从事的是信息传播和文化传承，只有完成传播过程才能创造价值。面向下一代受众进行传播，首先要了解他们的信息需求和消费偏好。

下一代受众的文化和审美也与传统受众有所不同。来自网络、来自草根的作者、歌手、名人越来越多。而作者、歌手、名人等的边界也相对模糊。以文学创作为例，青春文学以同龄人写同龄人，完成了相对传统的成人写作的少儿文学、儿童文学的身份独立。韩寒、郭敬明等青春作家取代了少儿作家，使青春文学成为畅销书市场的主力品种。

不仅如此，在通过个人创作成名后，青春作家的个人品牌被嵌入产品或者企业运作，延伸其价值链，构建其产业品牌。由图书的一次性出版到杂志的连续性出版就是运营模式之一：韩寒主编《独唱团》、郭敬明主编《最小说》、安妮宝贝主编《大方》、张悦然主编《鲤》等都是这种品牌延伸战略。郭敬明通过《最小说》《最漫画》平台，实现对青春作家和漫画家的发现、培养，个人也被聘为长江出版社北京图书中心副社长，成为副处级干部。

在社会化媒体时代，青少年受众与作家、文化明星之间形成了粉丝与偶像的关系，由对作品的审美转化为对人的崇拜。社交媒体上偶像的粉丝数与传统的作品销量一样，成为最重要的人气指数，“粉丝文化”成为面向青少年的文化创意产业的文化情境。郭敬明的小说《小时代》改编成电影，就充分利用了社交媒体时代的估值方法：原著和导演郭敬明本人拥有众多粉丝，在与韩寒的骂战中显示出忠诚度；俊男美女云集的主演阵容中，杨幂是话题女王，粉丝以亿计。把所有的粉丝数加起来，乘以一个系数，大致可以估算出《小时代》电影潜在的观影人群规模。因此，这部电影的营销也显现出粉丝文化的特征，郭敬明的身高、杨幂的整容、电影中出现的奢侈品成为电影营销的口水话题。围绕小说和影片中的拜物价值观的争论，则成为80、90后与父辈们重要的文化代沟。而越争论，粉丝们越激动，更以实际的买票观影来支持自己的偶像。

随着《小时代》在十天内收获“烂片”之誉和4亿票房，“粉丝文化”和大数据带给文化创意产业的影响和启发不容忽视。通过对新浪微博9万余用户近期约900万条有效微博的大数据分析，《小时代》观众平均年龄20.3岁，其中女性占八成以上；湖北、四川、浙江、江苏、江西的用户最为活跃；用户微博关注的前3人是何炅、谢娜和郭敬明；60%以上使用iPhone。[①] 北京“响想电影”正是基于“理性投资+数据分析”，才以1000万元出手购买了《小时代》系列作品的跨媒体改编权。他们认为“小时代”正是16—24岁年龄段观众心中的第一文化品牌[②]。乐视影业同样运用大数据来坚定自己拿下《小时代》电影发行权的信心：同样是新人导演、根据畅销小说改编、青春题材，已经敲定上映的《致我们终将逝去的青春》新浪微博搜索数是380万次；但《小时代》的搜索数达到了3100万次。乐视以数据说服院线和影院：一是影片主创人员微博粉丝之和超过1亿，二是“在过去5年中，有24437000人阅读过《小时代》书籍”[③]。《小时代》在20个城市的首日排片率高达45.01%，创下中国影史一项纪录。借着这股“粉丝电影”旋风，《小时代2》计划提档至暑期上映，乘胜追击。

网络情境还催生了网络文学。台湾作家痞子蔡的《第一次的亲密接触》成为网络文学的开篇之作，呈现了网恋之美。网络文学较早地吸取了电影等的类型化创作模式，在内地形成言情、职场、穿越、宫斗、盗墓等类型，还有为传统出版环境所不许可的耽美小说等类型。《杜拉拉升职记》《浮沉》等职场网络小说，《步步惊心》《后宫甄嬛传》等穿越、宫斗网络小说，《盗墓笔记》《鬼吹灯》等盗墓网络小说在网络中积累了可观人气后，被改编成电视剧，掀起又一轮讨论和收视热潮。网络文学创作与阅读的兴盛，孵化出盛大文学等数字版权运营平台。

这些新的文学品种，核心的作者和读者都是青少年。所产生的作品类型、故事、语言，都是这一代青少年的文化特征。而由此诞生的

---

① 数托邦：《为〈小时代〉的观众画像》，《影视圈》2013年第8期。

② Laura：《响想电影梁东：打造泛媒体综合品牌开发商业模式》，艺恩咨询，2011年7月14日。

③ 马钺：《大数据镀金下的成功样本》，《中国企业家》2013年第7期。

UGC(用户创作)内容、社会化评价和分享等业务流程,具备了足够的商业模式和文化的创新性。

"青春版"《牡丹亭》,将青春气息注入古老的昆曲艺术,吸引年轻观众;"超级女声"选秀一改此前专业评委打分、观众只带耳朵的模式,把歌手的去留、升级选择权还给观众,使观众与自己喜爱的选手结成了黏度极高的粉丝关注,这些都成为面向下一代受众的经典案例。

文化创意产业应借助产业目前的社会影响、经济实力,摸准下一代受众的需求,及早规划未来的商业模式与新业态。

第七章 产业重点与路径特色

在全球文化创意产业已经先行发展的背景下，华语文化创意产业如何寻找到自身的发展优势以及在全球文创体系中的定位，显得至关重要。

在当下的全球文化传播格局和产业分工格局下，华语文化圈整体处于弱势；在“一国两制”“祖国和平统一”的框架下，中国大陆、香港和台湾有着相同的文化基因，实行着不同的政治制度，但就文化创意产业的起步、规划布局来看，具有相同的阶段性。因而，选择文化赶超战略，突出比较竞争优势，以挑战—应战机制回应战略机遇，力求参与全球文化产业大循环，成为共同的选择。

在这个大的思路之下，中国大陆、香港和台湾在发展过程中，不断进行着产业规划和实践的重点选择和方向确定，“边走边看”地形成了各自的产业重点和路径特色。

7.1 大陆：“非均衡发展”

无论从构建国家软实力、应对全球文化竞争还是培育文化强国的角度来看，中国都无疑是华语区的核心和主体。在文化战略和产业规划落地执行的过程中，“非均衡发展战略”应当成为地域辽阔、存在发展差异的中国的科学发展观。各地需要重点扶持各自的优势文创产业部门，避免同质化追随，形成新的泡沫。

7.1.1 区域特色与重点产业

2004 年,国家统计局发布《文化及相关产业分类》,中国文化产业首度确立全国统计标准。国家统计局将文化产业定义为"为社会提供文化、娱乐产品和服务的活动,以及有关的活动的集合",并划分为三个圈层:核心层、外围层、相关层。

三个圈层的划分,体现了对文化及相关产业核心竞争力的分析:文化产业核心层由传统文化行业组成,外围层包括改革开放以来出现的新兴文化服务行业,核心层和外围层都是文化创意"软件";相关层由文化产品和设备制造组成,是文化创意的"硬件"制造。三个层次组成同心圆的圈层结构:

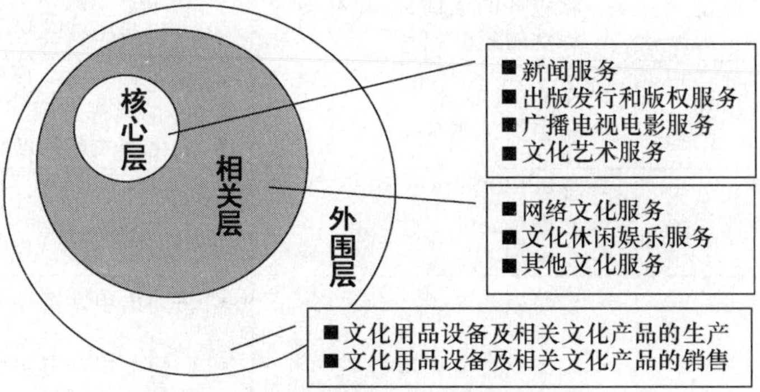

图 7.1 文化及相关产业分类(2004)

2012 年,国家统计局发布新版《文化及相关产业分类》,文化产业定义为"为社会公众提供文化产品和文化相关产品的生产活动的集合"。文化产业及相关产业的范围包括:(1) 以文化为核心内容,为直接满足人们的精神需要而进行的创作、制造、传播、展示等文化产品(包括货物和服务)的生产活动;(2) 为实现文化产品生产所必需的辅助生产活动;(3) 作为文化产品实物载体或制作(使用、传播、展示)工具的文化用品的生产活动(包括制造和销售);(4) 为实现文化产品生产所需专用设备的生产活动(包括制造和销售)。

与 2004 版《文化及相关产业分类》相比,2012 年版注意到了文化创意产业门类间的相互融合和渗透,所以新版不再作分层处理;同时,还增加了一些文化创意产业门类，体现了对于文化产业新业态、创意的重视。

例如，增加了文化创意和设计服务的分类（包括建筑设计服务①和专业设计服务②）、文化新业态（包括数字内容服务中的数字动漫制作和游戏设计制作），以及其他电信服务中的增值电信服务（文化部分）、软件设计服务（包括多媒体软件和动漫游戏软件开发）等，反映了文化产业近年来的发展趋势。

2004、2012年文化及相关产业分类的调整，体现了宏观上对于文化产业特色的认知和引导：

表7.1 国家统计局《文化及相关产业分类》2004、2012年比较

项目	2004	2012
文化产业定义	• 为社会提供文化、娱乐产品和服务的活动，以及有关的活动的集合	• 为社会公众提供文化产品和文化相关产品的生产活动的集合
整体框架	• 文化 • 相关文化服务	• 文化产品（包括货物和服务）的生产 • 文化相关产品的生产
文化产业范围	• 核心层 • 外围层 • 相关层	• 不再分层
产业门类	• 新闻服务 • 出版发行和版权服务 • 广播电视电影服务 • 文化艺术服务 • 网络文化服务 • 文化休闲娱乐服务 • 其他文化服务 • 文化用品、设备及相关文化产品的生产 • 文化用品、设备及相关文化产品的销售	• 新闻出版发行服务 • 广播电视电影服务 • 文化艺术服务 • 文化信息传输服务 • 文化休闲娱乐服务 • 文化用品的生产 • 文化专用设备的生产 • 工艺美术品的生产 • 文化产品生产的辅助生产 • 文化创意和设计服务

① 指工程勘察设计中的房屋建筑工程设计、室内装饰设计和风景园林工程专项设计。

② 指工业设计、时装设计、包装装潢设计、多媒体设计、动漫及衍生产品设计、饰物装饰设计、美术图案设计、展台设计、模型设计和其他专业设计等服务。

根据上述统计标准，国家统计局发布了2004年至2011年中国文化产业增加值及占GDP比重情况①。可以看出，中国文化产业增加值占GDP的比重在2%—3%之间，逐年增加，2012年有望突破3%的关口。按国际标准，一个产业增加值占GDP比重达到5%，就称其为国民经济支柱产业。而发达国家的文化产业一般可达到占GDP的10%～12%。中国文化产业离这一目标还有相当大的发展空间，任重而道远。

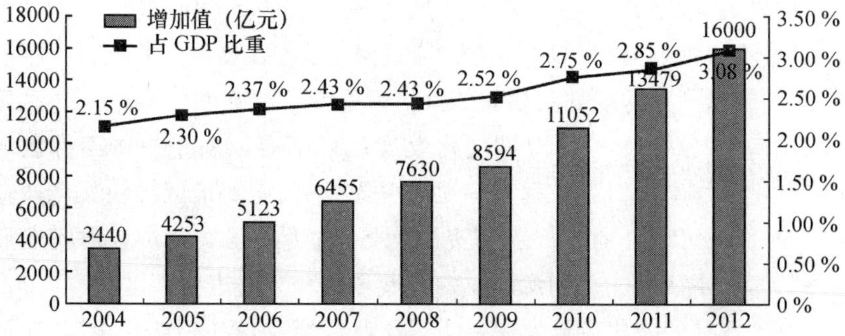

图7.2　2004—2011中国文化产业增加值及占GDP比重

2009年《文化产业振兴规划》提出了“重点文化产业”的概念，反映了突出产业趋势和自身优势相结合的思路。2011年《国家“十二五”文化发展规划》更明确了传统文化产业和新兴文化产业的区分，为各地布局文化创意产业提供了更前瞻的视野。这些不断深入的认识，是中国文化创意产业起程十年间，通过“摸着石头过河”积累的经验和路径。

与香港特区和台湾地区相比，大陆地域广阔，文化创意产业的优势产业、重点产业也无法一概而论，因此，必须结合区域实际和发展目标来进行考量。否则，在行政力量过于强大的情况下，可能造成一哄而上、同质化、缺乏特色的局面，导致虚假繁荣的泡沫化。

文化产业的特色与文化资源等要素的区域性是密切相关的，不同区域的发展战略应实事求是，获得比较竞争优势。

从中央层面的文化政策角度来看，多次强调重视文化创意产业发展的地域特色，要求各地方政府能够从实际出发、因地制宜发展文化

① 2004—2008年的测算范围包括法人单位、产业活动单位和个体户，从2009年以后只测算文化产业法人单位增加值；2012年数据为初步核算值。

产业。2003年9月，文化部在《关于支持和促进文化产业发展的若干意见》中提出“各级文化部门要充分考虑地区之间的文化差异和经济不平衡性，从实际出发，因地制宜发展文化产业”，“要结合各地文化大省、文化强省、文化城市等建设，利用当地文化资源，发展优势文化产业和特色文化产业”。“不搞形式主义，不搞一刀切”。这种非均衡发展思路，可能避免以产业之名再度形成同质化的均衡布局。

中国的文化资源、经济社会发展呈现明显的东、中、西部的区域特性，也呈现出中心城市强大的经济、社会和文化带动力和增长力。相应地，文化创意产业的规划与发展，也需要考虑区域特色。2006年9月国务院发布《国家“十一五”时期文化发展规划纲要》，对于东中西部区域文化产业带作出规划：“鼓励东部地区率先发展，中部地区加快文化产业崛起，西部地区结合地方特色和资源优势，着力增强文化产业自我发展能力”，为东中西部文化创意产业的发展步伐和节奏进行了描述。

东部地区的文化产业发展要实现产业集聚，形成“长江三角洲、珠江三角洲和环渤海地区三大文化产业带”；西南、西北地区“积极发展具有鲜明地域和民族特色的文化产业群”，从而“优化文化产业布局和结构”，“努力形成东中西优势互补、良性互动的区域文化产业协调发展新格局”。

相关规划特别注意将文化创意产业发展作为经济社会欠发展的中西部崛起的战略机遇。在经济社会发展中，西中部比东部欠发达，但是同时也在环境、生态、原生态生活、民族风情等方面得以保存，这些都成为新一轮文化创意产业发展的无法复制的比较优势。因此，管理部门规划“在促进经济发达地区文化产业高速增长的同时，积极推动西部地区文化产业发展，支持他们将独特的文化资源优势转化为产业优势”①。例如云南的民族风情旅游，营造出丽江、香格里拉等特色文化品牌；甘肃兰州远非文化出版中心，却为这个喧嚣的时代培育出《读者》杂志，成为中国期发量最大的期刊。这些都形成了文化创意发展的比较优势。

7.1.2 北上广特色产业

东部地区是中国经济社会发展最成熟的地区，其中上海、北京、天

① 文化部：《关于支持和促进文化产业发展的若干意见》，2003年9月。

津市的人均 GDP 都超过一万美元大关，进入发达国家水平，文化消费极为旺盛，带动文化创意产业的良好态势。

长江三角洲、珠江三角洲、环渤海地区三个文化产业带中，上海、广州（深圳）、北京作为文化中心城市、创意城市的角色和地位极为明显。而三地的文化创意产业规划和特色定位也呈现出特色差异。

上海：长江三角洲文化产业带中心城市

上海的城市定位是“四个中心”：国际经济中心、国际金融中心、国际航运中心、国际贸易中心，并提出包括率先转变发展方式，率先提高自主创新能力在内的“四个率先”，这些都是上海文化创意产业发展的顶层设计。

2011 年公布的《上海市文化创意产业分类名录》明确界定了上海文化创意产业的范围，包括文化创意服务业和文化创意相关产业两大部分，文化创意服务业分为 10 大类：媒体业、艺术业、工业设计、建筑设计、时尚创意、网络信息、软件与计算机服务、咨询服务、广告与会展服务、休闲娱乐服务。

目前，上海市已经形成“一轴、两河”的文化创意产业布局①，文化创意产业园区数量达到 114 家。2011 年，上海文化创意产业实现增加值 1923.75 亿元，占上海全市生产总值的比重为 10.02%，从业人员 118.02 万人；2012 年，上海文化创意产业实现增加值 2269.76 亿元，占全市生产总值的比重为 11.29%；从业人员 129.16 万人②。《上海市文化创意产业发展“十二五”规划（2010）》将文化创意产业发展的目标确定为：力争 2015 年占全市 GDP 的 12%，成为重要支柱性产业。

借助上海中国金融中心的地位，文化与金融的融合与创新成为上海特色。上海文化产权交易所在市场开发、交易品种创新、交易系统建设、交易制度完善等方面取得积极进展，中宣部等五部委《关于贯彻落实国务院决定加强文化产权交易和艺术品交易管理的意见》确立了上海文交所全国性的地位。

---

① “一轴”指延安高架主轴；“两河”指黄浦江、苏州河。

② 数据来源：上海市政府《上海市文化创意产业发展报告》2012、2013 年度。

继美国迪斯尼乐园选址上海后，美国"梦工厂"也在上海建设"东方梦工厂"，并于2016年与"梦工厂"合作制作《功夫熊猫3》。种种迹象都表明，上海具备了文化创意资源的世界级的吸引力，这可以说是实际而又充满挑战的"上海梦"。2010年2月，上海被联合国教科文组织授予"设计之都"称号。

优势产业还包括动漫、网游等新媒体和会展。上海网络游戏产值约占全国的30%。上海已跃居全国举办会展数量和场地面积最大的城市。几乎所有国际顶级咨询公司都已落户上海。上海动漫产业、网络视听等新媒体产业市场份额和产业规模居全国前列。2012年上海发布《上海推进文化和科技融合发展行动计划2012—2015》，一批文化创意与科技融合的园区企业涌现，张江国家自主创新示范区被认定为全国首批国家级文化和科技融合示范基地。

未来，上海推进文化创意产业发展仍将突出特色：一是实施文化科技融合行动计划，开展互联网影视、数字出版、立体电视等一批创新示范工程建设，建设张江国家级文化和科技融合示范基地等；二是深化创意设计中小企业融资服务试点，推动创意设计产业投融资基金联盟建设，提升发展上海文化产权交易所，引导文化创意企业加快上市；三是推动国家对外文化贸易基地等文化创意贸易服务平台建设，加快发展版权服务贸易和文化创意服务外包。

从全球地理位置上看，上海处于伦敦、纽约两大世界城市中间，上海正努力在中国崛起的过程中成为伦敦、纽约之外的文化产业的"第三极"，积极参与文化艺术领域的世界城市体系。

北京：环渤海文化产业带中心城市

北京的文化创意产业发展规划特色也极为明显：与首都、特大城市、世界城市的定位相适应。2003年的《北京城市空间发展战略研究》综合分析了世界特大城市，特别是首都城市的政治经济、城市文化、生态环境等方面的发展趋势，确定了《北京城市总体规划（2004—2020）》提出的国家首都、国际城市、文化名城和宜居城市的发展定位，把北京城市文化发展目标确定为"弘扬历史文化，保护历史文化名城，形成传统文化与现代文明交相辉映、具有高度包容性、多元化的世界文化名城，提高国际影响力”的城市。

与北京城市定位相适应，北京的文化创意产业发展的目标建立在如下的维度上：带动环渤海文化产业带、辐射影响全国、达到世界城市水准。

北京将文化创意产业定义为：“以创作、创造、创新为根本手段，以文化内容和创意成果为核心价值，以知识产权实现或消费为交易特征，为社会公众提供文化体验的具有内在联系的产业集群”。根据《北京市文化创意产业分类标准》，文化创意产业包括九个大类：文化艺术；新闻出版；广播、电视、电影；软件、网络及计算机服务；广告会展服务；艺术品交易；设计服务；旅游休闲娱乐服务以及其他辅助服务。①

2006年起，北京市先后公布了四批共30个文化创意产业集聚区，遍布16个主要区县。根据影响创意园区分布的资源禀赋和竞争力情况，大致分为四大类别：创意设计和技术研发类集聚区、动漫和影视制作类集聚区、数字娱乐和媒体运营类集聚区以及文化展示与交易和会议展览集聚区。

北京市发改委发布的数据显示，从2005年至2010年，北京市文化创意产业增加值从674.1亿元增加到1697.7亿元，占北京生产总值GDP比重从9.7%提高到12%；年均增速高达20.3%，成为北京服务业中的第三大支柱产业。北京文化创意产业高度聚集在海淀、朝阳、东城、西城四城区②。

按照规划，北京市到2015年实现文化创意产业增加值翻一番，占全市GDP的比重力争达到15%，成为首都的战略性支柱产业；到2020年，北京将率先建成现代文化产业体系，不断提高发展的质量，文化创意产业增加值占全市GDP比重力争达到18%，整体实力和国际竞争力位居全国前列③。

创办于2006年的中国北京国际文化创意产业博览会，每年举办一次，是中国政府贯彻实施发展文化产业国家战略，发挥首都作为全国文化中心、科技创新中心和国际交往中心的独特资源优势，在北京搭建的国家级文化创意产业国际交流与合作平台。

---

① 北京市统计局：《文化创意产业分类标准》，2011。

② 张景华、杜弋鹏：《北京文化创意产业年均增速20%　占生产总值12%》，《光明日报》2012年1月6日。

③ 黄海：《2012年北京文化创意产业收入预计突破万亿》，新华网，2012年1月5日。

作为文化创意产业发展的重要根基，北京拥有国家文化中心、世界城市的发展目标，拥有高校云集和产业聚集优势。而在创意城市和创意氛围方面，北京像诸多大城市一样，面临着交通拥挤、生活压力加大、房租上涨、大气污染等不利因素，这些会威胁到创意人才和创意阶层的生长环境，需要北京市进行及早应对和规划。

广州：珠三角文化产业带中心城市

2011年，广州市研究和制定了《广州市文化产业发展规划》，计划用5年时间基本形成完善的文化产业市场体系及文化产业发展配套政策和管理机制，重点培养一批骨干企业，以市场机制推动文化产业做强、做大，促进与高新技术相结合新文化业态长足发展，形成差异发展、互为支撑，布局合理的文化产业集群。到2015年，打造20到30个较有影响的文化产业示范园区。

广州确定重点发展文化会展、广告、新闻出版等三大主导行业，做大做强文化旅游、广播电视电影、文化贸易、文化产品制造等四大传统优势行业，着力培养网游动漫、创意设计、新媒体等三大新兴行业①，以优势战略、创新战略提升文化创意产业实力。

对于战略新兴产业，广州加大扶持力度，打造比较优势。广州市委市政府决心“要像抓汽车产业一样抓动漫产业”。“十一五”期间，广州将软件和动漫产业列为广州高新技术产业发展的突破口，并出台了一系列专门政策扶持网游动漫产业的发展。从2007年起5年内，每年安排1.5亿元资金设立广州市软件和动漫产业发展资金。广州网络游戏开发和运营能力、动画制作和发行能力、漫画杂志发行量以及衍生物的生产能力和交易量在全国都名列前茅。

广州出现了一批在国内乃至国际上有一定影响的原创品牌，如广东原创动力公司的《喜羊羊和灰太狼》；广州漫友文化占全国漫画书市场30%以上的市场份额；在网络游戏领域，网易、光通、世纪龙的网络游戏产值就占全国的30%。国内网络游戏公司按收入和上线产品指标，排名前五的企业中广州占了3家，其中电子游戏产品产业的国内市

---

① 王晓玲：《中国广州文化创意产业发展报告(2010)》，社会科学文献出版社2010年版。

场占有率为 50%。

广州网游动漫产业在欧美日韩企业的一统天下中杀出重围。据统计,目前广州从事网络游戏、动漫业务的企业有 70 家,从业人员 1.2 万人左右。2006 年,仅天河软件园区网游动漫企业销售总收入就达到 40 亿元,约占全国的 35%①。

被誉为"中国动漫第一奖""华语动漫奥斯卡"的金龙奖正式落户广州,有力地提升了广州动漫产业在全国乃至全球的地位。

表 7.2　京沪穗文化产业分类及特色

	上海	北京	广州
分类	文化创意服务业和文化创意相关产业两大部分;文化创意服务业分为 10 类	文化创意产业分为 9 类	文化创意产业分为主导行业、传统优势行业、新兴行业共 10 类
共同	• 媒体业 • 广告与会展服务 • 工业设计;建筑设计 • 休闲娱乐服务网络信息 • 艺术业 • 软件与计算机服务	• 新闻出版;广播、电视、电影 • 广告会展服务 • 设计服务 • 旅游休闲娱乐服务 • 艺术品交易 • 软件、网络及计算机服务	• 新闻出版;广播电视电影 • 文化会展;广告 • 创意设计 • 文化旅游 • 文化贸易
特色	• 时尚创意;咨询服务	• 文化艺术	• 文化产品制造 • 网游动漫;新媒体

将上海、北京、广州的文化创意产业情况进行横向比较,可以发现,作为三大文化产业带的中心城市,在文化创意产业规划布局上主要的门类都大体相同。这也是与中心城市具备较好的文化资源、要素、支撑条件、需求、政府重视、机遇较多等条件相关,使之能够在整体上具备优势,成为文化带的增长极,也具备对外辐射和影响的作用。

此外,在文化创意产业综合实力的竞合之下,三座城市对于自身

① 《广州文化创意产业领全国风骚　促进经济增长》,大洋网,2011 年 9 月 26 日。

的特色产业的布局也体现了各自的特色。

像上海的“时尚创意”，就是北京和广州所未规划的门类，这与上海的城市气质是相符合的。上海一直有“东方巴黎”的称谓，“夜上海”更是对上海时尚魅力的一个侧写。在内地城市中，上海对于时尚潮流最为敏感、基础最为扎实，具备创造时尚生活潮流并向全国辐射的能力。

北京作为全国文化中心，聚集了大量的文化创作人才、文艺大师以及艺术院校、院团、馆所，创作氛围浓厚。因此，“文化艺术”作为北京特色产业规划，能够更好地为艺术家提供创作环境和支持，掌握文化创意产业前端的竞争力。

而广州的主导、传统优势、新兴产业的区分，表明了对自身资源、竞争力的现实判断，而其特色门类中规划网游动漫、新媒体，一是基于其动漫、新媒体产业在城市的聚集，一是基于传统优势产业向新兴产业转型，确定新兴产业优势的思路确定。

7.2 香港：背靠内地面向亚洲

香港多个创意行业，包括广告、电影、流行音乐等，在发达的都市经济和市民社会的支持下，获得长期的发展，在华语区形成品牌；而香港在回归祖国之后，实施“一国两制”，使香港社会在信息和创作自由、社会多元化、人才等方面为文化创意产业的进一步发展打造了基础设施。可以说，背靠内地、面向亚洲，是香港特色文创产业培育发展的主要路径。

2003 年的《香港创意产业基线研究》将香港创意产业生产系统分为三个组别、11 个类别。三个组别为：文化艺术类、电子媒体类和设计类，具体包括广告、建筑、制造品、古董及手工艺品、设计、数码娱乐、电视与视像、音乐、表演艺术、出版、软件与电子计算、电视与电台等 11 个类别。基本借鉴了英国的创意产业分类（参见表 4.3）。

在此基础上，香港特区政府积极支持香港发展已经具备竞争优势的产业，以巩固在亚洲的领导地位，迎接区内的新竞争对手。

香港电影就是这样一个曾经极富优势的产业。香港被称为“东方好莱坞”，位于香港尖沙咀的星光大道，仿照美国好莱坞的星光大道建设，体现的就是香港作为“东方好莱坞”的自信。这自然成为香港在华语区内最为重视的文化创意产业之一。

香港电影工业不仅具备本土特色，还开创出戏曲片、功夫片、警匪片、色情片等类型。

警匪片电影是香港电影的特色之一，独特的剧情，极具地域和导演个人风格，凝结着香港电影的特有情怀。从吴宇森的《英雄本色》《喋血双雄》，到《无间道》《三岔口》，再到《证人》《寒战》等，香港电影警匪片的品牌难以超越。

武侠、动作片方面，徐克的《狄仁杰前传》、罗永昌的《金刚王》、张之亮的《白发魔女之明月天国》都是代表。

作为港片重要类型的风月片，一直是香港本土电影有竞争力的类型之一。由于投资较小，更能够基于香港投资制作而保留“港味”。2011 年《3D 肉蒲团》大获全胜后，香港情色片开始成为热点，2012 年有《一路向西》《喜爱夜蒲》等。上述影片在获得市场和观众认可后，纷纷展开续集拍摄。由彭浩翔执导，杜汶泽、余文乐等主演的《飞虎出征》也是一部以“重口”为噱头的“低俗”喜剧。另外，《猛龙特囧》《十大奇案之人肉叉烧包》等重口味影片也提上拍摄日程。在 2013 年第 37 届香港国际电影节上，“重口味”影片甚至成为一道景观，在香港国际影视展(FILMART)上，有一部电影直接就命名为《重口味》。在其展位上张贴出来的海报中，一位身材惹火的女郎身穿捆绑式情趣内衣，站在一众男女面前，场面异常香艳暧昧。

由于电影分级的原因，上述影片无法在内地公映，但也因此吸引不少内地游客到香港观影。

电影类型上的创新和作品上的突破，使香港电影不仅在本埠风光一时，还深深吸引东南亚、内地和台湾观众，市场辐射力极强，成为区内最具竞争力的电影产业。

在香港电影的黄金时期①，年产电影百部以上，其中 1993 年更是

① 20 世纪 70 年代末至 80 年代初，香港兴起了电影“新浪潮”，徐克、许鞍华、方育平、章国明、谭家明等导演以崭新的电影语言、本土化的创作视角，表现香港青年人的价值观、道德观与艺术审美，展现香港社会的现象风气及情怀，在冲击传统香港电影的同时也为繁荣时期的香港电影储备了人才、拓宽了题材、提升了人文涵养与艺术审美水平。上世纪 80 年代被誉为香港电影的“黄金十年”。

达到创纪录的234部。但是,在“黄金十年”之后,香港电影由盛而衰,数量和质量都出现严重的衰退。近年来,香港全年只有50部左右港产电影,票房份额约在20%左右。恢复香港电影的荣光,是头等的任务。

2005年初,香港将八大影视创意展会整合成“香港影视娱乐博览”,以形成合力确立区域产业影响力;2007年4月,香港特区政府成立香港电影发展局,并拨款3亿港元成立电影发展基金帮助解决电影制作融资、海外推广和人才培训等问题。

电影发展基金资助电影制作和其他电影相关计划。“电影制作融资计划”资助的对象为拟在香港电影院作商业放映的剧情电影,预算制作费不超过1500万港元。发展基金提供的融资的上限为预算制作费的35%(特殊情况可达40%)。获得资助的电影项目应当在商业上可行,并得到令政府满意的第三方融资;电影项目的监制、导演、编剧和男女主角每类最少有1名为香港永久性居民。

“电影制作融资计划”自2007年10月推出以来,共收到67项融资申请,批准了其中27项,拨款共约7539万港元。这27部电影中有15部为导演的处女作,为培育电影导演新人提供了支持。资助的电影类型包括喜剧、动画、动作、音乐剧、爱情小品、励志片、伦理及悬疑片等。

电影发展基金还资助其他有利于香港电影业发展的相关计划,包括:

举办电影盛会。包括香港贸易发展局的香港影视娱乐博览;香港国际电影节协会有限公司的香港亚洲电影投资会和亚洲电影大奖;香港电影金像奖颁奖典礼等。

资助香港电影参加国际影展。共有93部电影获资助参加戛纳国际电影节、威尼斯国际电影节、多伦多电影节、釜山电影节、柏林电影节、BFI伦敦同志电影节等。

迄今已有94项计划获得资助,拨款超过1.6亿港元[①]。香港特区审计署2012年11月发表的报告指出,香港电影发展基金整体融资收回率为44.2%。提供融资的10部电影,政府无法收回部分或全部融

---

① 数据来源:香港特区政府电影发展局网站,截至2013年4月15日。

资，其中一部电影，政府提供近300万港元融资，但无法收回任何金钱。电影发展基金每年开支约3800万元，拨款将于2015年年中前耗尽[①]。

香港电影市场狭小，2012年电影票房过15.5亿港元（合12.46亿元人民币[②]），当年内地电影票房超过170亿元，北京市电影票房超过16亿元。这使香港电影难以形成产业级别的发展，开拓市场成为其要务。竞合的战略价值由此体现。

2003年CEPA的实施，与内地的更紧密合作关系使香港电影得以进军13亿潜在观众的市场，在世界上最有潜力的电影市场上深耕细作。这成为香港电影复兴的历史机遇。依托内地市场，越来越多的香港导演进入票房的"亿元""十亿元"俱乐部，香港电影人的市场和艺术才华以及香港电影品牌有了广阔的施展空间。据中国电影合作制片公司统计，2001年至2012年6月30日，中外合拍故事片总数为433部，其中与香港合拍288部，占67%。

在逐渐恢复元气之后，香港电影开始收复曾经的市场。2008年年底，香港电影发展局正式推出名为"香港电影NEW ACTION"的大型推广计划，协助香港电影向内地及东南亚市场拓展，推介香港新生代导演，传播香港电影品牌，拓展香港电影市场的规模。

20世纪60年代到90年代中期，香港电影在新加坡、马来西亚及中国台湾地区颇受欢迎。但随着这些市场被好莱坞电影垄断，香港电影上映的数量受限、票房不佳。"香港电影NEW ACTION"项目算得上是重塑香港电影形象、重振港片在东南亚市场竞争力的举措。其路径是让目标市场的买家、发行商、制片商等与香港电影创作人士直接交流，从而令他们对港产片有新的认识和新的兴趣。

内地加上东南亚市场，香港电影面临的市场规模极富想象空间。而这也正是香港优势的电影产业与好莱坞竞争的新疆场。可以说，在这个市场上，香港电影更具语言、文化和地缘上的优势。香港电影能否重振旗鼓，收复失去的东南亚市场，并借助内地市场创造华语电影的新的文化和商业高峰？值得期待。

---

① 李海元：《香港电影发展基金融资收回率仅四成》，人民网，2012年11月14日。

② 按2012年12月31日汇率计算，1港元＝0.8045元。

7.3 台湾:旗舰产业和创意生活

由于地域狭小,市场空间有限,因此台湾提出构建“华语世界创意领先地位”,通过创意走向更广阔的市场空间。台湾文化创意产业规划对于重点门类和发展模式的选择,体现了努力认识台湾的文化特色,并以此构建比较竞争优势的思路。

7.3.1 由三大圈层到六大旗舰

台湾地区在文化创意产业的路径选择上,注重从自身文化资源特色出发构建文化创意产业的核心竞争力;对于文化创意产业的拓展路径,是由华文文化圈向亚太再向国际,逐步扩大台湾文创产业的影响和市场规模。

在《挑战 2008:台湾发展重点计划》中,“文化创意产业”的发展重点包括核心产业、应用产业和外围产业三类。核心产业以精致艺术的创作与发表为主;在文化艺术核心基础上的应用艺术类型为应用产业;支持上述产业之相关部门为外围产业。具体门类如图 7.3:

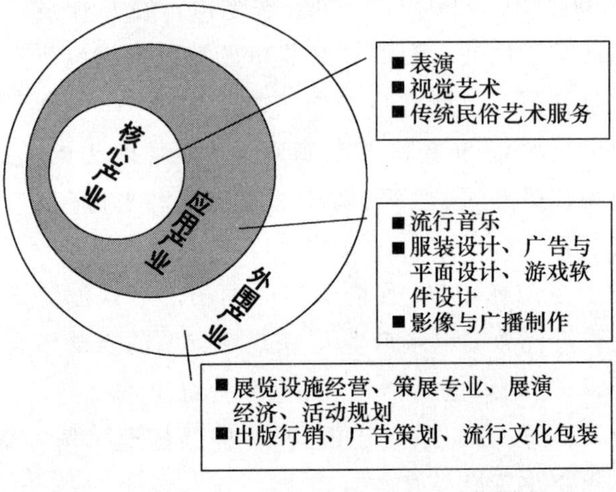

图 7.3　台湾地区文化创意产业发展重点(2002)

从这个圈层结构可以看到,台湾的文化创意产业发展的次序是由精致艺术、流行文化(大众文化)到文化营销传播,较为合理地确定了文化创作是源头，是核心，应优先辅导和培育。由此可以看到台湾地区对文化核心竞争力的理解。

在应用产业的层次来看，台湾的流行音乐、影视等流行文化和大众文化，本身在华文文化圈内已经具有一定的创作和品牌优势。邓丽君的歌曲曾经风靡华人地区，成为特殊时期维系全球华人情感的纽带。她的影响延及至今，香港天后王菲专门有翻唱邓丽君歌曲的专辑《菲靡靡之音》。2012 年，邓丽君诞辰 60 周年之际，华语歌坛掀起新一轮纪念浪潮，众多新人翻唱邓氏经典情歌，并进行全球巡演。台湾地区的费翔、张惠妹、小虎队等等，无一不在华语乐坛形成了强大而持续的冲击波。

而台湾的影视剧，如改编自台湾民间故事《疯女十八年》的《妈妈再爱我一次》（陈朱煌导演、富祥公司 1988 年出品），成为席卷大陆的超级“泪弹”；改编自日本漫画的《流星花园》（2001）迷倒大陆少男少女，开启了偶像剧旋风，也有人评论说开启了大陆“男色消费”时代；近年来的《海角七号》（魏德圣导演、果子电影 2008 年出品）、《那些年，我们一起追的女孩》（九把刀导演、群星瑞智艺能 2011 年出品），则掀起了华语影坛“小清新”的审美风潮。

出版领域，琼瑶、三毛、席绢、蔡志忠等作家，构成了华语地区一代又一代青少年的阅读图谱。琼瑶作品《还珠格格》与湖南卫视拍摄的电视连续剧，以古装、爱情、叛逆、青春、偶像为卖点，自 1997 年播出以来，风靡华语区，成为青少年的集体记忆。这些已经在华语区具备优势和品牌的产业，通过规划进一步巩固并提升竞争力，是明智的思路。

在 2009 年的《创意台湾——文化创意产业发展方案》中，台湾的文化创意规划有了进一步的升级，即由三个圈层进一步聚焦到六大产业旗舰，包括电视内容、电影、流行音乐、数字内容、设计、工艺等。选择旗舰产业的标准是“较为成熟、具有发展潜力”。这是在《挑战 2008：台湾发展重点计划》执行六年之后，台湾文化创意产业的特色和优势产业进一步发展和明确的基础上作出的。方案所确定的六大旗舰已经成为台湾相对具有竞争优势的产业。

表 7.3　台湾地区文创产业发展重点对比

规划名称	《挑战 2008：台湾发展重点计划》(2002)	《创意台湾：文化创意产业发展方案》(2009)
核心内容	• 确定三大类、15 个发展重点	• 培育六大产业旗舰
发展重点	• 核心产业：表演、视觉艺术、传统民俗艺术等 • 应用产业：流行音乐、服装设计、广告与平面设计、影像与广播制作、游戏软件设计等 • 外围产业：展览设施经营、策展专业、展演经济、活动规划、出版行销、广告策划、流行文化包装等	• 电视内容 • 电影 • 流行音乐 • 数字内容 • 设计 • 工艺

与《挑战 2008：台湾发展重点计划》重视整体规划相比，《创意台湾——文化创意产业发展方案》更注重核心竞争优势的打造，将产业发展重点由三层 15 个集中到 6 个；并且以"旗舰"来作为其产业发展目标，体现了重点突出、资源倾斜的战略意图。

虽然数量更为集中，但是规划并非简单地做减法，事实上是有减有增有整合。增加的旗舰包括：数字内容和工艺。这种发展思路进一步明确了台湾文化创意产业发展的重点，也即表明了政策层面对于台湾文化创意产业核心优势和竞争力的判断。

另外，台湾规划发展文化创意产业，打造六大旗舰，其目标市场按照台湾—华文地区—国际的层次推进，体现了台湾文化创意产业发展对自身市场和比较优势的认识。

台湾地区为岛屿地形，人口和市场规模并不大。因此，在经济腾飞时期，其经济发展也是以出口外贸为主。站在文化创意产业的层次上来看，现代文化产业存在经济收入和文化影响两个效益维度，因此同样需要重视文化创意产品和服务的出口。

台湾的文化创意产品除了满足本土市场的需求之外，其文化创意产品和服务必然要走向更广阔的市场。

如果直接面对国际市场，由于语言、文化传统的不同，加上国际市场上已经形成以西方文化创意产业和跨国企业主导的格局，进入门槛高、竞争强度大，台湾文化创意产业在文化和产业上均不占优势。因此,其首选的市场应该是文化传统、语言共通的华语圈,特别是大陆市场。在华语地区,香港的文化创意产业同样面临市场狭小的问题。但香港背靠内地,并在文化创意产业上与内地形成“和而不同”的互补关系,有效地解决了其文化创意产业的市场问题。

当然,随着大陆的改革开放,文化创意产业在不断地发展,竞争力在不断增强,有实力的文创企业在不断成长。而国际文化创意产业同样意识到中国市场的巨大,不断增加对于中国市场的营销和经营,市场份额不断增加。台湾文化创意产业同样需要从市场拓展和竞争的角度来确立自身的特色和优势。例如,符合华人生活方式的设计和精致生活,具有华语文化内核的作品等,这些都是同为华人族群的台湾业者比西方人更深入了解和掌握的,能够近水楼台先得月。

规划这六大文创产业旗舰的发展目标是“立足台湾,开拓大陆市场,进军国际,使台湾成为亚太文创产业汇流中心”。

7.3.2 台湾创造:创意生活

在通常的文化创意产业分类中,虽然都注重文化创意产业对传统经济部门的文化增值和创意激活,但并没有单独设立“创意生活产业”门类。而这正是台湾文化创意产业最具特色和创新性的门类。

台湾的“创意生活产业”指向日常生活,包括饮食文化体验、生活教育体验、自然生态体验、流行时尚体验、心灵空间体验、工艺文化体验等内容。创意生活产业“以创意整合生活产业之核心知识,提供具有深度体验及高质美感”,把创意的元素集成到食、衣、住、行、育、乐之中,是文化创意与日常生活相融合的实践。很多到过台湾的游客都会感叹其生活的精致、细节的舒适,这正是台湾创意生活实践的结果。创意生活实际上已经不再是某件实在的商品,而是一种氛围、体验,正如到巴黎所感受到的浪漫、到纽约感受到的时尚等等。因此,创意生活产业已被认为是未来台湾对国际人士最具吸引力的新特色产业。

创意生活产业不仅吸引观光和游客、持续促进产业转型升级,更促进民众生活品位品质的提升,以文化创意理念改善民众生活、提升生活享受。

“创意生活产业”始于20世纪90年代台当局“文建会”将文化建

设落实到社区营造，21 世纪进而重点推广"生活美学运动"，旨在"培育一般大众对日常生活中的视觉环境中的一切，有判别美感高下的能力；从而改造视觉环境的美感品质，并进一步为美所感动；最终达到提升精神生活品质、净化心灵的目的"[①]。"创意生活产业"的出现，表明台湾由制造转入创意，由生产转入消费，是一种结构性的转换。同时也使台湾在华语地区和亚洲地区具备了独特的文化氛围和情调。也就是说，创意生活产业的出现，既体现了台湾通过文创产业带动传统优势制造业的升级转型，也使文化创意产业实践与民众生活和社会景观达成更紧密的结合。

如今，台湾知名的创意生活品牌不胜枚举，包括胜洋水草休闲农场、伍角船板餐厅、新港香艺园、理想大地渡假饭店、牛耳艺术渡假村、华陶窑、新港乡板头社区等。

新港香艺园运用传统制香技艺，倡导健康品香，推广香艺文化，打造游客的"传香之家"。香艺餐厅以辛香类中草药、檀香、沉香，由主厨创意调配清香扑鼻、健康养生的菜肴，满足游客色、香、味俱全的需求。"名香夜宿"以香为主题，设计不同风格的"香屋"，让游客伴随淡雅清香幽然入梦。预计 2013 年参观体验游客将增加至 50 万。

板头社区将一间位于稻田间的旧厂房，改造成融合艺术与自然景观陶制工业园区。园区里设有陶制工艺馆、体验工坊、传统手工艺教学、创意产品专卖店及餐厅，游客在欣赏精美的陶制作品的同时，参与制陶体验。该园区推出创意生活产业后，年参观人数达 2 万人次，年营收 300 多万新台币[②]。

据台湾《远见》杂志进行的台湾首份"文化创意产业调查"[③]，"创意生活产业"被认为是台湾最具发展潜力、能够走向世界的文化创意产业。排在其后的是表演艺术、设计、工艺、数码内容。

可以说，台湾的创意生活产业是将文化创意产业实践导入日常生活，使民众的生活更美、更精致，呈现一个别致的台湾社会形象。从产

① 汉宝德：《生活美学运动的意义》，http://www.npf.org.tw/post/3/8480。

② 韩胜宝、陈立宇：《台湾创意生活产业有异军突起之势》，中国新闻社，2011 年 11 月 3 日。

③ 范荣靖：《台湾文创成绩》，《远见》2009 年第 8 期。

业角度来说，则是将流水线式的文化工业转变为由创意主导的多样化、差异化生产，从而带给消费者不同的消费体验。学界认为，其产业核心概念来源于体验经济。

体验经济学认为，消费者进行消费时，购买的是一种精神文化生活体验，它们来自企业提供或打造的特殊氛围下的一系列值得回忆的环节，而不仅仅是单纯的产品或者服务。

因此，虽然创意生活产出的仍然是衣、食、住、行等产品和服务内容，但其中的观念、模式、价值已经发生了很大的变化，文化创意因素的注入，产生了极大的增值空间，使消费者获得了更美、更幸福的生活体验。

如今，到台湾观光的游客都会对台湾街道的整洁干净和民众的彬彬有礼、创意丰富印象深刻。台湾地区文化部门负责人龙应台对此阐述说，正在思考"如何让文化资源真正渗透台湾 7835 个村落，如何充分照顾占据人口总数 13% 的退休人口的文化生活，如何使一个个都是'台湾珍宝'的孩子们，成为创意充沛、素养深厚的公民"。在她眼中，文化是"随便一个人迎面走来，他的举手投足，一颦一笑，他的整体气质、品位、道德、智慧是文化积累的总和；文化是代代累积沉淀的习惯和信念，渗透在生活的实践中；文化使互不相干的陌生人成为'同胞'，彼此扶持，相互承担……"[①]同样表达的是文化创意对民众生活品质和素质的提升。

"创意生活产业"在台湾的提出和实践，使民众不仅仅是文化创意产业和产品的消费者。文化创意成果深入民众生活，使文化创意产业发展获得了更广泛的价值认同。

① 《台湾有了"文化部"》，《新民周刊》2012 年 6 月 14 日。

第八章　区域竞争力的构建

来自西方发达文化创意产业的竞争一度冲击了华语文创产业的生存,但是,经过痛苦的休克期,华语文创产业通过学习而逐渐重建与西方产业强国同台竞争的资格和能力。在经历了休克、复苏之后,学习必然将华语文创产业带到超越的关口。而认清优势、构建区域竞争力成为共识。

8.1　文化资源整合与转化

就华语文化区而言,文化资源、文化市场的优势是显而易见的,并且随着文化创意产业市场和生产体系全球化,越来越显现出其价值。

在全球化的语境下,文化资源不再是其发源地的独家专利,文化市场也自然会融入世界市场。因此,如何使资源优势和市场优势转化为市场竞争力,是华语文化创意产业需要思考的重要问题。

通过资源整合形成统一的华语文创市场,这是华语文化创意产业的先天优势和竞争保障。

14 亿人的华语市场强烈地吸引着以好莱坞电影为代表的西方文创竞争者。好莱坞不仅以其创新的电影模式和路径塑造华语电影观众的欣赏口味,还逐渐在电影中加入华语元素、符号,增加其接近性,并由此对华语区的文化资源进行再创造,其目的在于以全球体系整合地方资源和市场。

中国乐府“双璧”之一的《木兰辞》被迪斯尼改编为动画片*Mulan*（花木兰），全球票房超过三亿美元。据媒体报道，迪斯尼公司为此准备了三年、拍摄了五年。迪斯尼特别派出一组创作人员赴中国内地进行实地考察和研究，走访北京、大同、西安、洛阳、敦煌等文化名城，参观各地博物馆、美术馆，收集了大量的资料；几百名迪斯尼动画师不惜花大量时间，学习中国传统艺术所讲究的凝练传神的艺术风格和平衡和谐的艺术哲学，琢磨模仿中国国画的画风和手法。[①] 迪斯尼使得“木兰”成为流行的中国符号。但是，从文化创新的角度来看，它已经是被注入好莱坞视角的中国文化符号；从文化产业的角度来看，华语区坐拥海量文化资源，但对文化资源的市场开发和创新能力显然疲弱。

这表明，文化创意产业领域正在发生某种与经济领域相似的格局塑造：以美国为代表的西方国家，凭借经济、政治、科技等硬实力要素的优势，顺理成章地建立起在文化创意产业领域的优势；而中国等文化创意产业发展中国家虽然拥有丰富的文化资源，但由于文化创意产业实力较弱，文化资源无法顺利地转化为市场资源，并在传播和消费中获得当代意义和认同，从而在全球文化创意产业格局中主要成为西方文化创意产业的文化代工者和目标市场。

这种格局塑造的后果是令人担忧的：在经济领域，尽管中国已经成为仅次于美国的全球第二大经济体，但在全球经济分工体系中，处于制造业的低端，付出巨大的资源和环境代价；那么，在文化创意领域，如何避免再度被嵌入全球文化创意产业体系低端的可能？如何避免再度进入“微笑曲线”的低附加值部分？

华语区文化创意产业的选择，首先是学习。

学习，并非纸上谈兵，而是通过市场开放、产品服务进口，让本土文创产业与西方文创产业同台竞技。从最初的情形来看，华语区都遭受到“休克式”的冲击。

香港电影在好莱坞电影的冲击下，丧失了传统的东南亚市场，本地票房的份额也减少到20%左右；台湾地区电影市场更是被好莱坞八大发行公司直接瓜分，“国片”在影院的排片、宣传都远远不及进口影

① 郭素娥：《同是花木兰　票房大不同》，《中国文化报》2009年12月23日。

片的力度，逐渐被边缘化，本地票房的份额在5%左右；在内地市场，虽然十年来国产影片的票房略多于进口电影，平均本地票房份额为55%，但如果考虑到上映的国产影片数量和进口影片的数量，以及分账大片配额制度，问题的实质也是清晰的。在重重保护之下，能否守住票房份额的半壁江山，每年都会牵动管理层和业界的神经。

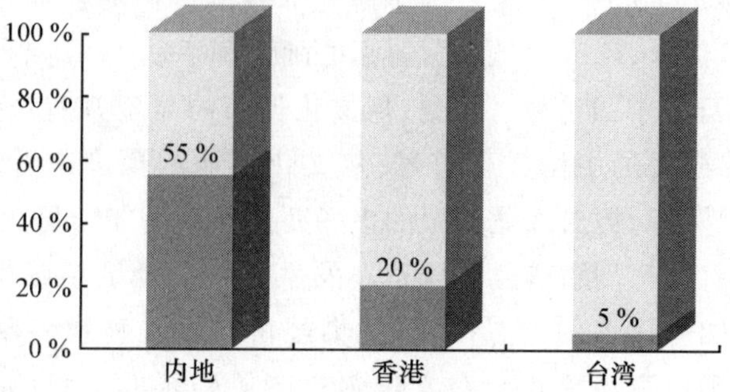

图 8.1　华语区本土电影票房份额

出版业也是如此，1992 年中国加入《世界版权公约(Universal Copyright Convention)》后，版权引进进入合法轨道，引进数量和类型都在不断扩大。多年来我国图书进出口贸易的逆差约为10∶1，面对欧美的逆差则达100∶1以上。近年来逆差在逐渐缩小，但从绝对数量上来看，版权引进仍远远大于输出的数量。引进的类型也由文学向科技、电脑、生活、少儿等领域全面扩张。贸易上的逆差滋生了读者的阅读偏好。从J. K. 罗琳的“哈利 · 波特”系列一部部在中国畅销，全球同步上市、衍生品、保密营销等运营模式让中国出版界和读者开了眼界，中国的哈迷们和全球哈迷一起期待新一部作品的出版。当英文版问世之后，立即有志愿者开始在网上翻译，让望眼欲穿的哈迷先“解渴”。到2004 年，一本管理类畅销书《没有任何借口》风靡一时，这本由机械工业出版社出版的书，署名“美国费拉尔 · 凯普”著，上市10 个月销量突破200 万册，成为企业员工培训的宝典。而实际上，此书既非由美国引进，也非由美国作者撰写，其实就是国内作者炮制出来的。但是穿上美国作者的“马甲”后，竟然成为畅销书，“伪书”现象背后透露的从出版者到读者的文化媚外心态，实在不容小视。

在演出方面，作为世界文化大国之一，我国的表演艺术团体和人员数量之众堪称世界之最。然而，我国目前全部出国商演的年收入不及 1 亿美元，而加拿大太阳马戏团一年的海外演出收入就达到了这个数目。

在动漫方面，2006 年全国动画节目需求量达到 100 万分钟，而国产动画片产量仅为 8.5 万分钟，不足需求量的 1/10，造成“洋卡通”称霸市场的局面。

在同台竞争中，华语区的文化创意业者以“拿来主义”的态度，学习和借鉴这些电影制度。然而，这些再现代化的手段也毕竟只是手段，是文化的器物层次、规范层次，而文化产品的内容及其所传达的精神要素，才是其核心所在。

因此，在学习之后，必然要思考超越的问题。

或者有人并不认为这是一个问题。“越是民族的，越是世界的”，这一理念无疑是正确的，但为什么《花木兰》没有在华语电影人手中变为世界的，而是由好莱坞把她变成世界的了呢？在 1998 年花木兰被烙上迪斯尼的印记后 11 年，华语电影人拍摄的故事片《花木兰》上映。这部由赵薇主演、马楚成导演的商业大片，引发的舆论关注远远超过票房、电影本身。包括美国《时代周刊》在内的众多媒体都把此举看做是中国向好莱坞“要回”属于自己的文化符号的象征。

回到华语区内市场，好莱坞电影不仅将香港、台湾电影挤出东南亚市场，还在大陆、香港、台湾市场都对本土电影造成生存危机。那么，华语区电影观众其观影偏好可能更优于好莱坞式的大片。那么，可能遇到的问题并不比上一个简单：国产的好莱坞与好莱坞电影直接竞争，是否具备优势？

华语区的导演，运用西方电影手段拍摄的电影，如何表达中国故事、烙上中国特色？

一个典型的例子就是张艺谋的《金陵十三钗》。故事取材于中国作家严歌苓的小说，讲述的是南京沦陷期间，秦淮河上的风尘女子以自己的身体和生命换取女学生的贞操和生命的故事。这部筹备 4 年、投资 6 亿元人民币的商业大片，在开拍时就确定冲击奥斯卡最佳电影、男女演员等奖项。为此，影片男一号由好莱坞男星扮演，并使用了大量的英语对白；而为了使故事的本土性更为鲜明，片中使用了旗袍、南京话等文化元素。影片在国内市场取得了超过 6 亿元的票房，但相比其投资和营销费用，投入产出并不理想。

产业上如此，文化上也值得深思：张艺谋按照好莱坞模式打造出来的大片最终没有获得奥斯卡的任何一项提名；而在南京上映时，这部讲述战争和灾难的影片却引发观众笑场——并非南京观众的历史观出了问题，而在于片中的秦淮话讲得不地道而滑稽。

《金陵十三钗》隐喻了当下华语文化创意产业的一种尴尬和纠结：既想以西方的文化创意产业模式参与世界对话；又想保存和展现有特色的历史文化之根。而常常的结果就是两头不讨好。

因此，发展文化创意产业是中华文化面临的一个历史性的战略机遇，而如果完全地追随西方文化创意产业，可能会缺乏产业核心竞争力，其结果不外是拱手让出市场，并在全球文化创意分工体系中再度处于低端的制造地位；而精心打造的民族文化精品则在海外市场无人理解、无人喝彩。如果说，在全球经济体系中，以低端制造业还能够发挥劳动力成本优势、完成资本积累的话，在文化创意产业体系中处于低端就意味着丧失文化创意产业所支持的文化影响力。这一结果对中华文化的自信和自觉是灾难性的。

正因此，在文化创意产业的发展战略上，需要扎扎实实地把华语市场吃透、站稳脚跟。试想，一个 14 亿华人的市场，其产业诱惑力和文化诱惑力都是惊人的。按照迈克尔·波特的竞争力的钻石模型，如果本地需求都无法满足，那么如何去满足已被好莱坞培养得极为挑剔的外国受众？其结果无外乎是放弃本土市场、失去海外市场。无论基于产业还是文化，这都是最大的损失。华语市场已经成为全球文化创意产业竞争的热点，华语文化创意产业更应当利用自己的文化基因，在华语市场打出独特的品牌。再由此走向海外市场，面向海外受众。

面对当下的文化传播格局，华语文化创意产业有必要立足华语区，面向青年，使历史悠久的文化传统更自然而深刻地存在于现实生活和当下历史中，以获得现代形态和当代意义。而在这一过程中，大陆文创、香港文创、台湾文创有可能整合成为华语文创，形成强大的本地竞争力、文化创新力。

不难看到，华语文化圈在其文化的积累和产业手段的介入之下，开始出现亮点:2012 年,大陆作家莫言获得诺贝尔文学奖;2013 年,台湾导演李安再度夺得奥斯卡最佳导演奖。这些点状的突破,使得华语文化创意产业的自信心得以增强,使世界对于中华文化的关注和认知得以提升。

这表明了学习的成果,表明了超越的可能性。但是,这仅仅是一个点状的突破,距离中华文化多点突破,甚至面上的全面繁荣复兴尚有很长的距离。华语文创产业既要重视市场份额、产业手段,更要重视通过文化创意产业的手段对华语文化进行传承与发展;既要了解海外以至全球市场的流行文化潮流,也要重视华语文化圈的文化消费特点;既要从大国战略上重视华语文化创意产业与西方文化创意产业的学习与超越,也要重视华语文化创意圈内的竞争与合作;通过华语文化创意产业的竞合,形成文化的交流、文化的自信、文化的品牌、文化的产业。

8.2　品牌塑造

从香港、台湾成为亚洲四小龙,到内地改革开放成为"中国制造"大国,华语区面临的产业转型处境是一致的,即如何由制造升级为创造。要实现产业转型和升级,必须通过文化创意产业为传统产业注入创新因子;同时文创产业自身更需要及早从打造品牌入手,避免沦为"文化代工"者。

8.2.1　自主品牌构建和推广

在华语区域内,在优势的文创产业门类,都应当致力于自主品牌的建设。

首先成为品牌的,应当是中国元素、中国符号。

对友好国家和地区,中国常常以赠送大熊猫作为外交和文化交流的手段,大大增进了各国民众特别是少年儿童对中国的好感和向往。

但令人遗憾的是,华语区文化创意产业至今没有创作出一个具备区域和全球影响力的熊猫形象,更不用说熊猫故事。按理说,拥有如此天然受少年儿童喜爱的动物形象,无论如何也能够设计出比老鼠、鸭子、羊、狼更受欢迎的卡通形象，开发出系列的影视剧、衍生品，甚至建立全球的熊猫主题公园。但是这些到目前仍然是设想。在北京申办亚运会、奥运会的过程中，熊猫卡通形象都未能被完美设计出来。而为1990年亚运会而在北京市建设的一处熊猫雕塑，完全没有展现出熊猫的憨态与可爱，面目甚至有些吓人。

当“梦工厂”2004年出品的《功夫熊猫》来到中国银幕上，熊猫与功夫的结合，令人叫绝。而功夫熊猫本身的憨态、贪吃，励志又令人喜爱。这封“写给中国的情书”令无数中国孩子和成年人喝彩，而中国电影人受到的震动是最大的。今后熊猫形象也许就会被固化为“梦工厂”的功夫熊猫。按照动漫产业的路线图，“梦工厂”会继续拍“功夫熊猫”系列，并且会推出衍生品、主题公园。2012年，“梦工厂”与华人文化产业投资基金合资的“东方梦工厂”落户上海，公司将制作电影《功夫熊猫3》，并将在上海打造一个包括“功夫熊猫主题馆”在内的大型城市文化集聚区。从中可以看到梦工厂对“功夫熊猫”的深耕。而此前，迪斯尼公司也确定在上海建设中国的第二座迪斯尼乐园。以市场、人力资源、资金换取品牌，这是华语文化创意产业培育世界级品牌的必经之路。而“东方梦工厂”能达到“梦工厂”品牌的几成影响力？仍然需要观察。但是可以肯定，合资使梦工厂的先进技术和创意流程来到中国，而能否将这些先进的流程和体系用于发掘、包装中国文化元素，是东方梦工厂能否确立品牌和全球影响力的关键所在。否则，难免沦为“梦工厂”在东方的一个制作中心。

华语区文化创意产业应当保持对自我文化的珍视，并寻找产业和创意途径使文化资源当代化、符号化、品牌化。否则，我们会不断经历好莱坞式的中国元素“出口转内销”，还会经受中华传统节日被人抢注世界文化遗产的尴尬。既失产业之利，更失文化之魂。

第二，应当推动华语区的文化艺术家成为文化品牌。

像姚明到NBA打球，成为出色的文化交流和传播者，出版自传《YAO》；演艺界的导演李安，演员周润发、成龙、章子怡等，通过好莱坞平台成为世界的品牌；莫言、李安更是摘得全球顶级文化奖项而成为世界知名的中华文化艺术家品牌。这些世界知名的文化艺术家，通过或者嵌入世界级的文化创意产业平台，从而抵达产业的高端。他们也能够将顶级平台的经验导入华语区，提升华语文化创意产业的创作和运营标准。而这种点状的突破会连成线，汇成面，最终实现华语文化艺术创意者的世界品牌。

第三是打造文化产品服务和企业品牌。

值得注意的是，在这里并非一味地鼓励华语文化创意产品和服务去夺奖、去输出，而是建立在本土市场的领导品牌地位。例如，韩剧就是以纯、爱、家庭、伦理、青春偶像等因素相加，成为在儒家文化圈被普遍接受的东方文化产品。我们已经欣喜地看到，台湾电影在2011年的复兴，以“小清新”的审美类型获得华语区观众的认可。魏德圣导演的《赛德克·巴莱》开创了大片承载台湾文化的路径。在好莱坞商业大片垄断的情形下，台湾电影带来了中华文化的审美体验，令人惊喜；大陆电影则在2012年获得更大的突破，在主旋律影片和商业武侠大片之外，光线传媒的喜剧《泰囧》创下国产票房的最新纪录，《致青春》《北京遇上西雅图》《西游降魔篇》等讲述中国故事的影片票房也屡创新高。这表明了新的华语影片的细分类型正在被发现和应用，观众正在恢复对于新一代华语电影、导演、演员的信心和品牌信赖。华语文创业一定要珍视这份信赖，不能以做项目的心态而是以做品牌的心态，来为受众呈现更丰富、更精彩的文化娱乐内容。

第四，注意华语文化品牌的积累和创新。

与人生的阶段和社会的阶段一样，文化娱乐需求也会出现某种“周而复始”，但是，它毕竟是“仿佛回到起始点的运动”，即便是同样的文化资源，在不同的受众和年代面前都需要创新。

就拿武侠为例，这是华语文化圈共同的文化类型。武侠小说在政治隔膜时代，成为一代代华人的文化纽带。而香港、台湾电影都有过武侠电影的黄金时期。香港嘉禾公司与李小龙的合作将“Kong Fu”一词带到英语中，《唐山大兄》《精武门》等成为华语功夫电影的独特类型。之后，内地与香港合拍的《少林寺》等武侠电影，又带动了一轮武侠电影热潮。香港电影黄金十年，洪金宝、成龙创新了功夫喜剧类型。

2001年，香港安乐公司和台湾的李安导演选择了武侠题材，但他们并非简单地重复过去。《卧虎藏龙》呈现了一种创新的华语武侠片的“奇观”：功夫、画面、侠义、明星，为新世纪的华语武侠大片进行了全新的定义。自2002年起，张艺谋导演的《英雄》、《十面埋伏》，冯小刚导演的《夜宴》等一批华语武侠大片登场。《英雄》以2100万美元向米拉麦克斯公司售出在北美、拉美、英国、意大利、澳大利亚和非洲的发行权，美方安排在2031块银幕上映，连续两周蝉联票房冠军，总票房达3525万美元，被美国媒体称为“中国最成功的一次文化出口”。

虽然华语武侠片对于华人而言，是一种喜闻乐见的文化类型，但如果没有一代代文化创意人对于华语武侠大片的创作、创新，它也许不会再度成为当下华人的文化娱乐内容。这就涉及文化资源的积累和创造的过程。

前面讲到，英国特色的流行音乐产业，历经甲壳虫乐队、辣妹乐队，虽然摇滚乐的脉络清晰，但艺术家们的唱风和类型不断在创新之中。

而“007”系列，通过不断的创新，使之适应冷战时期、后冷战时期、反恐时期，也许不久就会看到以斯诺登“棱镜门”为蓝本的剧情在“007”中登场。这种创新不仅仅是换帅气男主角、艳丽“邦女郎”和豪车那么简单，它是故事内核，是文化创新，这才是“007系列”能够延续23部之多而不衰的密码。“哈利·波特”系列出版七部图书、八部电影，落成主题乐园，风靡21世纪的第一个十年，显示了文化积累和创新的力量。

在华语区，这样的文化积累与创新也不少。最明显的就是春节的文化娱乐功能开发。

吃团圆饭、吃饺子是传统春节的主要内容。在短缺经济时代，春节的主题是以准备、制作、分享年夜饭为重点的器物文化。为春节注入文化消费创新的开创者为央视的春节联欢晚会。1983年首届央视春晚举办，反响强烈。经过30年的积累，央视春晚成为全球华人的文化“年夜饭”，看春晚成为新民俗。春晚在演出规模、演员阵容、播出时长和海内外观众收视率三个指标上都创下了全球之最。

央视春晚给华人带来了过年团圆的传媒体验，也成为收视高地。各地方卫视也纷纷推出各自的春晚。而视频网站不仅将电视春晚的点播权买入囊中，还策划自己品牌的网络春晚，如“民间春晚”“北漂春晚”，尽显草根特色，成为春晚大战的新竞争者。春晚也由央视一枝独秀发展到卫视网络春晚百家齐放的“后春晚时代”。

各大卫视春晚的竞争模式包括：

打时间差。让出央视春晚的除夕夜，切入央视春晚未涉足的时间。湖南卫视是最早的效仿者，其春晚在腊月二十二的小年夜举行。如今，东方卫视、湖南卫视、安徽卫视等十几家卫视举办超过20台的电视春晚，时间跨度从小年夜一直到大年初六，对央视春晚构成了围追堵截的态势。而央视则将春晚品牌拓展，《我要上春晚》成为纵贯一年的春晚选秀平台。

打明星牌。各卫视春晚都大打明星牌，国际明星、国内明星在这一时段常常在各家卫视春晚上走马灯式地亮相，忙得不亦乐乎。而随着各卫视选秀节目的红火，草根选秀明星成为春晚降低明星成本的重要手段，也使选秀节目与春晚演艺相得益彰。

打创意牌。央视春晚大气、庄重，面向全球华人；地方卫视春节晚会风格上更为娱乐、活泼。北京卫视自初一到初六的六台春晚节目，初一为传统春晚，初二至初六主题则细化为环球、动画、乡村、政法、慈善主题春晚，细分了春晚的受众。

围绕春节、过年，华语文化圈已经形成一个成熟的文化消费热潮。华人春节文化在吃团圆饭、吃饺子外多了围观春晚，不管是喜欢还是边看边吐槽，电视春晚都成为春节家庭团圆交流的中心。春晚还形成了“春晚经济”。2010年央视春晚植入式广告收入近1亿；2011年春晚零点报时广告5201万元，冠名1.1099亿；2012年春晚实现“零广告”，但春晚直播前后的硬广告时段更受到广告主的争抢。地方台春晚正在经历品牌大战，随着强势品牌的出现，其吸金能力会大大增强。文化春晚的产业运营正在获得理想的回报。这是文化创意产业对于中华文化当代创新的一个典型案例，同时也证明了打造文化产品和服务品牌的路径是长远之计。

8.2.2 韩国民众眼中的中华品牌

我们还可以换一个角度来观察华语文化创意产业的品牌认知情况。

根据笔者组织韩国留学生进行的“韩国民众对中国文化的认知”①访谈显示，韩国民众对中国产品服务品牌的总体认知，是“低价产品”。“质量往往出现问题”，并把“盗版、假货、仿制品都归为一种中国文化”。“天津的假货市场、盗版光盘、北京的秀水街等，成为在华韩国人皆知的去处”②。可以想象，这种文化上的刻板印象，是中华文化品牌需要重视的“噪音”。

韩国民众所了解的中华文化品牌，提及率高的有“中华料理”“武侠电影”“唐人街”等。

被访谈者提及，中华料理的代表是炸酱面、二锅头，在韩国的饭店很受欢迎；被访谈者回忆说，20 世纪 80 年代“电影”中的李小龙、成龙、洪金宝和李连杰，“节日时，电视不断地播出中国武术电影”；被访谈者认为，唐人街是宣传中国的“一等功臣”，是外国人能够接触中国的一个最简单、最实际的方法，在唐人街销售中华文化产品，也传播着中华文化。

项目还请 10 名韩国人和 10 名中国人分别列出最能代表中华文化的三个品牌符号。韩国人排前三位的是“饮食、自行车和茶”；中国人则是“孔子、汉字和京剧”。

可以看到，被访谈韩国人对中华文化有一定的认知，并能够表达出有代表性的中华文化符号，一些华语演员及功夫电影类型曾经受到韩国人的喜爱，表明中华文化符号、文化具备了一定的传播力。

但是，不足之处也是同样明显的。首先，韩国人认知的中华文化符号以传统文化为主，当代文化缺席。无论是内地力推的“社会主义文化强国”、香港的“亚洲的世界都市”，还是台湾的“华语世界创意中心”，都没有明显地对外形成认知。

其次，韩国人认知的中华文化符号以器物层次为主。相应地，中国人所认知的“孔子、汉字和京剧”等价值审美层次的文化符号，韩国

---

① 引用材料来自本人在中国人民大学新闻学院 2012—2013 学年秋季学期开设的《文化产业概论》课上，对韩国人进行的中国文化认知的个案访谈项目。参与访谈者有韩国留学生崔汀、李韩星、李守镛、李世林、李沅锡、李钟珉、朴正民，特此致谢。

② 部分 90 后受访者则认为，“假货是一种模仿，模仿是创造的初步”，“用不了多久智慧的中国人会让假货少之又少”。

人却并不能同样很好地理解。文化传播的编码与解码并不完全对应。

第三，文化创意产业化运作程度低，缺少好莱坞这样的知名企业或者产业品牌。

如果放到中国人对韩国文化的认知的维度上来对比的话，这一问题更为明显。被访谈的中国人对韩国文化的认知，不仅包括泡菜、韩国料理，更包括《大长今》等韩剧所传导的儒家价值观，"韩流"对青少年的吸引，偶像剧构建"美丽韩国"印象。这些都深入到了青少年的生活、价值观等层面，这也正是华语区文化创意产业品牌建设的努力方向。

8.3　产业集聚

西方国家文化创意产业发展的经验表明，借鉴经济开发区、产业园模式的文化创意园，对文化创意产业的发展极为重要。文化创意园成为城市建设和改造的重要基础设施，同时又使城市具备创意阶层所追求的创意氛围，吸引文化创意人才和公司的集聚，使市民和游客得以观光、休闲，感受文化创意的动感。

产业集群是一组在地理上靠近且相互联系的公司和关联的机构，它们同处或相关于一个特定的产业领域，由于具有共性和互补性而联系在一起。①

在2007年伦敦举行的国际创意产业论坛上，有多位专家结合多个国家的案例指出：在全球的版图上，已经形成了十多个文化创意产业集群，包括：洛杉矶的影视娱乐产业集群、纽约的设计媒体娱乐产业集群、斯坦福—硅谷的软件网络和数码内容产业集群、伦敦的设计媒体和娱乐产业集群、东京的动漫媒体印刷产业集群、米兰的时尚会展产业集群、孟买（宝莱坞）的影视娱乐产业集群、法兰克福的会展出版产业集群等。

产业集聚是西方文化创意产业发展的一个值得借鉴的路径。产业的集聚能够提升创新与活力，也能够形成对外的辐射和影响。

---

① 〔美〕迈克尔·波特：《竞争论》，高登第等译，中信出版社2003年版，第210页。

产业集群反映了产业布局的空间集中运动过程，其动力既有自发形成，也有政府规划，更多的则是多种动力兼而有之。

8.3.1 内地产业集聚

从国家文化战略规划角度来说，以京津为中心城市的环渤海文化产业带、以上海为中心城市的长江三角洲文化产业带、以广州深圳为中心的珠三角文化产业带，已经具备较好的产业基础和发展势头，并辐射全国，其中不少品牌和企业都具备进入世界文化创意产业体系的能力。

北京市先后命名了四批31个文化创意产业集聚区，分布在新闻传媒、文化出版、影视创作、文艺创作、艺术品经纪等产业，形成了北京文化创意产业的“孵化器”和体验区。

产业聚集的形成分为历史形成和规划形成两种。当然，规划聚集也必须建立在文化资源和历史文化地理空间运动的基础之上。

例如，在原有的行政力量布局下，北京成为全国的传媒中心。北京市进一步将中央电视台、北京电视台、凤凰卫视等聚集到朝阳区，并基于此打造北京 CBD 国际传媒产业集聚区。这是政府规划形成的产业聚集。

北京东北部的平谷区，年产提琴30万把，占全球的近三分之一，被誉为“中国提琴产业基地”，并创建了“华蕴”品牌。在提琴制造业的基础上，北京规划在平谷建设中国音乐产业集聚区，使之成为吸引全球音乐人、演出、培训的“中国乐谷”，使音乐制造业升级为音乐服务业。

在后工业化转型期，北京出现了大量的工业遗址。由废旧厂房改造而成的798艺术区，起初由于建筑有历史沧桑感、租金低廉，艺术家自发聚集，后经政府规划成为产业园区。如今的798艺术区，不仅成为画家、画廊等艺术创作、经营的集聚区，还成为北京市民和游客的观光新地标。这也启发了因首钢搬迁而形成产业空洞的北京石景山区，该区将选择以休闲产业作为应对战略，在已有的石景山游乐园、“环球嘉年华(World Carnivals)”①的基础上,一个全新的中央休闲区(CRD)正在兴起。这是规划形成的产业聚集。

北京天桥曾经是民间艺人表演、生活的地方,具有民俗、演艺的文化传统。如今被规划为首都核心演艺区:天桥演艺区一期启动资金60亿元,突出“传统、民族”特色;天坛演艺区一期启动资金120亿元,以“国际、现代”为主要特色。通过新建、修缮改造50余座剧场,吸引市场资金450亿元。东城西城区政府,分别联手港中旅集团、北京金融街集团建立企业化运作的投融资平台,吸引汇聚社会资本。

上述列举的文化创意产业聚集区的形成,大体都是通过历史积累先自发形成产业基础,然后进入政府规划,实现自觉发展。像传媒业聚集、演出业聚集等,都为北京建设世界城市提供了强有力的支持。这些聚集区的打造,吸引了北京、全国甚至全球的文化创意机构和品牌,不仅活化了北京城市的文化传统,增加了城市的文化创意氛围,也满足并提升了本地和辐射区域的文化需求。

上海通过布局,实现了与北京有所区别的产业聚集。目前上海有15家文化产业园区、77家创意产业园区②。文化产业园区以网络、数字多媒体为主题的最多,其余的主题包括“民族、民俗、民间”文化传承与创新、文化艺术原创和艺术品经营、演艺产业和影视产业等。例如被列入国家文化产业示范园区的张江文化产业园区,就汇聚了网络文学、动漫网游行业的美国艺电、盛大网络、第九城市等百余家企业,实现了新兴产业的聚集和产业链构建。目前上海市在网络文化产业类、文化贸易类、音乐演出娱乐产业类、广告传媒产业类、文物及艺术品产业类、出版印刷产业类、动漫产业类、民间民族民俗文化产业类、影视产业类等命名了文化创意产业园。

具有上海特色的是,作为中国工业中心,上海在后工业化转型时

① 环球嘉年华是世界最大型的巡回移动工娱乐场,与迪斯尼主题公园、环球影城并称世界三大娱乐品牌。环球嘉年华活动时间大致在一个月到两个月之间,它没有固定的场地,主要向巡回地政府租借使用,大型游艺机也是向欧洲各大公司租借,以保证其机械的更新换代和安全性能。环球嘉年华已经游历了法国巴黎、英国伦敦、马来西亚吉隆坡、新加坡、阿联酋迪拜等诸多城市,在中国香港、上海、北京也有巡回。

② 《市政协调研上海文化创意产业园区发展现状》,《文汇报》2012年1月2日。

期，借助老厂房建设了大量的创意产业园，占到77家创意产业园区的2/3。其中，八号桥、M50、田子坊等已经成为上海的文化地标，起到了遗址保护和活化利用的目的，增强了上海城市的历史空间氛围。

文化创意产业集群是产业发展的高级模式，一旦形成将会带来集聚效应、共生效应、协同效应、区位效应、结构效应等诸多有利于产业发展的因素①。北京、上海城市文化产业的空间聚集，形成强大的辐射力和吸引力，全球文化创意巨头也纷纷前来聚集。迪斯尼乐园在上海开工、好莱坞“梦工厂”(Dream Works)选择在上海成立“东方梦工厂”(Oriental Dream Works)；好莱坞环球影视城选址北京，新濠国际计划在北京798建设世界最大的水上表演乐园。而世界知名的拍卖行也在北京、上海展开双城竞争：2012年，国际拍卖行苏富比(Sotheby's)与北京歌华组建合资公司；2013年，其竞争对手佳士得(Christie's)获准在上海注册独资公司开展拍卖业务。国际文化创意产业巨头纷纷到来，表明了产业集聚形成的资源吸引能力，也形成北京、上海等文化创意中心之间的竞争与合作关系。

8.3.2 香港：西九龙文娱艺术区

在香港，文化创意产业园同样既有政府规划推动建立，也有自然形成两种类型。

香港有丰富的历史文化遗存，在城市改造过程中，地狭人多的香港并非一味地拆旧建新，而是善用历史建筑，将其活化形成创意街区、园区。像位于尖沙咀的前水警总署遗址，就地保留，并活化为“1881遗产”，有购物、餐厅和酒店供人观赏、休闲，成为一道历史与现实对话的文化景观。中环荷李活道一带的古董和手工艺品店，由历史上的空间运动形成，也带着深深的香港历史气息。

而香港西九龙文娱艺术区(West Kowloon Cultural District, WKCD)算得上香港特区成立以来的“航母级”的文化创意产业园区规划。

---

① 邵培仁、杨丽萍：《中国文化创意产业集群及园区发展现状与问题》，《文化产业导刊》2010年第5期。

西九龙文娱艺术区最早由董建华政府在1998年提出，计划将西九龙填海区旁边的40公顷土地，用作艺术、文化、娱乐以及商业设施综合发展区。但接下来却经历了长达12年的争议和曲折，最终才得以实行。这充分体现了香港文化创意产业决策的科学、民主和透明。

1999年，香港旅游协会发表研究报告，指香港主要剧院设施的使用率已饱和，建议在西九龙兴建国际级表演场地。西九概念浮出水面。2001年，香港政府决定以招标胜出的设计方案——诺曼·福斯特(Norman Foster)①的“天幕”作为文娱艺术区的建筑设计概念：一组以流线型天篷覆盖和连接的新颖建筑群。2003年11月，香港立法会决定政府招标建设西九龙文娱艺术区，将其建成世界级的文化、艺术及休闲区。香港地产商纷纷参与竞标，由长实集团、新鸿基地产所组成的活力星国际，恒基地产独资的香港荟萃，由九仓、信和置业及华人置业组成的艺林国际三家入围。

虽然规划能够为香港带来复兴的机会，但西九龙文娱艺术区发展计划的单一招标、兴建天篷、公私合营模式等都引起香港公众的争议。多数市民认为“天幕”造价昂贵，且不安全；文化界质疑政府评审标书的准则和独立性，并忧虑计划会沦为地产项目；民间更质疑政府借文化之名行地产之实，向地产商输送利益，是“官商勾结”。

时任香港财政司司长的曾荫权发文呼吁香港各界“请以新眼光看西九龙”，并表明政府文化建设的诚意：“政府不把这块地皮分割拍卖，价高者得，而要在这里兴建博物馆、演艺厅，把它变成艺术工作者的家，有人或会认为这是天方夜谭，但这的确是我们的目标。我们的愿望是让香港拥有一个世界级的文娱艺术区，一个足以令香港人自豪、乐而忘返的场所，让香港跻身世界文化艺术城市之林，甚至可在这方面带领潮流”②。但在争议声中，项目于2006年搁置。

2008年，香港特区政府决定自己注资216亿元重启项目，设立西九文化管理局进行项目管理和营运。

2011年，在西九龙概念被提出12年后，主持设计了“天幕”方案的

---

① 1986年主持设计了香港汇丰银行总部，成为香港地标。

② 曾荫权：《请以新眼光看西九龙》，《香港文汇报》2004年12月6日。

设计师诺曼·福斯特最终中标西九龙文化中心规划。备受批评的巨型天幕设计及 200 米高的摩天大厦等区内地标由“M +”(Museum Plus)博物馆、戏曲中心及音乐厅取代。在他的设计中,被海水包围的滨湖区域基本上都被绿色所覆盖,文化设施则位于陆地内侧。设计捕捉到了香港的 DNA:市民空间、广场、公园、绿色、大道、小巷。文娱区兴建 17 座核心文化艺术设施,提供 15 个表演艺术场地。

西九龙文化区管理局称“其城市公园的概念、令人轻松的气氛及其他绿化措施,在第二阶段公众参与活动中得到相当多的支持”。按照规划,大型表演场地、戏曲中心、音乐厅、室乐演奏厅、大剧院、2 个中型剧院、4 个黑盒剧场及广场,预计在 2014—2015 年启用;全部建成启用会在 2031 年。西九龙落成后,香港戏院座位数会增加 37%,博物馆面积会增加 52%。

西九龙文化区作为香港回归祖国后最大的文化创意产业项目,建成后将使香港具备世界水平的文化艺术场所,不仅吸引游客,还能够为本地公众服务,起到张扬香港文化艺术的作用。这将成为香港建设“亚洲世界都市”的重点文化项目。

8.3.3 台湾创意产业园

台湾地区在《挑战 2008:台湾发展重点计划(2002—2007)》中,以文化创意产业聚集的发展模式,确定了华山、台中、嘉义、台南和花莲等五大创意文化园区。

与北京的 798、上海的 M50 相似,这些创意文化园区的原址均为烟酒公卖局民营化后闲置的酒厂,像华山、台中、嘉义、花莲创意工坊均建址于酒厂厂区,台南创意工坊建址于仓库群遗址,以低廉价格租给创意者,使产业转型和工业遗址保存利用兼而有之。围绕创意设计工坊,还建设创意作品展示中心、公园绿地,形成文化创意特区,兼具创意设计产品销售、观光休闲、体验的功能。

按照规划,五大文化创意工坊产业园各有特色定位:

台北华山文化创意产业园区又叫“华山 1914”,主要以“酷”(时尚、前卫、实验)与“玩”(玩乐、享乐、娱乐)为主轴,重点发展创意生活产业,被称为“台湾的 798”。同时结合松山园区、故宫博物院等资源进行创意互动开发。周杰伦、刘谦共同投资的创意前卫的 DeJa Vu 音乐魔术主题餐厅就在华山园区内。华山园区是台北地区婚纱照的热门拍摄地点。2007 年台湾“文建会”将其定位为推动台湾文化创意产业发展的旗舰基地。

台中文化创意产业园区主要以发展建筑、设计与艺术为主,重点打造台湾中部国际级设计中心,同时结合周边的台湾美术馆、自然博物馆、台中图书馆等机构,形成台湾中部文化圈。

花莲文化创意产业园区主要以发展文化观光产业为主,重点打造生态、生产、生活并重的“东部文化橱窗”。

嘉义文化创意产业园区主要以传统艺术创新为主题,以发展酒文化产业为重点,同时结合故宫南院、阿里山风景区等地方资源,促进传统工艺与现代创意的有机结合。

台南文化创意产业园区主要以创意生活产业、产品设计产业为主,同时结合以时尚、数码产业为主的永康园区、萧尘园区及孔庙文化园区,打造“南部生活风格品牌”①。

相比之下,台湾的文化创意产业园区数量少,侧重点突出,能够有效地避免同质化和一哄而上。同时在规划上基于工业化时代的旧厂房,起到了工业遗址保护、活化利用、产业转型的目的。

8.3.4　华语区创意产业园比较

随着文化创意产业成为城市发展的重要产业定位,创意产业集群对于城市竞争力、城镇化发展具备了更深远的意义。从前述全球文化创意产业集群的情况来看,多集聚于中心城市。这一方面表明,中心城市自身具备旺盛的文化需求,另一方面表明,中心城市对创意人才和资源的吸引力很大,能够支撑文化创意机构和公司的集聚,形成产业发展基础。

文化产业园区是实现产业集聚的重要手段。“园区是指进行文化产业资源开发、文化企业和行业集聚及相关产业链汇聚,对区域文化及相关产业发展起示范、带动作用,发挥园区的经济、社会效益的特定

---

① 台湾“行政院”:《挑战 2008:发展重点计划(2002—2007)》,2002。

区域。”从规划布局的层面上来说，文化部负责国家级文化产业示范园区的申报、命名、管理和考核。迄今为止，文化部先后命名了四批国家级文化产业示范（试验）园区和五批国家文化产业示范基地。目前，经文化部命名的国家级文化产业示范园区有 8 家[①]，文化产业示范基地 269 家。

2011 年，文化部启动国家文化产业示范基地影响力评价，北京数字娱乐产业示范基地、保利文化集团股份有限公司、中国对外文化集团公司、华侨城集团公司、杭州宋城旅游发展股份有限公司、拓维信息系统股份有限公司、上海盛大网络发展有限公司、深圳华强文化科技集团股份有限公司、浙江中南卡通股份有限公司和云南柏联和顺旅游文化发展有限公司等 10 家企业成为年度十大最具影响力的国家文化产业示范基地。

不过，随着国家和地方产业园区建设、命名的推进，产业园区出现偏离文化创意产业聚集初衷的“大跃进”乱象，成为地方圈地、开发房地产的手段。各地政府、地产商、艺术家、高校科研机构等，都成为文化产业园区的热心推动者。其中，各地政府、地产商基于经济利益对文化创意产业园区建设力度最大，有可能重现此前文化领域的行政布局、事业集团等弯路，或者以文化之名行开发之实，伤害文化创意产业的发展，付出较大的改革成本。

文化创意产业园区遍地开花，使同质化问题也变得严重。动漫、影视、新媒体等主题园区成为各地的“标配”。同质化的园区和企业的入驻，无法形成完整的产业链，也难以实现信息分享、创新激励。

园区数量的激增，使各园区争相推出优惠政策，吸引文化创意企业入驻。这使一些企业缺乏在园区扎根经营的决心，像“候鸟”一样在各地园区逐优惠政策搬迁，不少园区都成为“空巢”。文化部已明确“十二五”期间命名的国家级文化产业示范园区原则上控制在 10 家左右，实现“优生优育”。

根据中国文化创意产业网统计，截至 2012 年 4 月已建成中国文化

---

① 文化部命名的国家文化产业示范园区为：西安曲江新区、深圳华侨城集团公司、山东省曲阜新区、辽宁省沈阳市棋盘山开发区、开封宋都古城文化产业园区、张江文化产业园区。

创意产业园区共计1216个。其中数量过百的为广东、上海；数量最少的为香港、西藏、台湾和澳门，都在个位数内。

数量表明了内地文化产业园区建设的火热和港、澳、台的相对冷清。广东和上海的创意园区超过100个，与山东、北京、安徽进入第一梯队，数量均超过了50个园区；第二梯队为河南、福建、河北、四川等省市，数量超过40个；四川、湖北、陕西、天津、辽宁等省市超过30个园区；而其他省份少于30个园区。

相比之下，香港和台湾市场规模小，文化创意产业园区数量少。但也因此侧重点突出，较好地基于当地的文化资源和产业目标，能够有效地避免同质化的低水平重复建设。同时在规划上，更多地基于城市文物的保护活化和历史的保存，而非主要靠圈地新建。这使得创意与城市的发展息息相关，能够使民众自由地进出体验和休闲，达到了城市景观构建、历史遗址活化、产业转型的目的。

另外，从建设的程序来看，香港西九龙前后论证、讨论了12年，公众充分参与，对设计概念、地产商运营、定位等关键问题进行了公开的讨论和争论，最终使园区建设获得香港社会的认可和支持。这对于内地产业园区大跃进、关门决策作了很好的提醒。文化创意产业并不是"建给公众"，而为"为公众建的"，论证和决策过程应当充分地公开、透明、民主，不能关门作业。此前引发舆论普遍关注的"开封千亿元清城"和"丝绸之路申遗拆迁僧房"事件，都表明公众对这类由政府和开发商联手进行文化开发建设的不信任，最终令政府陷入"塔西佗陷阱"。

8.4　华语区文化标准

政府和业界需要做细致的推介工作，确立起文化品牌和产业在华语区的知名度。举办具备区域影响的文化会展，对建立区域文化创意中心的地位的意义是不言而喻的。

文化会展的路径包括：通过举办区域性、国际性文化会展，建立产业与城市/地区的关联度；设立产业奖项、产业论坛，形成产业评价标准；文化（人员、作品、资金、企业、品牌）的展示、交易、传播。

华语区通过区域国际文化会展的打造，努力形成华语文创的区域和全球标准，并有效吸引区域和国际产业的目光。

在电影方面，戛纳国际电影节、柏林国际电影节和威尼斯国际电影节是公认的三大国际电影节。这些电影节不仅成为电影业界的盛会，也成为大众文化盛会。在华语区内，台湾电影金马奖、香港电影金像奖和中国电影金鸡奖的构建，成为华语电影的三大奖项。

台湾金马奖(Golden Horse Award)创办于1962年，是华语圈中历史最为悠久的电影奖项。起初由台湾“行政院新闻局”主办，后由台湾电影事业发展基金会赞助，主要是为了促进台湾地区电影制作事业和表扬对中华电影文化有杰出贡献的电影人。金马奖对华语电影，特别是艺术电影类型具有指标性意义。

中国电影金鸡奖创办于1981年，因当年属中国农历鸡年，故取名中国电影金鸡奖。金鸡奖由中国电影家协会和中国文联联合主办，属于“专家奖”，是中国大陆电影界最权威和最专业的电影奖。大陆的金鸡奖与百花奖、华表奖并称电影三大奖。

香港电影金像奖(Hong Kong Film Awards)创立于1982年，由《电影双周刊》评选年度十大电影扩大和延续而来，与香港电影的黄金时代相呼应，以鼓舞香港电影人的创作精神，涌现更多的港产佳片。金像奖视野聚焦香港及华语电影，要求参选华语片中香港电影人至少要达到6位，作为参评港片的门槛。

此外，各种电影节、会展也如雨后春笋诞生。内地设立了上海国际电影节、北京国际电影节；香港有电影博览会，成为当地的文化盛事。

上海国际电影节是中国首个获国际电影制片人协会认可的国际A类电影节，创办于1993年，每年6月举办，包括评奖、市场、论坛、展映四大主体活动。电影节主竞赛单元的“金爵奖”评选国际影片，“亚洲新人奖”致力于发现、推出亚洲电影新人，激发亚洲电影创作活力。2012年，共有来自106个国家和地区的1643部影片报名金爵奖、27个国家和地区的147部影片报名亚洲新人奖以及200多部影片参选中国新片传媒大奖。可见上海国际电影节努力树立以中华视角看西方的电影风向标的用心。

占据全国电影票房超过十分之一份额的北京，于2011年创办北京国际电影节(Beijing International Film Festival)，成为打造“东方影视之都”的核心活动之一，每年4月举办。尽管年轻，但北京电影节的“北京电影市场”交易额超过了上海国际电影节和东京电影节两个亚洲A类电影节，成为亚洲最大的国际电影交易市场，目前仅次于戛纳电影节电影交易市场。从2013年起增加主竞赛单元“天坛奖”评奖，把“天人合一，美美与共”作为其核心价值，设有最佳影片等十个奖项，面向全球电影评选。“天坛奖”能否与金棕榈奖、金熊奖和金狮奖一样建立影响力，还有待耐心观察，但也更需要天坛奖寻找到自身的定位和特色。北京国际电影节也通过国际电影制片人协会认证，成为继上海国际电影节后，中国内地的第二个国际A类电影节。

香港影视娱乐博览创办于2005年，是将原有的若干会展进行整合，形成规模更大、影响更广、时间更长的电影娱乐嘉年华，已成为香港和亚洲区的重要跨媒体盛事，每年的3月至4月举行，包含九大跨媒体活动：香港国际电影节、香港国际影视展、香港电影金像奖、亚洲电影大奖、香港亚洲电影投资会、香港音乐汇展、IFPI香港唱片销量大奖、香港独立短片及录像比赛、数码娱乐领袖论坛，尽显“东方电影之都”的魅力风姿。

在出版方面，国际上已经确立了法兰克福书展、伦敦书展、美洲书展、博洛尼亚童书展等国际书展格局。华语区的北京国际图书博览会、香港书展、台北国际书展等，随着华文出版业的发展，影响不断增加。

台北国际书展创办于1987年，每年春季(1、2月间)举行，参观人数超过60万；香港书展创办于1990年，每年7月举办，吸引近百万人次读者入场(2012年为90万人次)；北京国际图书博览会每年9月举办，主要以中外版权贸易为主，参观人数超过20万。上述书展都以法兰克福书展等国际书展作为发展目标，兼备专业的版权交易和公众文化活动的功能。

随着产业转型，跨媒体、跨行业的要素在上述展会中不断出现。例如在书展中，电影、音乐、网络与图书的跨界内容不断增多，动漫成为最受欢迎的展区，台北书展2012年起开设“华文出版与影视互动平台”，促进华文图书与华语影视的交流、融合；不仅作家，明星也成为书展上的常客。香港书展每年都会有大牌华人导演和演员莅临开讲，还邀请嫩模出席，其文化包容和多元特色一览无余。2011 年台北书展邀请日本 AV 男优加藤鹰举办签名会，让参观人数再攀升；而书展也成为举办城市和地区民众的文化大餐。

在文化会展的平台上，三地的文化产业交流和认同逐渐增加。台北国际书展于2003 年第十一届起接受大陆的出版商参展，2013 年首设“简体馆”展出超过 5 万册大陆图书。大陆美女漫画家夏达、作家郭敬明等2011 年受邀与台湾读者见面，引起轰动。香港书展同样汇聚三地的著名作家参加，2013 年第 24 届香港书展就计划邀请内地作家王安忆、梁晓声、吴稼祥及安意如；台湾的席慕蓉、王建壮、舒国治、林俊颖及李维菁；香港的李欧梵、林幸谦、潘国灵参会。

值得注意的是，网络游戏、动漫方面的展会正成为华语区文化会展的新发展方向。新一轮的品牌构建和注意力争夺正在展开。

例如网络游戏会展，2003 年中国国际数码互动娱乐展览会（China Joy）创办，成为中国规模最大的网络游戏展会，每年 7 月在上海举办，吸引众多游戏厂商和大量游戏爱好者前往。目前是继美国 E3 展（The Electronic Entertainment Expo）①、日本东京电玩展（Tokyo Game Show）②之后的互动娱乐大展。业者和玩家不仅可以获得最新游戏资讯，还可感受满场的美女 Showgirl、狂热玩家的 Cosplay，体验游戏文化。

随着文化创意产业的兴起，相关的展会“文博会”也如雨后春笋般涌现。如 2004 年创办的中国（深圳）国际文化产业博览交易会为唯一的国家级文博会，突出“文化 + 创意、文化 + 科技、文化 + 旅游、文化 + 金融、文化 + 贸易”的展会特色，打造“我国文化产业走上世界的国际知名品牌”，每年 5 月在深圳举行。2006 年创办的中国北京国际文化

---

① E3 展会由 ESA（美国娱乐软件协会）主办，每年 6 月在美国洛杉矶举行，是全球规模最大、知名度最高的互动娱乐展示会，在全球电子娱乐产业中有着至高无上的地位。E3 是针对媒体与业界相关人士所举办的纯商展，并不开放一般民众参观。

② 日本计算机娱乐供货商协会主办，每年 9 月在日本东京举行。展出内容以各类游戏机及其娱乐软件、电脑游戏以及游戏周边产品为主，混合了商展与消费展。同时会在 TGS 业者日举办“东京电玩展论坛”。

创意产业博览会，每年11月举办，着力搭建推动文化创意产业化、促进文化贸易和重大项目落地的交流合作平台。此外，云南、杭州、山西、东莞都举办了文博会。2008年，海峡两岸（厦门）文化产业博览交易会创办，每年10月举行，以实现两岸文化产业的对接效益、成为孵化两岸文创人才的第一平台为宗旨。海峡两岸文博会聚焦工艺美术、创意设计、数字内容和影视演艺产业等版块，同期举办海峡两岸图书交易会、海峡两岸民间艺术节等，形成两岸文化创意产业的交流和贸易的平台。

这些展会如果能够通过竞争确立特色和品牌，有望抢占产业高点，形成华语区独特的文化审美取向和商业标准。

与此同时，品牌文化会展对城市文化创意氛围的营造，作用明显。纵观香港一年的文化盛会：1月，香港时装节将展示春夏流行趋势；2月，香港艺术节（Hong Kong Arts Festival）拉开帷幕，世界各地的顶尖艺术团体带来长达两个多月的舞台演出，成为亚太区及国际的艺坛盛事；3月开始香港影视娱乐博览，九大跨媒体活动轮番上演，包括香港电影金像奖的颁发；5月，香港国际艺术展登场，它运营不过五年，但已经跃居世界上最重要的艺术博览会之一；7月初，香港时装节再展示秋冬流行趋势；7月下旬香港书展开幕，每年数十个国家和地区的上百家出版商参展，华语地区作家、出版商和读者近距离接触；每年的11月或12月，设计营商周举行，设计师、商界领袖、学者和公众参与其中。此外，香港还发挥其自身的优势举办各种跨界活动，例如香港电影工业2000年成立的“香港—亚洲电影金融论坛”就是一例。这些文化创意会展活动，一方面有助于确立香港在区域内的品牌和地位；另一方面也使文创业者和市民得以了解和参与相关文创活动，营造创意城市的氛围。

第九章　区域竞合的华语市场观

文化竞合是文化及文化创意产业之间的竞争与合作。华语区的文化特色明显，相互之间的参照和竞争极具价值。从某种意义上来说，华语区的软实力竞争，提升了各自的文化及产业竞争力。

同样，合作则是形成华语区具备世界级竞争力的重要路径。未来，应当在华语区形成香港、台湾作为创意中心，内地作为产业中心的文化产业格局。

中国大陆、香港和台湾相加接近14亿的人口，人均GDP已经突破6100美元关口，进入文化消费快速增长期——这是一个极具战略价值、能够培育跨国公司的市场。华语区的文化创意产业只有进行合作，才能形成区域级、世界级的竞争力。而这种竞合关系，已经沿着自发到自觉的路径展开。正如好莱坞的视野是全球的，华语文创企业十年来也确立了华语市场观。这使华语文创业眼前豁然开朗。

9.1　华语市场观的形成

金庸、古龙的武侠，张国荣、张学友的金曲，港片，琼瑶的言情小说，三毛的作品，邓丽君的流行歌曲……这些香港和台湾地区的文化产品在内地改革开放之初已通过走私、盗版等途径产生了巨大的文化影响。琼瑶的小说形塑了一代青年的爱情观，新潮的年轻人在录像厅里兴奋地观看“两周一成”[①]主演的香港电影，了解一个不同的社会；粤语借助四大天王的金曲成为青年的流行语言。

这一现象表明了内地、香港和台湾处在经济社会发展的不同阶段，由此形成了港台文化对内地的输入。香港和台湾经济早于中国内地起飞，较早地完成了工业化，大众文化、消费文化较早兴起。在香港和台湾文学与电影已经开始类型化创作的时期，内地仍然是主旋律文学和电影唱主角，承担着宣传的任务。港台文化创意作品在内地的流行，恰好表明了文化发展对经济社会的依附性。这种“时间差”使民间的交流勃兴，并为制度化的交流、合作提供了可能。

自中国实行改革开放以来，港资北上投资、港人北上创业，香港文化亦逐渐在内地扎根发展[②]。香港回归祖国以后，香港与内地开始了更紧密的经济和文化合作。

香港北上、台湾登陆，是大陆对香港、台湾经济发展和文化交流所释放的战略举措，通过市场的开放来赢得华语圈的更紧密的融合和凝聚。在内地，通过文化体制改革，为文化创意企业的发展释放出极大的空间。

时至今日，从华语市场的视野来进行产品服务、企业定位，已经成为华语区文化创意产业的重要思维方式。

香港安乐影片有限公司总裁江志强是其中的先行者和受益者，被认为是“中国大片之父”。2001 年，华语影坛诞生了夺得第 73 届奥斯卡四项金像奖的武侠电影《卧虎藏龙》(*Crouching Tiger Hidden Dragon*)，大陆、台湾和香港的艺术家们共创了华语电影的荣誉。2002 年票房 2.5 亿的华语大片《英雄》(*Hero*)诞生，占据当年内地票房的一半。这两部在华语圈和国际影坛收获不小的影片，都有同一推手：香港安乐公司老板江志强。安乐在香港市场以制片、院线、发行西方影片为主业。《卧虎藏龙》是他与台湾“中影”合作，台湾李安导演，香港演员周润发、杨紫琼和内地演员章子怡主演，在中国内地取景的中国武侠

① 周润发、周星驰和成龙的简称，代表了香港电影的流行度。

② 王德军:《内地文化市场引力大　香港文人受内地追捧》，大公网，2012 年 11 月 5 日。

类型电影，已成为两岸三地合作的标杆性作品[①]。《英雄》除了导演张艺谋外，制作班底以香港影人为主，当时的李连杰、梁朝伟、张曼玉等均为香港影人，开启了内地电影市场的“大片”时代。

在另一些华语大片中，安乐均有投资或者负责海外发行。张艺谋的《不能说的秘密》(*Secret*)、《十面埋伏》(*House of Flying Daggers*)、《满城尽带黄金甲》等，还有李安的《色·戒》(*Lust, Caution*)，陆剑青的《寒战》(*Cold War*)、于仁泰的《霍元甲》(*Fearless*)。安乐还代理好莱坞公司环球、索尼公司影片在华语地区的发行，使其具备了将华语片推向北美的业务能力。

安乐拥有香港最大的院线百老汇院线，院线在香港共有13家影院、68张银幕及过万个座位，占据全港票房的半壁江山。安乐还在北京投资了艺术影院北京MOMA百老汇电影中心。

安乐监制了大量的华语导演新人的作品：早在20世纪80年代，就投资田壮壮导演的《蓝风筝》和《小城之春》，薛晓路的处女作《海洋天堂》《北京遇上西雅图》，周显扬的作品《大追捕》，梁乐民的作品《寒战》。安乐旗下拥有汤唯、桂纶镁等艺人。

面对华语文化创意市场和产业不可逆转的合作和融合，更多有实力的公司开始以市场化的方式来整合华语区的文化创意资源。

内地上市公司华谊兄弟于2012年发布全新“H计划”，几乎囊括了华语区最具市场潜力的导演，包括内地导演冯小刚、乌尔善、滕华涛，香港导演徐克、成龙、于仁泰、冯德伦、彭浩翔、毕国智，台湾金牌监制陈国富、导演钮承泽、杨雅喆等导演和监制的14部新作。例如陈国富监制、金马最佳新导演乌尔善执导的《画皮Ⅱ》《封神演义系列·龙之战》；首部由内地电影公司出品、在台湾拍摄并上映的电影《女朋友·男朋友》；由台湾新锐导演杨雅喆(《囧男孩》导演)执导、陈国富监制、冯德伦导演、叶锦添美术指导的《太极之从零开始》和《太极Ⅱ：英雄崛起》；于仁泰导演的《忠烈杨家将》；成龙的《十二生肖》；冯小刚的《一九四二》；徐克导演的《狄仁杰前传》；钮承泽导演的《英雄本色》；彭浩翔导演的《撒娇的女人最好命》；毕国智导演的《控城计》。电影类

---

① 虽然大陆票房才1500万元人民币，但在成功打入海外市场后，北美票房过亿美元。

型覆盖功夫、动作、魔幻、惊悚犯罪、浪漫喜剧等，题材丰富多样。“H计划”中投资最大的是成龙的《十二生肖》、冯小刚的《一九四二》，其他项目以中等投资规模居多，体现了华谊以“343”的布局对市场风险的控制：“3”指冯小刚、成龙、徐克这样的顶级导演各有一部商业大片作为票房保证；“4”指四部票房不会太高，但会很稳定，也带来更多类型的电影；还有三部作品为年轻新锐导演作品，可能有失败的风险，也可能成为票房“黑马”，但是不会对公司整体收入造成太大影响。

华谊兄弟的“H计划”代表了华语电影市场观的实践。华语电影正处在文化竞合的新环境下，期待更多的领军文化企业以华语市场观实现文化和产业的双重突破。

华谊兄弟与安乐影业、“我们制作”联手打造的全新电影频道“爆谷台”已于2012年3月在香港开播，全天24小时播放，力图打造中国的HBO。

在市场拓展方面，华谊兄弟继2011年参股北美华狮电影发行公司后，也积极与美国华纳、FOX共同研发新的电影项目，实现华语电影走出去，也可能与好莱坞电影公司合作打造世界语境的东方电影。

曾经，在香港嘉禾、邵氏等电影企业的开拓下，华语电影走向东南亚、走向国际，创造了香港电影的黄金时代。如今，这一使命又由新一代的华语文创企业来承担。而现今的华语市场，已经不可同日而语了。

按照国际经验，人均国内生产总值(人均GDP)在1000美元以下时，文化消费较低；人均GDP达到3000美元左右，文化消费开始活跃；当人均GDP达到5000美元以上，文化消费将出现快速增长。

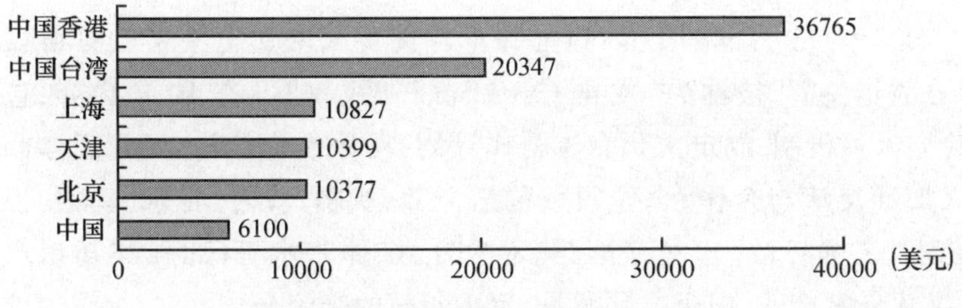

图9.1 2012中国人均GDP

中国人均GDP于2003年越过1000美元关口、2008年突破3000美元关口、2011年突破5000美元关口，2012年达到6100美元，其中上海、北京、天津人均GDP突破一万美元大关，标志文化消费进入了快速增长期；香港2012年人均GDP突破3.5万美元关口，台湾突破2万美元[①]。

从这个角度来看，内地、香港和台湾等组成的华语文创市场充满了想象空间。这也是华语区文化竞合的基础。

9.2 CEPA、ECFA框架下的产业合作

CEPA和ECFA的签署，表明内地与香港、大陆与台湾的文化竞合进入制度化轨道。文化创意产业在交流、交融、交锋的竞合中获得极大的商机和成长空间。

9.2.1 CEPA和ECFA

2003年6月和2004年8月，香港与内地签署了《更紧密经贸关系安排》(CEPA, Closer Economic Partnership Arrangement)第一、第二阶段协议，内地承诺开放26个服务业领域，其中有多项行业属于文化创意产业范畴，包括广告、视听、文化娱乐等。香港影视制作等行业可以进入内地投资，并可从事文化市场开发等活动，大大促进了香港相关产业的市场空间。

CEPA标志着在“一国两制”的顶层设计和世贸组织框架内，内地与香港经济一体化进程进入实质性阶段，也利于华语文化创意产业圈的更紧密合作关系的形成。

2005年11月9日，《内地与香港特区更紧密文化关系安排协议书》在香港签署，被称为“文化CEPA”。《协议书》共有10项内容，包括建立沟通机制，制定文化交流合作计划；两地文化机构、民间团体和个人加强交流与合作，合作领域包括文学、戏剧、戏曲、音乐、舞蹈、视觉艺术、艺术行政、艺术评论、艺术教育、媒体艺术等；加强在知识产权、文化创意产业、国际文化贸易、青少年间的交流合作。

---

① 数据来源：国家统计局、香港特区政府、台湾地区“主计处”。

在良好的制度性互动交流的基础上,《国家"十二五"规划纲要》首次以独立的篇章《保持香港澳门长期繁荣稳定》,规划香港特区在国家发展战略中的重要功能定位①。要点包括:支持香港培育新兴产业,发展六大优势产业,拓展合作领域和服务范围;继续实施 CEPA,确定《粤港合作框架协议》中粤港合作的重要功能定位。

与此同时,"祖国和平统一"的战略目标,使台湾文化创意产业获得了进入大陆市场的更优惠制度安排。

2010 年 6 月 29 日,《海峡两岸经济合作框架协议(ECFA)》签订,承诺"根据台湾有关规定设立或建立的制片单位所拍摄的、拥有 50% 以上的影片著作权的华语电影片经大陆主管部门审查通过后,不受进口配额限制在大陆发行放映。该电影片主要工作人员组别中台湾居民应占该组别整体员工数目的 50% 以上"②,也即台湾影片不再像以前那样,需要与进口影片一起争夺进口影片的配额;两岸合拍片等享受大陆国产影片的待遇。

相比内地与香港签署的 CEPA 相关条款,内地对于香港和台湾电影、产业投资、人才基本同等对待,都开放了市场,使台湾影片得以借文化和语言的共通性,便捷地登陆大陆影院。

表 9.1　CEPA 和 ECFA 有关电影条款比较

	香港 CEPA	台湾 ECFA
进口配额	• 拥有 75% 以上著作权的香港华语影片不受进口配额限制	• 拥有 50% 以上著作权的台湾华语影片不受进口配额限制
合拍片	• 享受国产片待遇,故事情节或主要人物应与内地有关,内地主要演员不少于三分之一	• 与 CEPA 一致
方言版本	• 粤语片能在广东等地区发行	• 未细化闽南语片发行细节
投资内地影院	• 港资可以用合资、合作的方式,但比例不许超过 75%	• 参照《外商投资电影院暂行规定》,合资项目同 CEPA 比例一致,合营项目的影院投资比例不许超过 49%

① "十二五规划"提出支持香港巩固提升竞争优势、支持港澳培育新兴产业、深化内地与香港经济合作、支持香港文化创意等优势产业发展、加强内地与香港文化领域交流与合作。

② 海峡两岸经济合作框架协议(ECFA)附件四:服务贸易早期收获部门及开放措施。

不过，华语区的市场进入和开放并非完全对等。在大陆市场对台湾影片零门槛后，大陆影片进入台湾仍维持每年 10 部的配额限制。2013 年签署《海峡两岸服务贸易协议》后，配额增至 15 部。这种不对称的制度安排，释放出大陆的善意，使台湾影片获得更大的市场空间，而付出最小的市场开放代价。自 ECFA“早期收获”实施至 2012 年 3 月底，大陆已经核准引进 8 部台湾影片，其中 5 部已在大陆影院公映。台湾共核准引进 20 部大陆影片，其中 16 部已在台湾上映。

9.2.2 制度红利下的合拍片

香港、台湾文化创意产业面临的问题是共同的：创意能力强，人才资源实力雄厚，但是本地市场较为狭小。因此，对外拓展市场是决定其产业规模和产出的重要变量。CEPA、EFCA 框架，正是解决了这一问题，增强了文化竞合的绩效。

据中国电影合作制片公司统计，自 2001 年至 2012 年 6 月 30 日，中外合拍故事片总数为 433 部，合拍对象包括香港、台湾地区和日本、韩国、美国、欧洲国家。

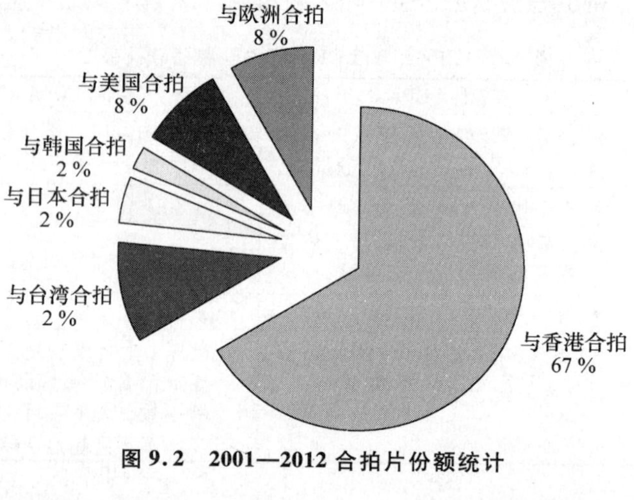

图 9.2 2001—2012 合拍片份额统计

内地与香港合拍电影为 288 部，占到合拍片的近七成份额。香港电影承接 1949 年前上海电影的传统，形成了鲜明的“港味”电影美学。但是，香港市场狭小，人口只有七百多万，约为北京市的 1/3 强，一部电影的票房规模就在几千万港元级别，甚至业界人士开玩笑说，如果有人感冒去不了电影院，票房数字就会大大缩水。

向外拓展市场，一直是香港电影的努力方向。20 世纪 70 年代至 90 年代，香港电影风行台湾地区和东南亚。以嘉禾、邵氏公司为代表的香港电影公司培养发掘了类型各异、才华横溢的香港电影人才，如李小龙、成龙、吴宇森、徐克、王晶、王家卫等，积累了商业电影的类型化、制作、人才、资金等经验。

而在内地，虽然电影人口众多，但在产业化之前，电影主要是作为宣传教育手段，主旋律影片为主，题材创作受到限制，产业化和市场化发育不足。国有事业体制下的电影人和电影厂缺少市场竞争和动力。1979 年，内地首家专门负责中外电影合作事务的机构——中国电影合作制片公司成立，这意味着中国的电影业开始了同海外的合作。从这个意义上看，内地与香港、台湾找到了合作的价值共同点，合拍片成为互补共赢的策略。

20 世纪 80 年代到 90 年代初，是香港与内地电影合作的活跃期。最初的合作是香港电影到内地取实景拍摄，摆脱影棚的局促。像香港中原影业出品、张鑫炎导演的《少林寺》到河南嵩山实景拍摄，取得了可观的票房，在华语区掀起武术热。香港导演李翰祥 1983 年到内地拍摄《垂帘听政》，由于票房理想，又拍摄了续集《火烧圆明园》。

不断增加的交流合作，使华语电影由概念成为现实。自 20 世纪 90 年代初期起，“台湾的资金、香港的技术和经验、大陆的人工和外景”就成为华语电影的生产模式。香港、台湾的资金、技术和经验注入合拍片，使内地电影人才得以成长。这种合作模式的成果包括张艺谋的《菊豆》和《大红灯笼高高挂》、陈凯歌的《霸王别姬》和《风月》、黄建新的《五魁》、何平的《炮打双灯》、周晓文的《二嫫》和叶锦鸿的《五个女人与一根绳子》。港台地区一流的导演和演员，如徐克、严浩、成龙、林青霞、秦汉、梁家辉、张曼玉、张艾嘉等纷纷进入内地拍片，诞生了《新龙门客栈》《狮王争霸》《英雄本色》等华语电影经典。

随着亚洲金融危机等因素的影响，1997 年内地香港电影合拍片进入低谷。当年香港电影到内地申请合拍立项 18 部，完成合拍片 9 部；

1998 年合拍片 8 部、1999 年 12 部、2000 年 7 部、2001 年 6 部[①]。

2001 年，香港安乐公司与台湾“中影”合作，台湾李安导演，香港演员周润发、杨紫琼和内地演员章子怡主演，香港武术指导袁和平、摄影指导鲍德熹、美术指导叶锦添加盟，在内地取景的华语武侠电影《卧虎藏龙》，内地票房 1500 万元人民币，由索尼公司负责北美发行，票房过亿美元，夺得第 73 届奥斯卡四项金像奖，成为文化竞合的标杆性作品。2002 年安乐公司、香港银都、新画面公司制作发行的华语大片《英雄》，则在内地票房大丰收，以 2.5 亿人民币占了当年内地票房的一半。除了导演张艺谋外，李连杰、梁朝伟、张曼玉等主演及制作班底以香港影人为主，开启了内地电影市场的“大片”时代。

2003 年签署的《内地与香港关于建立更紧密经贸关系的安排》（CEPA），为香港电影业界打开了 13 亿人的内地市场。根据国家广电总局发布的《关于加强内地与香港电影业合作、管理的实施细则》，港产片[②]通过审查后将不受进口配额限制在内地发行；香港与内地合拍片视为国产影片在内地发行，港方主创人员所占比例不受限制，内地主要演员的比例不得少于影片主要演员总数的三分之一；对故事发生地无限制，但故事情节或主要人物应与内地有关；合拍片、港产片粤语版可在广东地区发行、上映；港资可在内地以合资、合作形式改建电影院，但投资比例不超过 75%。该协议于 2004 年 1 月 1 日起正式实施，之后针对该协议还签署了一系列补充协议，为香港电影业带来了新的希望和活力。后来，《无间道》《新警察故事》《门徒》《伤城》《投名状》等大批香港电影得以在内地发行上映，而博纳影业集团也成为出品和发行港产合拍片数量最多的内地民营电影公司。

香港电影进入内地市场具备诸多的优势：政策的支持、文化价值观的“和而不同”，使其能够呈现给内地观众以别样的电影题材。香港的明星演员阵容以及武侠片、喜剧、枪战、警匪、黑帮片等商业类型片在内地市场有很好的需求，即便由于分级制度等原因无法在内地公映

---

① 张晋锋：《从共融到共荣：内地与香港合拍片十年市场分析》，《港台电影研究》2007 年第 3 期。

② 香港拍摄的华语片是指根据香港条例设立或建立的制片单位所拍摄的，拥有 75% 以上的影片著作权的华语影片，主要工作人员中香港居民应占整体员工数目的 50% 以上。

的风月片、惊悚片等三级片，在“自由行”的安排下，也会吸引内地观众到香港观影，更进一步带动香港的文化旅游业。

纵观过去的十年，越来越多的香港导演北上拍片，以吴宇森、徐克、陈可辛、刘伟强、陈嘉上等为代表的导演打造了多部票房大片。香港寰亚、英皇、银都机构、安乐，内地的华谊兄弟、新画面、博纳、光线影业等纷纷推出合拍片。

2004 年，香港与内地合拍片的票房总额达到了 8 亿元。当年，内地国产片票房超过进口影片，占据 55% 的市场份额，合拍片功不可没。当年票房排名前十位的国产片中，有八部为合拍片[①]。2005 年，中国内地市场上票房排位前四位的影片有三部是合拍片。2004 年以来，香港与内地平均每年有超过 30 部合拍电影[②]。内地的华谊兄弟公司从《天下无贼》开始到《夜宴》，都与香港寰亚公司合拍，各投资一半；在发行上，华谊兄弟负责内地市场，寰亚负责香港和东南亚市场。[③]

2004 年至今，每年票房较高的国产影片基本上都是内地、香港合拍片。2006 年，香港导演陈可辛的《投名状》创下一亿票房，成为首位票房过亿的香港导演。接着吴宇森、陈嘉上、叶伟信、王晶、陈德森等多名香港导演先后纷纷成了“亿元导演”。2007 年 3 部超 2 亿元票房的影片中，合拍片占了 2 部；2008 年，8 部合拍片票房过亿，总计票房超过 16 亿，占全年总票房的 40%；2009 年共有 67 部合拍片立项，从票房上看，排名前十中有八部都是合拍片；2010 年，中国电影市场的票房首次超过 100 亿元，17 部过亿的国产大片中，合拍片有 9 部，包括《叶问2》《狄仁杰之通天帝国》《锦衣卫》《精武风云》《全城热恋》《越光宝盒》《枪王之王》《孔子》。2013 年，周星驰导演的《西游降魔篇》在内地收获 12 亿的票房成绩。这是传统的香港电影市场规模根本无法想象的。这些数字肯定了内地与香港竞合的绩效。

---

① 八部合拍片为：《十面埋伏》《天下无贼》《功夫》《新警察故事》《2046》《千机变 2》《手机》《龙凤斗》。

② 列孚：《香港电影潮起？潮落？——香港电影工业十年生态漫谈》，《电影艺术》2010 年第 4 期。

③ 韩云升、张晋锋：《内地香港电影：期待深度合作跨越发展》，《中国电影报》2006 年 12 月 7 日。

十年来，内地、香港合拍片逐渐摆脱了最初香港电影内地取景的单一模式，形成了“香港导演 + 内地演员 + 内地票房 + 内地投资”的全方位合作模式。这一模式实际上是通过市场手段整合了内地和香港的文化资源，形成了中华文化和题材的更有效的电影表达方式，从而瞄准了内地电影市场。这种合拍到竞合的深入，使两地电影业得以更好地交流，使内地的演员、主创团队得以学习和成长；而香港片方、导演则带来了香港成熟的市场运营和艺术感觉。

如今，内地电影产业化运作越来越成熟，资源整合能力也不断提升。内地资金也较多地投入到合拍片。由彭于晏、张家辉主演的动作大片《激战 MMA》就是内地的影视公司博纳集团投资。

合拍片改变了不少香港电影人的观念。不少香港导演还在内地建立工作室，像彭浩翔就在北京生活工作了好几年，以更好地了解和把握内地市场，谋求更长远的发展。2011 年，香港导演徐克任董事的一家公司投资在北京建设亚洲首家以 3D 技术为核心的影视基地。基地将打造水下摄影、太空基地、魔幻史诗等超级场景，投资研发 3D 拍摄高科技设备。合拍片背后的产业和技术合作正在带动华语电影的升级。2008 年，香港导演陈嘉上执导的《画皮》国庆节前夕 9 月 26 日在内地上映，10 月 2 日才在香港上映，标志着香港电影以内地档期优先于香港的观念转变。观念转变获得了票房回报：该片内地票房 2.32 亿元，香港票房 1038 万港元。

CEPA 协议实施十年以来，内地电影市场规模不断发展，票房由 2003 年的 11 亿元到 2012 年的 170 多亿元，增长 14 倍，成为仅次于北美的全球第二大电影市场，内地电影票房已经开始用亿、十亿为衡量标准。票房纪录被不断刷新。

相比香港电影票房不足 14 亿港币（约合 11 亿余元人民币），台湾地区票房约为 50 亿新台币（约合 10 亿余元人民币）的规模[①]，内地电影市场 170 亿元的规模对香港、台湾电影业的吸引力不断增加；香港电影占本地票房 15% 至 20% 的份额，台湾电影只占到 5%。这些数字表明，合拍片对华语电影复兴具有战略意义。

---

① 木曰：《ECFA 助力台湾电影》，《人民日报海外版》2011 年 11 月 24 日。

一方面,合拍片成为合力做大内地电影市场"蛋糕"的重要力量。合拍双方的关系不是"抢奶酪"的博弈,而是"做蛋糕"的合作。

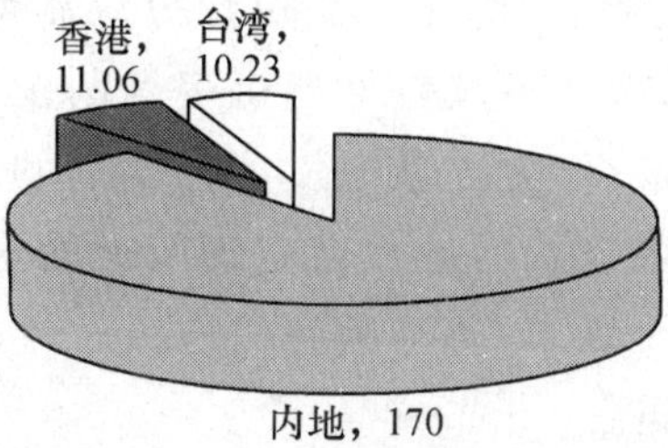

图 9.3 华语区电影票房(亿元人民币)

内地票房数字增长的背后,是吸引观众进电影院的影片越来越多,影院带给观众的观影体验越来越好。合拍片在其中扮演了重要的角色,将观众吸引到大银幕前;而香港资本还介入影院环节,如香港导演吴思远投资的 UME 影院、成龙投资的成龙耀莱影城等。位于北京五棵松的成龙耀莱影院是 2012 年内地票房最高的单体影城,而北京的两座 UME 影城也进入票房排行前十行列。

另一方面,受益的不仅是内地、香港、台湾电影,而是整个华语电影。在内地资金、市场的支持下,香港、台湾电影人能够摆脱狭小市场的束缚,进行更大胆的创意,推动电影创作进入十亿级别潜在观众的市场。在香港、台湾电影本土票房比重被极度压缩的情况下,合拍片及国产大片让华语电影有了对抗好莱坞竞争的资源整合模式,这成为内地国产电影票房能够总体保持半壁江山的份额的重要因素。这些绩效正是大陆、台湾和香港三地合作的华语电影所带来的。

9.2.3 交流与碰撞

不过,对于进入合拍片时代的香港电影,也受到了"港片不港"的批评。这其中既有市场的动因,也有"一国两制"下电影管理制度的原因。

香港在社会发展程度、意识形态和社会制度上与内地都有所不同,这种不同也反映到电影监管上。例如,香港自 1988 年起实行电影分级制度,第Ⅰ级:适合任何年龄的人观看;第Ⅱ级:儿童不宜观看;第

Ⅲ级：只准 18 岁(含)以上年龄的人观看①。1995 年，香港电检处又将第Ⅱ级分为ⅡA、ⅡB，分别为儿童不宜观看、青少年及儿童不宜观看，“三级制”细化。而内地至今未实行电影分级制度。香港电影人为了争取进入内地市场，需要遵照内地电影审查制度去修改电影内容、台词和一些段落。所以，作为香港电影特色类型的一些警匪片，在内地上映的港片和在香港放映的港片会有细节上的不同。这使有的香港影片不得不发布两个版本：香港版和内地版。像《无间道》，港版和内地版结局就有所不同。

台湾地区也实行电影分级制度，包括普遍级(普级)：一般观众皆可观赏；保护级(护级)：未满 6 岁的儿童不得观赏；6 岁以上未满 12 岁的儿童须由父母、师长或成年亲友陪伴辅导观赏；辅导级(辅级)：未满 12 岁的儿童不得观赏；12 岁以上未满 18 岁的少年须由父母或师长注意辅导观赏；限制级(限级)：未满 18 岁的儿童及青少年不得观赏。如在威尼斯影展中获得金狮奖的《色·戒》，在北美被定为 NC—17 级，在香港定为三级，内地上映时不得已作了删减。由李安亲自操刀的删节版比原片少了 7 分钟，除了梁朝伟和汤唯的激情戏，王力宏持刀杀人的镜头由于过分血腥也被删节处理。不少内地观众专程到香港观看全本，并通过互联网观看、讨论。《那些年，我们一起追的女孩》被定为“辅导级”，在大陆删除了相关段落，以适宜影院公映。更不用说有浓浓港味的风月题材类型影片了。

因此，相对“安全”的古装、武侠等题材就成为合拍片题材的不二之选。

例如，以喜剧片见长的黄百鸣东方娱乐公司就选择投资武侠片《七剑》。这部由徐克导演的电影搭上了 CEPA 协议的首班车，内地票房达 8000 余万元，位列 2005 年内地总票房的第三，而影片在香港的票房只有 700 余万港币。这体现了内地电影市场和香港电影市场的规模差异。

这样的票房收益刺激更多的香港电影人对古装、武侠、历史题材的跟进。2006 年年底，陈可辛导演的古装电影《投名状》开拍，影片制

① 《1988 香港电影检查条例草案》，1988 年 11 月 10 日。

作发行方为香港寰亚电影与内地的中影、博纳、星美等公司。影片由李连杰、刘德华、金城武主演,2007 年正式公映后好评不断,内地票房接近 2 亿元,亚洲票房突破 2.6 亿元。2009 年陈德森导演的《十月围城》内地票房接近 3 亿元。2010 年徐克导演的《狄仁杰之通天帝国》在内地票房接近 3 亿元,香港票房为 1100 万;叶伟信导演的《叶问 2》内地票房 2 亿,香港票房 4000 万。

2011 年,内地香港合拍片有 11 部票房过亿,占到了华语片总票房的一半以上,由此可见内地与香港的合拍片已经扛起了华语片票房主力的大旗。同样,合拍片已成港片的主流。2004 年香港和内地的合拍片占香港电影票房的比例只有 12%,2008 年达到 69.9%,2009 年是 53.4%,2010 年是 67.3%。也即,香港观众看到的近七成香港电影是香港和内地的合拍片。

而在合拍片进入一个阶段之后,以"香港制造"为核心元素的"非合拍片"也开始回暖。一些导演以小成本制作,通过香港本土故事、元素和情怀赢得香港本地观众而非内地观众。如 2009 年罗启锐的《岁月神偷》就带着明显的香港怀旧情结,随后岸西的《月满轩尼诗》、彭浩翔的《志明与春娇》、张经纬的《音乐人生》都以香港的现实题材赢得好评。充满旧日情怀的小成本电影《打擂台》还摘得 2011 年香港金像奖最佳影片。本土商业类型片也开始重新抬头,尔冬升的《新宿事件》、许鞍华的《天水围的夜与雾》、周显扬的《杀人犯》、郑保瑞的《意外》、罗守耀的《恶胎》、彭浩翔的《维多利亚壹号》、云翔的《安非他命》和麦曦茵的《前度》都是如此。作为香港创造重要特征的三级片《3D 肉蒲团》《一路向西》等,在香港掀起观影热潮,还吸引内地观众到港观影,并通过网络渗透到内地,其影响可见一斑。《3D 肉蒲团》票房超过四千多万,成为年度港产片票房冠军。

相比香港影人集体"北上",台湾与内地的合拍显得平静。与香港电影人相比,台湾电影更具人文、思想气质和历史感。2006 年,台湾与内地、香港合拍片《云水谣》,虽然演员明星阵容强大,但本身商业性不强,在内地票房为 4000 多万元。2007 年李安的《色·戒》、2008 年朱延平的《大灌篮》《大笑江湖》等合拍片大陆票房都过亿,《刺陵》在内地也收获了 6000 万元票房,令台湾与内地的合拍片看到前景。

大陆市场吸引了不少台湾知名电影人。陈国富长期生活在内地，先后供职于哥伦比亚亚洲、华谊兄弟等公司，是华谊兄弟的“金牌监制”，经他监制的影片包括《可可西里》《天下无贼》《唐山大地震》《集结号》《画皮》和《非诚勿扰》系列等，成为票房保证[①]。

而随着台湾本土电影的复苏，以《海角七号》《那些年，我们一起追的女孩》为代表的“小清新”类型电影，与香港的“重口味”、好莱坞的“大片”形成了独特的文化和审美品位，使台湾电影带动了华语区一股青春电影之风。大陆的《失恋 33 天》(2011)、《致我们终将逝去的青春》(2013)等都是这股青春风潮的延续。《致我们终将逝去的青春》票房达到 7.11 亿。

内地庞大的观众群和市场，为合拍片提供了票房保证。不仅如此，内地还有庞大的融资市场支持。钮承泽赴内地开拍的《LOVE》，大陆华谊兄弟与台湾红豆联合投资，规模达 7500 万人民币，比起他上一部佳作《艋舺》6000 万新台币(约为 1260 万人民币)的投资规模，堪称天壤之别。

魏德圣的《赛德克·巴莱》耗资 7 亿新台币，成为台湾本地投资最巨的影片，票房至少得达到 14 亿新台币才能收回成本，但上下两集的票房加起来还不足 10 亿新台币。如果《赛德克·巴莱》适当依托内地市场、内地资金，票房压力恐怕就会小很多。

可以看到，虽然合拍在政策和市场的动力下成为华语电影业的主流，但是中国大陆、香港和台湾的电影市场还是具有自身的文化特色，并且，这种特色正在不断加强。不少在本地市场热卖的影片，到对方市场却斩获不大。例如，导演冯小刚的影片《天下无贼》(2004)在大陆的票房为 1.2 亿人民币，但在台湾的票房收入只有 60 万新台币(约 13 万人民币)；香港电影导演杜琪峰的故事片《龙凤斗》(2004)在香港的票房是 3000 万港币，但在台湾的票房只有 20 万新台币(约 5 万港币)。同样，台湾魏德圣导演的《海角七号》在台湾票房为 4.6 亿台币(约合人民币 9500 万)，大陆票房 3500 万；叶天伦导演的《鸡排英雄》台湾票房 1.7 亿(约 3500 万人民币)，大陆票房只有 120 万；九把刀导

① 华谊兄弟 2012 年年报显示，2013 年 1 月“金牌监制”陈国富已经离职。

演的《那些年,我们一起追的女孩》台湾票房近3亿台币,大陆票房也较为理想,突破5000万,创下台湾影片在大陆的票房最高纪录。这是有意思的文化现象。

这表明,华语电影应当更宏观地把握华语电影市场的需求和文化共鸣,而不仅仅是靠三地导演、演员来吸引三地观众。这更是超越商业背后的意义和价值共识。

如今,世界上形成了美国"好莱坞"、印度"宝莱坞"、香港"东方好来坞"等具备全球影响力的电影产业。与好莱坞和宝莱坞相比,香港没有印度的规模市场,也无法与好莱坞在全球市场展开竞争。面向华语区的华语电影,整合香港、内地、台湾的电影资源和制作能力,完全有可能以中国内地的巨大电影市场为依托,创造新的有世界影响力的电影中心。

9.3 文化参照

大陆、香港和台湾有着共同的文化基因和各自的文化特色。而文化创意产业作为文化和价值的载体,不仅有着产业层面的竞争与合作,还有着文化价值观层面的相互参照的功能。这就意味着三地在文化观念、创意能力、文化认同上也会"和而不同",交流、交融必然伴随交锋。而相互的差异和参照能使中华文化变得更为多样和繁荣。

9.3.1 内地与香港:磨合与摩擦

自1841年被英国殖民以来,香港就以其特殊的地位,在中国近现代史中扮演着独特的文化角色。"我国历史上第一个报刊政论家"王韬在香港创办了《循环日报》(1874年1月5日),宣传变法、鼓吹发展民族工业、在中国实行君主立宪制度;陈少白受孙中山委派创办《中国日报》(1901年1月),宣传同盟会的主张,矛头直指清朝政府;而1937—1949年间,中国文艺工作者在抗战前期和国共内战期间形成两次来港高潮。著名文化人如何香凝、柳亚子、茅盾、郭沫若、夏衍、戴望舒、萧红、端木蕻良、柯灵、欧阳予倩、秦牧、黄药眠、冯乃超、司马文森、马思聪、钟敬文、吴祖光、周而复、丁聪、方成、叶以群等先后云集香江,从事抗日救亡和爱国民主活动，使香港两度成为中国“新文化中心”[①]。

到内地改革开放之初，香港通俗文化北上，与内地原有的意识形态主导的、宣传的文化形成互补，填补了内地民众文化需求的空白，并且在长时间内向内地输入大众文化、文化创意产业的专业经验、市场意识和人才。例如总部位于香港的凤凰卫视，就令内地观众感受到华语新闻专业主义的魅力和不同的新闻视角，开阔了内地观众的新闻视野和华人观。

香港的“二楼书店”，是不少内地游客到香港之后必逛之所，能够读到一些内地无法出版的时政类、成人类“禁书”。位于香港购物街的人民公社书店等专门出售一些触及内地政治禁忌的图书，而购买者90%为内地游客。香港拥有出版和电影的分级制度，一些游客会专门组团到香港观看台湾导演李安《色·戒》的未删版（内地公映版删减了暴露和暴力的镜头），观看《3D 肉蒲团》《一路向西》，这些文化需求与内地民众赴港购物、带奶粉一样，表明了香港之于内地的某种文化特区意义。

香港以一个都市的容量和规模所发展出来的文化创意产业，值得内地的北京、上海、广州等都市借鉴。同时，香港作为商业社会、法制社会，让内地看到了华人社会的秩序和精神。

随着内地与香港全方位交流的日益密切，文化的交流也会带来文化的摩擦。摩擦主要存在于两个维度：一是礼仪、国民素质，属于习俗、制度层次；另一个维度是社会政治制度，属于价值观层次。

2011 年发生的内地孩子在香港地铁进食事件，由礼仪、人情、规则发酵成为两地网民和意见领袖的“口水战”；2012 年，个别香港媒体和市民以“蝗虫”对“双非孕妇”示威；2013 年，香港有“反国教”运动、“限奶令”等。可以看出，两地的文化冲突发生在器物、习俗、制度、价值观等文化各个层面，揭示了两地民众复杂的心态：随着内地经济发展，富裕起来的民众通过“自由行”到香港旅游购物，从心态上自认是帮忙提振了香港经济；香港民众则看到越来越多的不文明行为，担心越来越多的内地人对香港本地医疗、教育、公共资源的瓜分。

---

① 王一桃：《香港回归前的文学艺术》，《广州师院学报》1997 年第 3 期。

其实，就像婚姻一样，蜜月期后都会迎来磨合期。双方都需要换位思考、加强理解、尽快完成磨合。香港需要像内地开放电影、出版、设计等文化创意产业市场一样，来思考香港对于内地的开放和优势。例如，香港的医疗、食品、教育质量上乘，可地域狭小无法接受更多的内地消费者，那么，就应当以品牌、管理、人才输出的思路，到内地，特别是珠三角地区提供医疗、教育和食品服务。这样，将“Made in HK”变为“Made by HK”。内地与香港合拍片、合作出版其实就是这个思路。香港不再仅仅是个地理上的特区概念，而是一个整体品牌和一系列的优势产业和服务能力。观念的改变，能够给香港获得更大的有形与无形的市场和品牌认知。

9.3.2　大陆与台湾：想象与认知

随着两岸交流的密切，台湾社会“温良恭俭让”的传统文化氛围、业者创意能力和品牌，也常常成为传统文化日渐消失的大陆民众寄托文化想象的对象。“台湾保有珍贵的中华文化”，似乎成为去过或者未去过台湾的大陆民众的一个刻版印象。

最有代表性的文本是大陆青春作家韩寒到访台湾后所发表的《太平洋的风》。在文中，他深深为个人遇到的善良、纯朴的台湾出租车司机、眼镜店主所感动，称“我要感谢香港和台湾，他们庇护了中华的文化，把这个民族美好的习性留了下来，让很多根子里的东西免于浩劫。纵然他们也有着这样那样的诟病。而我们，纵然我们有了丽兹卡尔顿和半岛酒店，有了Gucci和LV，我们的县长太太也许比他们最大的官员还要富有，我们随便一个大片的制作成本就够他们拍二三十部电影，我们的世博会和奥运会他们永远办不起，但走在台湾的街头，面对着那些计程车司机，快餐店老板，路人们，我却一点自豪感都没有。我们所拥有的他们都拥有过，我们所炫耀的他们的纳税人不会答应，我们所失去的他们都留下了，我们所缺少的，才是最能让人感到自豪的”①。

① 韩寒：《太平洋的风》，韩寒博客 http://blog.sina.com.cn/s/blog_4701280b0102e5np.html。

无论已经与台湾相遇，还是存在于“观念世界”中的想象，台湾都成为大陆礼仪、文明素养以及更多层面的参照物。2011 年，《新周刊》花了 2 个月，动用 70 余位记者、编辑来台湾采访，发表《台湾，最美的风景是人》的专题。其中一篇写台湾印象的文章写道：“有陆客对导游小曾说，台湾真破，奔驰没几辆，楼又这么小这么破，推荐点漂亮点的行不？台湾最值得你推荐的是什么？小曾说是人情和文化。台湾的文化与人情没写在楼面上，却写在人脸上。”①

这些文章引发了两岸的热烈讨论。畅销书《我们台湾这些年》作者廖信忠引用胡适的话，使人看到了比直觉和想象更深刻的东西：“一个肮脏的国家，如果人人都开始讲规则而不是谈道德，最终会变成一个有人味儿的正常国家，道德自然会逐渐回归。一个干净的国家，如果人人都不讲规则却大谈道德，人人都争当高尚，天天没事儿就谈道德规范，人人都大公无私，最终这个国家会堕落成为一个伪君子遍布的肮脏国家！”②

与香港一样，台湾文化的镜鉴作用，使大陆民众将自身的欠缺投射到对方身上，从而看到了规则、法治的作用，也就是文化分层中的制度建设的作用。这也是台湾和香港在进行文化创意产业定位和分析时，对于制度、法律优势的自信。包括诚实、守信、重法等等文化，并非只在商业贸易中才会存在，而是整个市场经济的基石。没有这些文化基因，社会就会出现“破窗效应”、“劣币驱逐良币”，维系社会的共识和规则就会丧失，此时再去求助道德和传统，不仅已是“礼崩乐坏”，更是舍本逐末。

古人说，“夫以铜为镜，可以正衣冠，以古为镜，可以知兴替，以人为镜，可以明得失”③。内地、香港和台湾相互为镜鉴，能够照出中华文化的复兴之路，控制试错的风险。

而根植于不同的土壤之上，结出的文化创意产业自然各有特色，这种“和而不同”成为启发创意、创新的重要源泉。

---

① 肖锋：《在台湾找中国味儿》，《新周刊》2011 年第 17 期。

② 廖信忠：《台湾不是韩寒写的那种好》，《环球时报》2012 年 5 月 29 日。

③ 语出《旧唐书·魏徵传》。

2011年,大陆“光合作用”书店倒闭,成为“书店之死”的最新符号,引发全社会的忧虑。在这样的语境中,台湾的“文化地标”诚品书店被屡屡提及,成为大陆书店倒闭潮的诊断参照:同样是书店,为何大陆书店接连倒闭,台湾诚品却成为文化地标?

一个诚品书店体现了台湾文化创意产业的别样魅力。

文化产业学者范周这样描述台湾诚品书店带给他的体验:“一踏进诚品书店,书香和咖啡香奇妙地结合在一起扑面而来,尤其和传统书店不同的是,在这里随处可以找到供顾客捧着书本休憩的座椅,店内明亮开阔的空间、具有欧式风情的书架摆放更使得书店充斥着宁静、祥和的气氛,让人在踏入书店的瞬间顿时觉得心旷神怡。与传统书店规格化和沉闷的气氛相比,诚品书店不仅书种齐全而且极具人文艺术气质的特色,不得不说给人留下了极其深刻且美好的印象,其中透露出对顾客精神世界的关心、尊重、呵护,相比较于其他单纯靠金钱、靠销量来衡量其价值的营销案例,诚品书店营造的阅读氛围是既贴心又温暖的”;“诚品每家分店的设立也充分地考虑了地理环境、文化要素的影响,都会依当地的人文色彩与生活风格,设计出各异其趣的陈设风格及书籍内容,体现出与区域结合的特色。如在青少年聚集的台北西门町,就多摆了漫画与罗曼史的图书区;天母店注重休闲、旅游与家居书籍;而中南部部分分店则是增加了中文书籍的比重。这些具有针对性和个性化的设计理念,可以说是为未来的发展埋下了伏笔,从而奠定了其持续繁荣的基础。①

诚品书店是创意介入传统书店的创新产物。经营23年来,诚品从来没有只把自己当做一个图书卖场。文化创意产品、咖啡厅引入、数千平方米超大旗舰店、24小时不打烊等,使诚品书店在越界中变形生长,成为集阅读场域、传达温度和故事、丰富城市人文风景的融合体。诚品董事长吴清友提出要营造一种由“人、空间、活动”共同形成的“场所精神”,把阅读扩展到“书与非书”之间,推广文学、建筑、音乐、戏剧

① 范周:《台湾创意产业:让创意融入生活》,《文化月刊》2010年第8期。

等文化产业，让诚品成为带有公益性人文关怀的场所①。这可谓是对诚品书店精髓的总结。在读者心中，诚品不只是一个购书和阅读的场，而是台北的文化家园，带着强烈的文化认同和归属感。许多并不爱阅读的大陆游客到台湾后，都会参观诚品书店，诚品已经成为台北的文化地标，并出岛登陆，自然顺理成章。

2012 年，诚品书店在香港寸土寸金的铜锣湾开设了首家岛外分店。2014 年，诚品将在苏州开幕，上海、广州、南京、杭州、深圳等城市也在期待诚品的到来，营造创意城市的书香氛围。值得一提的背景是：大陆本土的书店，北大风入松书店、上海季风书店、厦门光合作用书店接连关闭。据不完全统计，全国近两年来倒闭了一万多家实体书店②。“到底是谁在杀死实体书店？”成为一个难以解答的谜题。

这表明，并非是我们不需要书店了，而是现在的书店并没有满足受众的文化需求。

诚品书店使书店这个夕阳产业变成台湾文化品牌，并向华语区进行品牌输出。平心静气地想，这种力量在商业气氛过于浓厚的香港不易萌生，在阅读功利化的大陆同样稀缺，这是台湾这块土地所具备的创意和文化的力量。

---

① 任沁沁：《书香可贵 人文价高——那些依然坚守的实体书店》，新华网 2012 年 8 月 16 日。

② 梁建刚：《“30 天就倒闭书店”的 30 天》，《解放日报》2011 年 11 月 24 日。

第十章　华语文创产业的国际话语权

著名学者费孝通先生提出文明对话的“三个阶段”说：各美其美、美人之美、美美与共，描述出文化特色、文化交流、文化多样性的阶段性。而在全球化和文化创意产业的语境下，文化的交流、交融、交锋以及影响、创新越来越倚重文化创意产业来实现。

在经历了十多年的文化创意产业战略实施之后，华语区的文化交流和融合正在成为现实。而具备了创意和创新的华语文化创意产业，需要在国际文化创意舞台和体系中展现自我、嵌入其中，助力中华文化在世界舞台上恢复活力和影响力。

10.1　市场开放与国际合作

与产业资本、金融资本一样，文化资本必然追逐全球市场，文化的交流和碰撞就此发生。

10.1.1　竞争与启发

华语区社会政治、经济、文化发展程度不同，内地的文化及文化产业战略是基于国家和民族层面来说的；而香港和台湾因其体量并不大，且从历史和地缘来看处于“边陲”的位置，因此其文化及文化产业战略是城市或者地区层面的：香港瞄准亚洲、台湾瞄准华文世界。这些形成了文化创意产业发展的特色。

从另一个角度来说，香港和台湾得以更早、更密切地与西方外来文化进行交流和杂处，更早地进入了文化的大众化、通俗化、产业化阶段，因而在一段时期内，成为内地（大陆）文化引进的主要对象。

在各自的不同语境下，文化市场的对外开放进程和程度也有所不同。

以电影为例，在华语电影市场，好莱坞电影都是本土电影最大的竞争者。1949 年新中国成立以前，我国电影院中放映的好莱坞电影占 80% 以上。仅 1933 年和 1934 年两年，由好莱坞输入的故事片就分别是 309 部和 345 部，1933 年上海的 37 家影院中，有 19 家放映美国影片[①]。

对于进口电影政策，香港作为“自由港”，对进口文化产品和服务没有非市场壁垒，基本靠市场调节。每年全港上映的外国电影达 200—300 部之间。2009 年香港全年上映电影 268 部，港片 51 部；2010 上映 286 部，港片 54 部；2011 年上映 276 部，港片 56 部；2012 年上映 303 部，港片 53 部[②]。

台湾地区曾经实行过进口电影配额和限制，后于 1995 年起取消。但出于意识形态原因，对大陆影片仍然实行进口配额，目前每年为 15 部，以抽签方式确定配额归属。

内地对进口电影实施配额。1994 年 1 月，国家广播电影电视部授权中影公司按照国际通行的分账模式，每年引进 10 部“基本反映世界优秀文化成果和当代电影艺术、技术成就的影片”，改变了之前以低价买断进口外国电影的模式，激发了好莱坞大片进入中国市场的动力。当时的分账比例确定为制片、发行、放映三方分别分享票房收入的 35%、17%、48%。同时规定引进比例为美国片 1/3，欧洲占 1/3，其他国家占 1/3。

到 2001 年，中国正式加入 WTO，承诺每年进口外国电影 50 部，其中 20 部以分账方式引进，其余为“批片”。2012 年分账影片增至 34 部。

---

① 卢燕、李亦中主编：《隔洋观景：好莱坞镜像纵横》，北京大学出版社 2004 年版，第 7 页。

② 数据来源：香港影业协会发布 2009—2012 历年《香港电影市道整体情况》。

与此相对应，基于“一国两制”、“祖国和平统一”的构想，内地通过CEPA和ECFA协议，对香港和台湾电影取消了电影配额，合拍片更享受国产影片待遇。这种对华语文化资本和对外国资本“一张一弛”的政策组合，表明了争取时间和空间培育华语文创产业的竞争力的意图。

在内地市场，国产电影一直与以好莱坞电影为代表的进口电影进行竞争。从“狼来了”的恐惧到“与狼共舞”的从容，市场开放对本土文化创意产业的竞争力起到了提升作用。而随着国产大片的出现，与香港、台湾合拍片被视作国产电影，其实国产电影已经扩大为华语电影。因此，在2001—2011年十年间，国产电影票房都能够占据一半以上的份额。

但到2012年，随着引进分账大片名额增加至34部，引进片票房收入88亿，占到51.5%，十来年首次打破了国产片票房略胜进口片的态势。好莱坞六大公司（二十世纪福克斯、华纳兄弟、迪斯尼、派拉蒙、索尼和环球）以27部影片（占全部进口影片总数的36%）获得了八成的引进片票房（70.5亿元）。其中，二十世纪福克斯的六部电影中，五部进入亿元俱乐部：《泰坦尼克号》3D取得9.48亿元的票房成绩，《少年派的奇幻漂流》收获5.71亿元，《冰川时代4》票房4.4亿元，《普罗米修斯》票房2.2亿元，《飓风营救2》票房1.1亿元。按票房总成绩，排在二十世纪福克斯之后的是华纳兄弟，年总票房11.26亿元、索尼10.71亿元、迪斯尼10.4亿元、派拉蒙9.42亿元、环球5.42亿元。“二八定律”展现出好莱坞强势品牌的持续赢利能力。

在台湾，本地电影在好莱坞电影的冲击下，市场占有率不断下降。1990年，台湾地区将每一城市联映外片的影院由单家增加为6家，进口影片拷贝数由8个增为12个，均大幅提高50%，对外片开放电影市场。1995年，以美国迪斯尼公司正式在台成立分公司为标志，好莱坞八大公司（“美商八大”）在台湾全部由“代理阶段”走向“直营阶段”。1998年，美商投资的华纳威秀影城（拥有18个放映厅）正式登陆台北市，成为当地最大的影院，占到台北市电影票房收入的一半。外资对发行、放映环节的控制，使台湾影片的排片上映受制于人，台湾本土电影票房的比重由20世纪90年代初的50%，下跌到90年代末的不到

5%。2001年，台湾加入WTO，取消外片58个拷贝上限以及电影院放映外片的相关限制，向好莱坞全面敞开市场。原来占据台湾票房的香港电影被好莱坞电影驱逐；台湾本土电影也受到极大打击。华语电影在台湾市场进入颓势。

再看香港电影，港片不仅被好莱坞影片逐出东南亚传统市场，在香港市场的票房份额也不到二成。

进口电影不仅带来了竞争，也带来了启发和合作。例如，对引进电影采用的分账模式，自1995年起也对国产大片实行，为电影制作者提供了制作精品的激励机制；好莱坞大片的视听效果，"倒逼"我国城市影院升级调整，多厅影院、院线制等引入内地，电影观影环境和体验大大改善。

以哥伦比亚公司[①]为代表的好莱坞公司自2001年开始，相继参与投资内地华谊兄弟的《大腕》《天地英雄》《手机》《功夫》《可可西里》等影片。其资金优势、海外发行渠道，都推动着民营电影企业进入新天地。

2004年10月，华纳兄弟影业公司与中影集团、横店集团成立首家中外合资影业公司，这标志着外国资本正式进入中国的电影制作环节[②]。

好莱坞电影公司还参与了华语电影的海外发行，像《卧虎藏龙》由索尼负责海外发行，使华语片在北美票房获得空前的成功；《英雄》由米拉·麦克斯公司买断负责海外发行，帮助华语电影拓宽了国际市场发展空间。

因此，有学者认为，好莱坞存在的意义、方式也可以重新定义为中国电影工业突围与崛起的复杂形式[③]。十年来中国电影市场的跨越式发展、国产大片和精品力作不断涌现，都体现了好莱坞所带来的"鲶鱼效应"。

---

① 索尼影视娱乐公司旗下的电影公司之一。索尼1995年在中国成立代表处，也是好莱坞大公司中最早拓展中国业务的公司。

② 龙迎春：《合作合资忙 好莱坞"大鳄"试水中国市场》，南方网，2005年9月15日。

③ 丁亚平、卢琳：《好莱坞与中国电影工业》，《解放军艺术学院学报》2009年第1期。

10.1.2　创意高地与文化代工

市场开放、引进的目的是为了在竞争中学习与超越。

客观地说,当前主要的流行文化形态,如电影、电视、网络、智能终端,以及可能替代它们的可穿戴设备,都是由西方发源、创造的。西方对文化创意产业高地的占领体现为文化创意科技的研发、应用和前瞻。

美国好莱坞知名导演卡梅隆任联合主席的卡梅隆—佩斯集团(简称 CPG)不断把世界 3D 电影艺术技术推向新高峰。CPG 认证体系是全球 3D 电影制作水平的标准,凭借这一认证,《雨果》等优秀影片登上了奥斯卡宝座,而伦敦奥运会全球 3D 转播技术的重要部分也由 CPG 提供。2012 年 8 月 7 日,CPG 中国公司[①]在天津成立,将其技术创新和标准带到中国,开展 3D 影视技术认证、3D 影视节目制作、3D 信号转播服务、3D 技术艺术专业人员教育培训和 3D 技术研发及设备生产等业务。

同一天,好莱坞著名导演史蒂文·斯皮尔伯格创办的“梦工厂”与华人文化基金签约,在上海建设“东方梦工厂”。该项目由中方控股 55%,美方持股 45%,首轮投资将达 3.3 亿美元。“东方梦工厂”将由两大业务板块构成。一是影视产品及衍生产业,2017 年以后将以每年 1 至 3 部动画电影的创作速度形成规模,达到国际一流动画公司的运营水准。《功夫熊猫 3》将在“东方梦工厂”诞生,2017 年面向全球发布首部由东方梦工厂本土原创的动画电影。二是位于徐汇滨江的大型都市文化集聚区“梦中心”,集聚一系列剧场影院群落、文化创意产业、会展观光景点、餐饮商业设施等,包括“功夫熊猫主题馆”在内,于 2016 年落成。“东方梦工厂”将把丰富而多元、古老而现代的中国文化带给世界各地的人们。

西方不仅在有形的技术、装备上不断创新,而且在无形的商业模式、创意版权上也不断创新。

---

① CPG 中国公司由 CPG 卡梅隆—佩斯集团、天津海泰控股集团、天津北方电影集团合资成立。

一般的产业关注商业模式的可行性和风险控制，而文化创意产业还需要关注文化创意模式的可持续性。引进好莱坞大片、亚马逊畅销书、百老汇歌剧等，都体现了成熟文化创意模式的魅力。而西方不断摸索出将具体产品、版权之上的内容形态、组织模式、制作流程等创意"模式化"、"固化"，使之占领新的创意高地，得以实现工业化生产。

最为明显的例子，莫过于近几年来风靡一时的综艺节目模式版权的引进：如婚恋交友类节目，湖南卫视的《我们约会吧》引进英国 Fremantle Media 公司"Take Me Out"节目模式；歌唱选秀类节目，东方卫视《中国梦之声》、湖南卫视的《中国最强音》、东方卫视《中国达人秀》都引自英国 Fremantle Media 公司的"Idol""The X Factor""Got Talent"三大主打节目模式；浙江卫视的《中国好声音》引自荷兰 Talpa 公司"The Voice"节目模式；湖南卫视《我是歌手》引自韩国 MBC"I am a Singer"节目模式；舞蹈选秀类节目，东方卫视《舞林争霸》引自美国"So You Think You Can Dance"节目模式；体育综艺类节目，早期有央视引进的《城市之间》。2013 年夏天荧屏掀起的"跳水热"，江苏卫视的《星跳水立方》引自德国 Banijay 公司"Stars in Danger：High Diving"节目模式。浙江卫视的《中国星跳跃》引自荷兰的"Celebrity Splash"。可以说，卫视荧屏进入节目模式对战时代。

在这轮节目模式引进大潮中，一个新兴的节目模式版权产业格局逐渐浮现：创意中心包括荷兰、挪威、瑞典等；节目模式被英国、美国购买后，制作成辐射全球的文创产品。代表性的公司包括偶像系列（idols）、达人系列（got talent）和 X-元素（X – factor）的创意者英国 Fremantle Media；英国广播公司在华电视模式代理制作机构 BBCW/世熙传媒）；英国 IPCN 国际传媒；荷兰 Endemol 公司、Talpa 公司等。而中国买家的竞争，使节目模式版权产业的根基更为扎实，垄断地位也更为巩固。

购买节目模式买到的是什么呢？浙江卫视和灿星公司购买荷兰 Talpa 公司"The Voice"节目模式版权，得到了一份厚厚的"节目模式圣经（TV Format Bible）""飞行制片人"。"节目模式圣经"包括完整剧本大纲和产品说明书，内容涵盖前期准备、内容安排、导师选择、学员挑选、现场音响的安装和调试、灯光的色彩和明暗的调校，甚至细致到编导手记、接线的方法。例如,模式方规定必须要用27个机位,将现场全部录下来。最为标志性的椅子也是直接进口。在操作过程中,节目模式方还会派出“飞行制片人”进行现场指导。同时,节目也根据中国的实际情况进行了一些调整,例如,版权方要求四位导师中有一位来自草根歌唱类选秀节目,但终未实现,做了调整。“中国好声音”收视率从1.5%飙升至总决赛的6.1%,广告费和版权费总计收入3亿多元。第二季节目的独家网络播出权已由搜狐视频以上亿的价码购得。“转椅子”的独特创意,增加了节目的识别度和新颖度,也增加了节目的悬念,成为商业广告和网络文化的热点。这表明,花钱购买节目模式版权,买到的是对风险的控制。这其实解决了深深困扰文化创意产业的难题:如何保证创意可行?如何将创意执行到位?

近几年来,收视率高的电视节目,几乎全部是这种引进国外节目模式的路径。从“山寨”海外节目,到愿意付费购买节目模式版权,这表明了中国电视节目市场竞争的规范化和国际化。模式创意方和买方的双方利益得到保障,商业模式得以确立。节目模式版权因为风险可控、可操作性强而成为各大卫视青睐的路径,而市场的成功也进一步加深了国内卫视对海外节目模式的路径依赖。而这有可能使得国内的节目研发和创意能力更为薄弱,西方的节目形态和文创模式获得了更虔诚的膜拜。西方文化创意产业的辐射能力进一步增强,提供的衍生品大大丰富,进一步占领了文化创意产业的创新源头。

华语文化创意产业较多地建立在西方的文化科技、文化形态内容等基础之上。一方面我们期待华语世界能够通过引进、学习,使西方文化创意产业的经验和成果与华语文化相结合;另一方面,也期待华语世界能够推动文化科技、文化内容形态等的创新。

实际上,节目模式这样的文化创意模式产业很适合像香港、台湾这类市场狭小,但创意能力强的地区,它们完全有能力将自身具备优势的设计、生活创意等形成文创模式,从而成为像北欧国家那样的创意中心和输出中心,实现自身“亚洲创意中心”、“华语文创中心”的战略定位。当然,它们应该学习的是,如何将无形的创意模式化、产品化、品牌化。而内地市场和潜在受众则成为模式购买和消费的“放大器”和“操作台”,将模式幻化为具体的产品和服务,形成合作互补。

上述节目、版权、节目模式等的引进，还只是文化创意模式的冰山一角。而主题公园这样巨量的文化创意模式、品牌的引进，在给民众带来更多的文化娱乐体验的同时，更对比出华语文化创意产业运营的空白和缺失。

2006 年之前，华语区就开建了诸多游乐园、主题公园，例如香港海洋公园，深圳锦绣中华、世界之窗、欢乐谷；北京中华民族园；上海锦江乐园等。但是，与美国迪斯尼乐园相比，其吸引力和竞争力就当下立现了。而这种差异是由创意缺失和品牌缺位造成的，甚至可以说，华语区的主题公园是“建造”出来的，而非“创造”出来的。

迪斯尼在洛杉矶、巴黎、东京都已建有乐园，成功地把由动漫形象衍生出的主题公园模式复制到全球。2006 年香港迪斯尼乐园开业，2009 年上海宣布迪斯尼项目获准开建。如果与前述华语区的主题公园做比较，不难发现，主题公园的灵魂是形象和符号，如果缺失了这一部分，只能是硬件。游客通过迪斯尼的动画、形象建立了对迪斯尼乐园的独一无二的认知，形象、故事、体验形成受众意义生产的紧密链条。

主题公园产业链的上游为原创性的影视作品，下游为相关衍生产品的开发，主题公园只是链条中游。主题公园既是虚拟动漫形象和符号的固化和新一轮消费窗口；又成为动漫、符号的体验和传播平台。

目前运作最好的迪斯尼乐园在东京。其制胜法宝就是成功地吸引到本地的游客，因为其 70% 的游客来自东京，更有 90% 的游客来自日本——它不是一个旅游项目，而是融入了当地文化生活。

迪斯尼乐园的竞争对手——好莱坞环球影视城（Universal Studios）也在积极进入华语区。北京市正在积极做论证和申报工作。

环球影城主题公园与迪斯尼主题公园、环球嘉年华被并称为现代世界三大娱乐品牌。迪斯尼乐园适合儿童游乐，环球影城则更加适合成年人游玩，是好莱坞电影的衍生产品。像变形金刚、怪物史莱克、大白鲨、侏罗纪公园等好莱坞大片的人物形象和场景以及绝望主妇等美剧片场，都呈现在环球影视城中。包括哈利·波特，也在美国奥兰多的环球影视城中能够体验。在美国之外，环球影城只在亚洲的日本和新加坡建设了主题公园，韩国环球影城预计 2014 年建成。

据北京市发改委网站显示，北京环球影城主题公园项目曾作为北京市重点建设项目列入《北京市2008年重点推进前期工作项目》，该项目由北京首都旅游集团有限公司与美国环球影城合作建设，计划投资100亿元，建设地点位于通州区梨园镇、张家湾镇、台湖镇三镇交汇处（六环路西侧、京沈高速路北侧），建筑面积20.64万平方米，主要建设以美国环球影城现有知识产权为主的娱乐景点和游乐设施。

综合来看，守住创意部分，才是文化创意产业的制高点。由于全球文化格局的西强东弱，在全球文化产业分工中，越来越多的制作和加工环节向华语区转移。例如，3D特效制作、道具制作、服装生产等。但是，故事的创意、形象的创作、时装的设计、品牌价值的增值，却仍然由文创产业强国掌控。这些都是华语文化创意产业在不断地嵌入全球文化创意产业过程中，开始面临的新问题。这也正是中国内地需要调整文化产业结构、提升文化服务业在增加值中的比重的原因；香港特区和台湾地区的文化创意产业分类以英国创意产业分类为蓝本，相对突出了文化创意内核。华语文化创意产业应当警惕再度被迫进入"微笑曲线"的低附加值部分。

10.2　融入与建构文创评价体系

西方文创产业已经建立起了完善、有影响力的评价体系，不仅包括技术标准体系，更包括艺术评价体系。以诺贝尔奖、奥斯卡奖为代表的奖项，已经对文学、电影、戏剧、音乐、电视等行业实现了完整的评价。

值得注意的是，新技术、新领域的兴起，西方都能够较快地建立起新的产业标准和评价体系。例如，《纽约时报》书评是具备影响力的传统的畅销书排行榜。随着数字阅读、移动阅读的兴起，亚马逊畅销书排行榜迅速确立起新的行业地位。这种承上启下、生生不息的创新能力令人慨叹。

台湾导演李安是华语电影人掌握、借用并赢得好莱坞评价体系的典型。"在台湾我是外省人，在美国是外国人，回大陆做台胞，其中有身不由己，也有自我的选择，命中注定，我这辈子就是做外人。这里面有台湾情、有中国结、有美国梦。"这是李安在自传《十年一觉电影梦》中对自身文化身份的剖析。这种跨文化的身份，使李安能够在华语电影和好莱坞电影的场景中自如地切换，并且将好莱坞的模式带入华语电影，也将东方视角带入好莱坞电影。

李安先制作的“父亲三部曲”《推手》(1991 年)、《喜宴》(1993 年)、《饮食男女》(1994 年)等，都是关注华语文化与西方文化碰撞的题材。《喜宴》获得柏林电影节金熊奖和奥斯卡最佳外语片的提名；这成为哥伦比亚电影公司邀请李安导演《理智与情感》(1995 年)的理由，与好莱坞的首次合作，为李安赢得第二座金熊奖杯。之后又导演了《冰风暴》(1997 年)等具有西方文化内核的美国影片。

在赢得好莱坞的声誉和经验后，李安回到华语题材《卧虎藏龙》，以华语文化和电影类型与好莱坞模式对接，获得了 2001 年奥斯卡最佳外语片奖。这不仅是李安导演的成功，也开启了“华语武侠 + 商业大片”模式的十年繁荣。

李安的作品背后都有美国电影资源和资金背景：李安在美国影界能够打开局面，最关键的人物是他的制片和御用编剧詹姆士·沙姆斯(James Schamu)。从《推手》开始，沙姆斯就开始为李安编剧、找投资。2006 年获奥斯卡最佳导演奖的《断背山》(*Brokeback Mountain*)由 Focus Features 公司发行，根据张爱玲小说改编的《色·戒》也由该公司发行，2012 获奥斯卡最佳影片、最佳导演的《少年派的奇幻漂流》由福克斯公司发行等。

随着好莱坞越来越重视华语市场，华人影星在好莱坞电影中也获得了更重要的角色。从 1998 年李连杰进军好莱坞参演《致命武器 4》到巩俐出演《迈阿密风云》的主要角色，华人演员成为好莱坞渗透华语区市场和国际市场的重要手段。这使这一代华语文化业者得以搭上更好更快的“船”，“借船出海”。

借助好莱坞这艘船，华语电影人展现了智慧和才华。这也成为华语区的一个重要的文化路径：创作展现中华文化的非主流作品；赢得国际奖项，获得国际知名度；进入好莱坞；对华语电影创新。这种仿佛回到起始点的运动，为华语文创业者了解国际市场、国际资源，服务华语市场、整合华语资源提供了学习和超越的模式。

2001 年的电影《卧虎藏龙》就是一个整合华语文化资源的样本：代理西片在香港发行业务的安乐公司；在好莱坞确立了名气的台湾籍导

演李安；在好莱坞发展的香港演员周润发、杨紫琼——这些优秀的华语电影人才经过好莱坞的历练，站在一个相当高的位置来演绎王度庐的原著故事。《卧虎藏龙》由此将华语武侠片带入了一个新的水准，即武侠 + 商业大片，呈现给观众一个华语“武侠奇观”。电影最终赢得奥斯卡最佳外语片等奖项正是综合实力的体现。

华语导演张艺谋的《大红灯笼高高挂》《英雄》都获过奥斯卡最佳外语片提名，后来拍了《英雄》《十面埋伏》和《金陵十三钗》，不断开创华语商业大片的新体验；陈凯歌导演的《无极》、冯小刚导演的《夜宴》也都曾角逐过奥斯卡奖，但都未最终获奖。但是，我们不能不承认的是，他们已经离奥斯卡足够近了。在角逐奖项的过程中，华语商业电影越来越精彩好看。而获得了足够的荣誉和票房的导演，才更有底气进行艺术的尝试和创新。

2012 年以前，中国作家的诺贝尔情结是文坛最热的话题之一。每当诺贝尔文学奖与华人无缘之后，都会引发一阵吐槽。如鲁迅拒绝 1927 年的诺贝尔奖提名；沈从文因为离世而无缘 1988 年诺贝尔奖；林语堂也曾经获得诺贝尔文学奖提名；2000 年，台湾作家李敖获诺贝尔奖提名，其作品《北京法源寺》洛阳纸贵；近十年来，诗人北岛三度入围诺奖候选人提名。2012 年，莫言获奖圆了中国作家的诺贝尔梦。中国文学受到世界的关注，对于莫言以及更多的中国作家作品“走出去”，这是一个极大的利好，标志着华文创作进入了西方主流视野。

当然，参与、进入西方文化创意产业的评价体系，可能带来的负面影响，就是迎合西方的标准和口味。甚至为了得到来自西方的艺术认可，文艺创作者可能会更多地构造人性与传统之间的斗争、制造“伪民俗”，从而出现“为西方制造出某种与其期待视野相一致”的作品①。其结果可能将中华文化推向更加边缘化的位置。

因此，在借助西方成熟有影响力的评价体系，参与全球文化创意产业大循环的同时，华语区应当逐渐建立起华语文创产业的各项标准体系，并形成文化品牌和自信。

① 张阿利、赵立诺：《中国主流大片中民族文化形象的建构与传播》，《现代传播》2011 年第 4 期。

从数量上来看，华语区的评价奖项显然不少，像台湾电影金马奖、香港电影金像奖、大众电影百花奖；内地电影还有华表奖、金鸡奖，以及新设立的国际电视节主竞争单元奖项："金爵奖"（上海国际电视节）、"天坛奖"（北京国际电影节）；出版业有中国出版政府奖、"五个一"工程奖、中华优秀出版物奖；戏剧有中国戏剧奖；电视有"白玉兰奖"、"飞天奖"、金鹰电视节等；游戏产业有"金翎奖"（China Joy）。对于华语区来说，需要通过专业和市场的结合，使奖项更具公信力，客观评价文化创意产业的年度进步和创新。一些奖项如"金爵奖""天坛奖"都面向世界接受影片参评申报，在彰显其国际化程度的同时，也面临着目前全球电影奖项格局的限制。必须在与国际一流评价体系的比较中找到自身的"蓝海"，拒绝同质化。

从目前来看，华语区的文化创意奖项应当集中在华语文创作品上，形成权威性、公信力。同时对全球以中国故事、中华文化为题材的外国电影、中外合拍片等建立评价体系。也就是建立全球华人视角的文化创意产业评价标准。面对这么巨大的市场，没有谁会掉以轻心。

10.3 文化"走出去"的效果评估

华语市场的对外开放，同时应当伴随文化创意的"走出去"，实现中外文化的双向交流和传播。从文化视角来看，"走出去"是华语文化对外传播和交流的重要战略；从产业视角来看，"走出去"是华语文创产业建立全球市场观念的文化和商业模式。

而随着民众越来越多地走出国门，人与人的真实交流代替了"拟态环境"的文化交流。走出去的效果评估和"噪音"控制需要得到充分重视。

10.3.1 孔子学院、民众文化素养

全球跨国文创巨头大都是面向全球市场进行创作、传播。

福克斯（Fox）电影公司的《阿凡达》（Avatar）全球票房达到 26.3 亿美元，相当于 174 亿元人民币，超过当年中国全国总票房。而北美以外地区的票房收入占到总收入的约 2/3。中国内地和香港就分别贡献

了约 14 亿元人民币和 1.6 亿港币。国内市场收回成本、海外市场赚取利润，已经成为产业巨头们不约而同的收入路径。

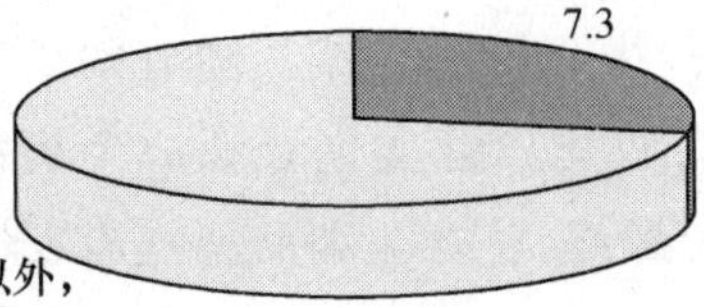

图 10.1　《阿凡达》全球票房构成（亿美元）

中华文化和文创产业“走出去”，就是着眼于扩大市场规模、构建中华文化更大的影响力和竞争力。

“走出去”战略的提出并非短时策略。早在 2000 年，文化部在《文化产业发展“十五”计划纲要》中就提出国内和国际“两个市场”、“两种资源”，“以利于引进世界一流的文化艺术产品，出口优秀的、具有民族特色的文化艺术产品”。2004 年，中共第十六届四中全会通过的《中共中央关于加强党的执政能力建设的决定》，提出了“推动中华文化更好地走向世界，提高国际影响力”。2006 年，《“十一五”规划纲要》中提出“扩大国际文化交流，积极开拓国际文化市场，推动中华文化走向世界”。同年，《国家“十一五”时期文化发展规划纲要》再提“抓好文化走出去重大工程、项目的实施，充分利用国际国内两个市场、两种资源，主动参与国际合作和竞争，加强对外文化交流，扩大对外文化贸易，扩展文化发展空间”。

2009 年，国务院《文化产业振兴规划》提出“文化产品和服务出口进一步扩大”，重点任务是“扩大对外文化贸易”。

2011 年 10 月 18 日中共十七届六中全会通过《中共中央关于深化文化体制改革推动社会主义文化大发展大繁荣若干重大问题的决定》，提出 2020 年“以民族文化为主体、吸收外来有益文化、推动中华文化走向世界的文化开放格局进一步完善”，并以此作为文化改革发展奋斗目标之一。

可以看到，文化“走出去”战略的确立已经有十年以上的时间，但是，中国文化要真正“走出去”，要靠实力，也要靠智慧。

具体来说,“走出去”战略的实施需要以文化创意企业的全球运营能力和竞争力为基础,也需要以文化创新能力作为内核。在文化传播西强东弱的整体格局下,“走出去”还需要借助西方成熟的产业路径和平台,这被形象地称为“借船出海”。随着华语文化创意产业实力的增强,通过资本运作,收购西方文创企业成为可能路径,“走出去”进入“买船出海”阶段。最终,将企业和品牌打造成华语品牌,进入“造船出海”的阶段。

积极传播中华文化,增加中华文化的识别度、感召力和影响力,是文化创意产业走出去的目的。在“走出去”战略实施过程中,政府通过重大项目的实施和带动,为“走出去”打造基础设施。

语言是文化传承的载体,文化的走出去,首先需要语言的对外传播。国际上,德国在全球建有“哥德学院”,法国有“法语培训中心”,日本有“日语学习中心”,韩国也计划五年内在全球100个地区建立“世宗学院”。

应对海外中文热,大陆和台湾都在海外建设了语言文化教学机构:大陆于2004年开始建设全球孔子学院(Confucius Institute),7年后,台湾开始建设台湾书院。

孔子学院由国家“汉办”与国外大学合作建立,为非营利性教育机构,因应“中国热”,为各国学习汉语言文化、了解当代中国的重要场所。首家孔子学院于2004年11月21日在韩国首尔成立。孔子学院所提供的服务包括:开展汉语教学;培训汉语教师,提供汉语教学资源;开展汉语考试和汉语教师资格认证;提供中国教育、文化等信息咨询;开展中外语言文化交流活动。目前,中外合作建立的全球孔子学院已达400家、孔子课堂535所,注册学员65万[①],分布在近百个国家(地区)。孔子学院数量最多的是欧洲、美洲,均超过百所。孔子学院已经被写进了党中央文件,成为传播中国文化的重要平台[②]。

2011年10月14日,台湾地区资助成立的台湾书院在美国纽约、

---

① 袁贵仁:《在2013年全国教育工作会议上的讲话》,教育部,2013年1月9日。

② 中共十七届六中全会:《中共中央关于深化文化体制改革推动社会主义文化大发展大繁荣若干重大问题的决定》,新华社,2011年10月25日。

休斯敦、洛杉矶揭幕成立。运作初期拟定四年建设计划，经费共36亿元新台币（约7.3亿人民币）。台湾书院的运作由台湾“文建会”整合外交机构、教育机构、国科机构、侨委机构等14个机关的资源共同推动而成。台湾书院不只推动中文学习，还开展各项文艺特展、数字典藏、汉学研究等活动。未来，书院将设置约6亿多元新台币的台湾奖助学金，供来台湾的学生、学者申请。

在体制上，孔子学院是直接将经费拨款给海外合作的学术教育单位；台湾书院则通过设立奖学金，与合作的学术教育单位签约设立“联络点”，派出经过培训的义工免费到小区去进行文化导览；台湾书院教繁体字，孔子学院教简体字。

孔子学院与台湾书院，成为中文和中华文化国际传播的两个平台。虽然后起的台湾书院一直在多个场合强调台湾书院并非要与大陆孔子学院抗衡，但是，台湾当局认为台湾代表了“中华文化正统”“保留中华文化精髓”。在2011年发布的《文化白皮书》中，称“台湾是华人文化重镇，举凡儒教、佛学、禅宗、文学、建筑、工艺、传统民俗等，均得到较其他华文地区较为完整的保存与发扬”。台湾书院的开办显然表明台湾期望做“中华文化的领航者”，以此提升其文化软实力①。

事实上，台湾书院与孔子学院之间的关系，是一个避不开的问题。如果两岸在中华文化对外传播的过程中，出现政治化考量而不是竞合的话，肯定会伤害海外民众对中华文化和文化中国的感知，这是两岸需要加强合作的部分。

除了政府层面的积极推动，随着越来越多的民众出国旅游、求学、就业，“走出去”不再仅仅局限在专业人士、企业和品牌层面。从文化交流、国家民族形象、公共外交的角度来看，这都是中华文化最真实的文化表达。

中国是世界上人口最多的国家，人的面貌就是国家和民族最生动的体现。2011年1月17日，在国家主席胡锦涛访美前一天，纽约曼哈顿的时报广场户外大屏幕上播出中国国家形象宣传片《人物篇》。在短短60秒钟时间内，宣传片展示了包括郎丽华、吴宇森、宋祖英、刘欢、

---

① 林崇胜：《台湾书院如何走向世界》，《国际先驱导报》2011年11月7日。

郎平、姚明、丁俊晖、袁隆平、吴敬琏、杨利伟在内的杰出华人，以人之美表达国家之美。在接下来的4周时间内，每天从早6点至凌晨2点，这则以中国红为主色调的宣传片在时报广场大屏幕上每小时出现15次，4周总计播放将近万次。同时还通过美国有线电视新闻网（CNN）的各个频道覆盖全球播放。

近年来，内地、香港、台湾通过“自由行”的制度安排，在旅游、商业等方面获益良多。但是，个别内地游客也因此将不文明的行为带到香港和台湾，成为“自由行”中不和谐的音符。少数内地游客的不文明行为，伤害了内地民众的整体形象；而不文明事件通过网络发酵，最终偏离“就事论事”的轨道，引发网民和公知的骂战；走出国门的中国游客还在埃及留下“到此一游”的刻字，在法国普罗旺斯为拍照而大打出手，令国人尴尬。

这些本属个人的不文明行为一旦被带到境外、国外，其负面的影响就被随之放大无数倍。值得思考的问题还有：同样作为华人地区，香港、台湾民众为何令人感到文明素质整体上比内地游客更胜一筹？是香港、台湾保留了更多中华文明的精髓，还是同样的文化基因在不同的地方结出不同的果子？抑或香港、台湾更多地吸取了西方文明的精髓？这些问题，使内地、香港、台湾的民众日常生活文化对比有了更大的价值。

柏杨的《丑陋的中国人》一书言语犀利、爱之深恨之切，书中所说的那些“丑陋”的举止，如今在香港和台湾变得少了。什么原因？《我们台湾这些年》的作者廖信忠讲过这样一个故事：台湾有一条河，两岸居民都习惯把垃圾丢到河里，甚至觉得别人丢自己不丢会吃亏。渐渐地，小河变成了臭水沟；随着防止乱丢垃圾的法规出台，丢垃圾变成犯法，这样的行为就少了，再经过治理，河水变清了。他讲的意思在于说，河水变臭和变清前后，民众都有中华文化传统；而只有法律、规则的刚性约束，文化传统中、人性中坏的那一面才会被去除。因此，纯粹寄希望于文化传统的恢复，只是一种幻想。这一看法对于大陆来说，是极有价值的。

当面对香港、台湾民众的文明守则、社会的井然有序，不假思索的答案就是“他们比我们更好地保留了中华文化传统”。这实际上是思维的误区，香港和台湾也经历了从不文明到文明的过程。就拿禁烟、禁止乱扔垃圾来说，没有人不知道它们的坏处和对环境的破坏。香港制定了法律，处处有警告语，并且有法必依。可以说，香港、台湾民众从"丑陋的中国人"到"文明的中国人"，正是规则和法治在起作用。内地也在禁烟，但是，多少在餐馆里吸烟的人会被劝阻、被依法处罚呢？

传统中国社会是血缘社会，人伦关系成为民众的道德约束。但随着都市化、城市移民的出现，血缘社会被陌生人社会取代，需要重建具有建设性和约束性的新的社会关系。这就是法律的完善和法治的精神。

正因为此，香港在提出文化创意指数时，将完善的法律、法治社会作为其中一条优势。现在看来，这一优势正是内地所缺少，甚至很难在短时间内超越的。

根据联合国世界旅游组织的统计，2012 年中国赴海外旅游的人次达到 8300 万，为世界各国带去旺盛的消费力，也有极少数不文明游客使中国游客被贴上"有钱缺教养"的标签。这种形象有可能损害到我们通过媒体、外交官、专家学者、企业、品牌大力构建的国家形象和文化软实力，最终会损害国人形象、国家形象、中华文化形象，并造成内地与香港和台湾文化形象的差别。

从这个角度来看，文化创意产业应当致力于让民众的生活更具美的体验，从而塑造文明礼仪、相互尊重、相互理解的良好心态。台湾地区的"创意生活"是一个很好的例子。从长远来说，民众的文化修养和文明程度，才是文化魅力、国家形象最好的体现，也应当作为文化创意产业社会效益的唯一标准。

为了了解内地、香港和台湾在国外民众心目中的文化形象，评估其"走出去"效果，本研究对 60 位韩国人士进行了访谈①，请他们分别描述内地、香港和台湾带给他们的文化印象（形象）。通过对访谈结果的词频分析，得出三地在受访韩国民众心中文化印象的差别。

---

① 中国人民大学新闻学院韩国留学生金奈姬、金惠智于 2013 年 6 月在韩国首尔进行了访谈调查，特此致谢。在接受调查的 60 位韩国人士中，七成左右到过中国，四成左右到过香港特区，二成左右到过台湾地区，到过三地的比例约为一成。

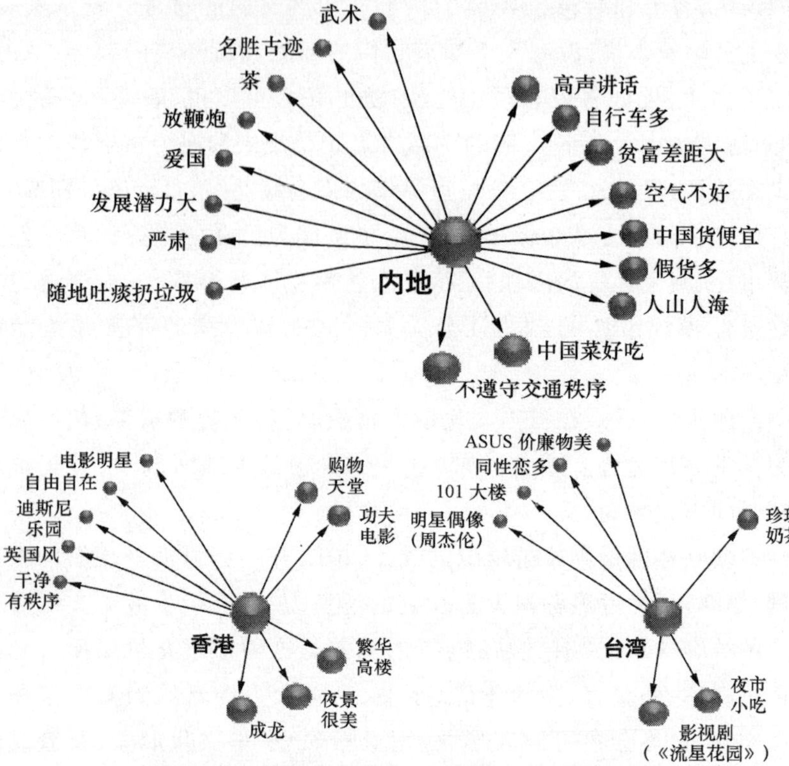

图 10.2　韩国民众对内地、香港、台湾文化印象

可以看到，由于到过内地的韩国人最多，也因为中国民众赴韩旅游人数相对更多，因此受访韩国民众感受到更多的内地人的不文明行为。像词频最高的“不遵守交通秩序”、次之的“高声讲话”、第三高的“随地吐痰扔垃圾”都属此类。这些负面的文化形象都是个别国民的文明修养欠缺造成的。相对而言，受访韩国民众对香港和台湾更多地通过媒介的“拟态环境”获得，因此“成龙”和“影视剧(《流星花园》)”分别成为香港和台湾词频最高项。而香港的“功夫电影”“电影明星”和台湾的“明星偶像(周杰伦)”提及频数也不少。这表明，香港和台湾影视剧对外传播力影响力较内地效果好，竞争力较强。

相比之下，香港和台湾民众的文明素养明显较高，香港被评价为“干净有秩序”，与内地形成对照。

不仅是国民素质，产业的诚信和品牌也存在明显的正负形象差异：在内地产品被认为是“便宜”“假货多”的同时，台湾产品被认为“价廉物美”。

词频统计还显示华语区文化氛围的不同。内地令受访者感到“发展潜力大”，但更“严肃”；香港“自由自在”；台湾更为宽松，体现之一为“同性恋多”，且“敢于承认”。联想到理查德·佛罗里达（Richard Florida）教授用同性恋指数来衡量一个创意地区的文化多元化，台湾和香港的社会可能更适合创意人士的生活。

这个调查结果一是了解到同属“一个中国”的中国大陆、香港和台湾在韩国民众眼中不同的文化印象；二是能够分析出文化形象与文化创意产业竞争力之间的关联。

10.3.2　出海三阶段

从产业层面来说，文化“走出去”的市场路径包括借船出海、买船出海、造船出海[①]。

以国内市场换经验、模式和海外市场，这是包括电影、电视、出版、演艺在内的文化创意产业发展的一大特色路径。外来的进入者，提升了本地文创产业的竞争力程度，更好地满足了本地受众需求；也使华语文创产品、品牌和企业获得了“借船出海”的平台。

2009 年，新中国成立 60 年，中国首度成为法兰克福书展主宾国，这使得中华文化获得了更多的国际关注。通过对主流媒体相关报道的分析，在当届法兰克福书展期间涉及中国的报道中，文化方面的报道倾向性为客观或正面的占到 72%，基本上客观、友好地报道了中国文化[②]。事实上，除了被称为“出版人麦加”的法兰克福书展，还包括英国伦敦书展、美洲书展、意大利博洛尼亚书展等，中国作家、出版社都积极参加，推广中国图书和文化，使之成为中国文化“走出去”的平台。

---

① “借船出海”“造船出海”“买船出海”由出版人李朋义提出。他认为中国出版走出去的第一步是借船出海，通过国外渠道让产品（版权贸易）走出去；第二步是造船出海，让品牌走出去，在国际上建立自己的分支机构、出版公司；第三步是买船出海，让资本走出去，到国际上进行收购和兼并。笔者沿用其概念和阶段，但认为“买船出海”比“造船出海”应当更优先、更有效率。

② 翁昌寿、李建霞、方莉：《法兰克福书展中国主宾国活动报道效果分析》，《国际新闻界》2009 年第 12 期。

那些在中国市场展开业务的文化创意巨头，成为中国文化走出去能搭乘的大船。例如辽宁出版集团借助与贝塔斯曼集团的合作，由后者向海外推出《中国读本》(2005 年)；中国出版集团《于丹论语心得》由英国麦克米伦公司购得英文版权，预付金为 10 万英镑；中国人民大学出版社出版的陈雨露《人民币读本》和金灿荣《大国的责任》的英文、韩文、日文、波兰文和俄文版权相继被麦格劳·希尔教育出版公司等国际知名出版集团签下。可以看到，这些对华文版权感兴趣的国际出版巨头，都先是对中国市场感兴趣，由输入版权到输入与输出相结合，与中国出版伙伴形成了良好的互动和互补的关系。而这种相互的支持，更使海外出版公司具备了良好的公共形象和政府公关资本。

产品与版权的输出，是文化贸易的主要形式。但在中华文化走出去战略的设计中，影响力的考量是主要的，也即希望中华文化产品和服务最终能够走向西方主流社会，而不是躺在图书馆里沉睡或者仅仅出现在汉学家的书架上。从这个意义上来说，到海外目标市场建立或者收购出版社，建设海外文化传播渠道和平台就显得重要，这就是“买船出海”。

随着中国经济实力的增长，对外投资成为走出去的重要方式。例如，2010 年民营汽车制造商吉利汽车 18 亿美元收购沃尔沃，使吉利由二线民族品牌，增值为持有国际一线名品的厂商；2013 年中海油 131 亿美元收购尼克森公司，使中海油的油气资源和品牌都大大增值。文化领域同样发展到了“买船出海”的阶段。

2012 年 5 月，中国最大的电影院线公司万达以 26 亿美元收购美国第二大院线 AMC(American Multi-Cinema)，成为全球最大的院线公司。这显然会在一定程度上利好万达制作或投资的电影以至华语电影进入美国主流影院。

2012 年 11 月，小马奔腾联合信实传媒以 3020 万美元收购美国特效公司“数字王国(Digital Domain)”①，“数字王国”参与“变形金刚系

① 数字王国由《阿凡达》导演詹姆斯·卡梅隆创办，后又被《变形金刚》导演迈克尔·贝收购，是世界最顶尖的视觉特效公司之一。2012 年 9 月初数字王国因为过度扩张而申请进入破产保护程序，小马奔腾最终联合印度公司收购该公司核心资产，两家公司分别拥有数字王国 70% 和 30% 的股份。

列”、“哈里·波特系列”“加勒比海盗系列”“蜘蛛侠系列”等特效制作，先后7次捧走奥斯卡金像奖。收购完成后，《钢铁侠3》、《阿凡达2》等好莱坞大片中的重要部分都有望在北京制作完成，吴宇森的新作《生死恋》也将启用这家特效公司。

在出版领域，中国出版集团公司自2007年与法国博杜安图书出版公司合资组建中国出版(巴黎)有限公司之后，以与当地出版商合资的方式，建立了中国出版(巴黎)公司、中国出版(悉尼)公司、中国出版(温哥华)公司、中国出版东贩公司和纽约新华书店等8家海外合资(独资)出版公司。海外公司已出版图书逾200种。

在演艺领域，2009年底，天创公司购买了位于美国第三大演艺中心密苏里州布兰森市的“白宫剧院”，在海外建立了自己的“根据地”。这是中国文化企业首次成功收购美国剧场。

中国网游公司同样频频出手，2010年，九城以2000万美元收购美国网游开发商Red5 Studios多数股权；完美时空以2100万美元全资收购日本网游代理公司C&C Media的100%股权；盛大收购美国游戏分销和内置广告平台Mochi Media。

这一系列中国企业的收购，使人看到华语文化创意产业通过资本运作购买现成的品牌、平台的能力，期待通过资本运作实现在国际市场的跨越式发展。

可以看到，内地的文化“走出去”正在摆脱政府包办、实物赠送等原有方式，企业、民众、市场、资本的因素开始唱起主角。这种动力系统的变化，使“走出去”由不计代价和效果的政治任务逐渐成为精打细算的文化传播和商业运作，其绩效也不断优化。相信随着产品、版权、资本的“走出去”，华语文化创意产业的品牌也会逐渐地培育出来。

对香港和台湾地区而言，文化创意产业的“走出去”也有着较好的基础。香港和台湾的电影曾经在东南亚华人中拥有不错的票房和口碑，后来由于好莱坞电影横扫东南亚电影市场，香港电影的境外市场规模缩小。香港是与美国好莱坞、印度宝莱坞并列的“东方好莱坞”“东方影视之都”。香港电影开创了包括黄梅调影片、武侠电影在内的具有中华文化内涵的影片类型，是对全球电影类型的创新和丰富。动作片是香港电影的瑰宝，早期的香港动作电影主要为武侠片，强调传奇及剑术等元素，由李小龙、成龙等发挥至极致，在好莱坞和国际影坛搏得声誉。香港对外实现艺术和市场的突破主要有三个方向：一是内地，二是东南亚（包括台湾地区），三是好莱坞。CEPA已经使内地文化创意市场对香港开放，香港正启动“香港电影NEW ACTION”的大型推广计划，协助香港电影向内地及东南亚市场拓展，推介香港新生代导演、传播香港电影品牌，拓展香港电影市场的规模。向好莱坞方向，已经有吴宇森、成龙、周润发等演员和导演的点状突破。依托内地，以华语电影资源整合作为路径，香港电影有望形成全新的影响力。

10.4　和而不同与传承创新

文化传统对于政治模式、经济模式的选择，会有所影响，也会有相对的独立性。两者间并非线性的因果关系，也非简单的文化决定论。

华语文化圈中，内地、香港、台湾经历了不同的历史选择，使三地的中华文化呈现出并不一致的步调，也因此呈现出不同的文化资源、路径和战略。

三者间的“和而不同”，使文化差异变得更有价值。“一国两制”的伟大之处就在于承认差异，并理解差异的合理性。从这个意义上来说，差异就是历史的因缘际会，是各地各具特色的历史抉择。

中国内地以国家和民族的视野，承担着“一个中国”概念下最重的历史责任，不仅要实现众多人口物质生活的小康，还要在经济进入中等发达国家之列的同时，满足民众的精神文化需求，建设与世界第一人口大国、第二经济体相称的文化产业，成为社会主义文化强国，实现国家统一、文化复兴。

在这样的战略定位下，内地作为国际上代表中国的主体，对外传播民族文化，对内满足民众文化需求。在对外开放的同时，珍视传统文化的传承和传播；在改革的同时，培育面向国际市场的文化创意产业旗舰，打造文化创意产业的核心竞争力。目前，无论从市场规模还是文化资源来说，中国内地都有能力整合华语区的资源，与西方文化创意产业进行竞争和合作。这也是华语区的共识。

在内地，十年来的文化体制改革消除了非市场壁垒，科技、资本进入文化产业，形成一道蔚为壮观的文化发展景观。传统的政府管理模式被改革，传统的企业组织形式被创新，传统的文创技术被革新，传统的文创商业模式被改变，这一切造成了一个值得关注的现象：

一方面，以国有文化企业为主体的传统文化产业因体制红利获得长足的增长；另一方面，新兴文化产业的主体以创业型、非国有企业为主，在新技术和资本的双重驱动下，迅速建立起网络文化、动漫、网络游戏、数字出版等新兴文化产业领域的新格局。可以说，这种传统与新兴文化产业的分野，呈现了原有行政体制束缚产业发展的“后遗症”。

因此，中国内地文化创意产业还必须进行更深入的市场化改革，使传统文化产业的升级转型与新兴文化产业的竞争力培育都得到扶持。财政和国有资本在保持传统文化产业领域国有企业稳定增长的同时，应该向新兴文化领域的民营和中小企业投入，这既能增加新兴文化产业的扶持力度，又能促使传统文化企业积极向新兴文化产业升级，从而实现结构调整。

按照市场规模大小，中国内地超过千亿元的文化创意产业门类有：艺术品行业1959亿元；数字出版行业（含网络游戏468.5亿元）1377.9亿元；

规模在500—1000亿元之间的行业有：报纸818.9亿元，图书644.4亿元，动漫621.72亿元；

规模在100—500亿元之间的行业有：网络游戏468.5亿元，网络音乐309亿元，演艺233亿元，期刊162.6亿元，电影131.15亿元；

规模在100亿元以下的有：音像制品26.1亿元，电子出版物6.2亿元①。

从数据可以看出，新兴文化产业在十年内完成了快速的增长，达到甚至超越了传统文化产业在数十年内积累的市场规模。特别是数字出版行业，十年左右时间从无到有创造出千亿元规模，这充分反映了受众文化需求的量变到质变拐点已经来临，也衬托出传统纸媒出版

① 张晓明等主编：《中国文化产业发展报告（2012—2013）》，社会科学文献出版社2013年版，第4页。

行业受到的“挤出”压力。相应的制度创新必然应当允许包括国有资本在内的市场资源向数字出版等新兴文化产业流动、聚集，防止原有投融资体系导致的方向性误判。

相比之下，香港作为实行资本主义制度的特别行政区，文化的杂糅成为其最大的特征。在香港四处高耸的高楼大厦、酒吧、英语、英式法律体系背后，是街市中的黄大仙祠、店铺中的财神像和一张张黄色的中国面孔。中华文化背景的人和西方文化背景的人，都期望了解和感受中华文化与资本主义制度的融合会产生怎样的效果？因此，香港定位为“亚洲的国际都会”，与北京定位为“世界城市”相比，一个在亚洲层面，一个在世界层面。香港期望成为西方了解和进入中国文化的入口，也期望成为中国走向亚洲和世界的出口。

在文化创意产业方面，香港确定的电影、设计等核心产业，符合香港服务业发达的优势，做到了“小而精”“小而优”，并通过服务贸易、品牌资本人才输出等，谋求包括内地在内的广阔文创市场。

与此同时，香港回归祖国后，其文化定位和身份也在发生变化。“香港文化”与“中国文化”之间的文化及产业进入竞合阶段。双方都应当进行思考，从而以宽容、理解、互动，达致更深层次的文化协同创新。

台湾则重新定位自身在中华文化中的地位。正如台湾文化部门负责人龙应台所说，大陆“文化是大而正统，台湾是小而活泼、有趣”。台湾的文化是以草根为主、由下往上，没有意识形态，不负有宣传任务，是一种自然情感表达[①]。同时，台湾强调作为中华文化的“正统”的身份，宣扬在台湾保留了最多的中华传统文化。台湾书院在国际上使用和推广繁体字（台湾称为“正体字”），造成简体字是对传统文化丢失的误解，就是以“正统”自居的表现之一。这也在某种程度上成为华语区的一种文化品牌；在国际视野里，台湾又以“中华文化 + 西方式民主”作为文化品牌，增加了其在中华文化中的辨识度。

台湾对于中华文化传统的保留和传播，使其文化更有特色。去过台湾的大陆游客都会觉得台湾城市建设并不摩登。但这种不十分现

① 《台文化部门负责人称望台助大陆走向和平繁荣》，《环球时报》，2013 年 2 月 19 日。

代化的格局，使一些文化记忆和传统得以保留。像夜市、机车，这些在大陆 20 世纪 90 年代起就因为市容市貌等理由慢慢消失的城市景观，展示着台湾真实而生动的草根生活。而台湾通过代工实现经济腾飞之后，较早地开始注重设计创意和品牌建设，为制造业的转型和结构调整注入文化附加值。不少中华文化通过台湾业者的创意开发，更具品质和品牌，成为台湾创意生活的一种象征。

中国的瓷器曾经名扬天下。商务部统计数据显示，2011 年 1 月，中国出口陶瓷数量为 208 万吨，平均单价为每公斤 0.53 美元①。低价意味着缺少品牌，文化附加值不高。近百年来，世界高端陶瓷产业基本由欧洲名窑独领风骚。而台湾陶瓷大王陈立恒创立的“法蓝瓷”(Franz)，就是由陶瓷代工到自创品牌、提升产品文化附加值的范例。十几年来，“法蓝瓷”已经在 56 个国家设有 6000 多个卖点，售价达到欧洲高档名瓷的水平，2010 年销售额已达近 6 亿元人民币，成为世界顶级陶瓷礼品业中一个崭新品牌。法蓝瓷为高温釉下彩的瓷器，结合了欧洲艺术与东方气息，瓷器以华丽、浪漫、优雅和精致的表现力著称于世。法蓝瓷的“蝶舞系列”于 2002 年获纽约国际礼品展最佳礼品奖；“飘然忘忧系列”于 2005 年获美国礼品与收藏品零售商协会的年度最佳装饰奖。2005 年起，法蓝瓷先后在景德镇、磁州窑投资建厂，以期使这个全新的当代陶瓷品牌接通上千年的中华陶瓷文化，使法蓝瓷更具文化价值。法蓝瓷可以说是对中国瓷器文化的发扬、瓷器品牌的重振。

陶瓷的“法蓝瓷”，玻璃的“琉园”和“琉璃工坊”等品牌，都是台湾文化创意产业品牌发展的成功案例。经过台湾业者的文化创意增值，它们已经不仅仅是器具，而是一种品位、一种生活感受。

对于传统文化，台湾更是传承与创新结合，使其获得当代的价值，并以产业的路径激活其生命力。台湾艺术中的云门舞集、布袋戏、优人神鼓等，都作为台湾文化的符号，在华语区和世界演出。

这些非点状的成绩，说明了台湾创意氛围的浓厚、创意人才的专业、创意绩效的优良，也表明了台湾通过“经济文化化”的路径，使创意

① 商务部对外贸易司：《中国出口月度统计报告——陶瓷》，2011 年 1 月。

与传统产业对接，改变其业态和价值，这一路径更使民众日常生活充满了美感体验。由此，台湾制造成为一种中华文化的特色品牌。

而华语区的文化竞合，是将上述各自的创意能力和创新动力整合成合力，是推动中华文化创新更上一层楼的强大动力。

像前述的法蓝瓷，就是台湾的创意和设计加上景德镇的陶瓷技术和文化传统的完美结合。而"青春版"《牡丹亭》的成功，也是台湾文化创意者与苏州昆剧院以及北京大学等两岸文化机构和业者的共同努力的结晶。不难看到，以白先勇为代表的台湾文创业者的创意力和资源整合能力。而这一切的背后，都是对美好生活、完美艺术的一种向往和传承。

这些文化竞合的基础，是中华文化的凝聚力和创造力，也是华语市场的驱动力。

可以看到，像多样屋（TAYOHYA）这样的台资家居店，正是把握到华语区民众生活步入注重美学、注重体验的阶段，为顾客提供具有台湾创意的家居精品。当这一需求被发现、渠道建立起来之后，大陆和台湾的家居设计产品就源源不断地通过这个渠道进入民众的生活，成为"通往美好生活之路"。而在市场和产业的运作下，台湾的特色家居产品，像台湾百分百天然的阿原肥皂、茶道、养生、慢活和轻食等特色商品和品牌源源不断地进入了大陆和多样屋所触及的地方，"多样屋"成为"台湾创意"走出去的畅通渠道。

华语电影产业和市场的融合，使新世纪以来华语电影逐渐显现出文化特色。从《卧虎藏龙》到《英雄》，再到此后的《十面埋伏》、《无极》、《夜宴》、《满城尽带黄金甲》，取自好莱坞的大片业态获得了华语文化之魂。它的创新之处在于，既继承了中国武侠文学和李小龙武侠电影的文化传统，又引入了最新的好莱坞商业大片的生产流程和体系：大投资使华语武侠大片的场面更宏大、值得在大银幕上看；明星制引入不同国家和地区的"国际明星"，使华语电影更具文化和市场张力，不仅在华语区受到欢迎，也给西方观众带去了东方的审美和精神。

通过对这些案例和路径的盘点，我们看到文化创意产业在中华文化的发展中，起到了"生产工具"革命般的作用。而中华文化也得到了更多样、更广泛、更有效果的创新和传播。如果放到华语区的层面上来看，政策、市场和资本的合力，塑造了冠之以华语的各种文创门类，在更密切的交流和应对好莱坞的多重诉求中形成了新的“华语电影”；“华文出版”也能够表述华语区文化人在创作、出版和营销上的竞合。

这就是华语区文化创意产业十年的文化竞合历程，特色产业正在生根发芽，比较优势正在逐渐建构；当接近 14 亿消费者规模的华语文化创意市场正在激发出越来越多的需求，而市场和需求的力量将原来囿于业外的资本、资源、人才吸引到这个产业，这必然导致文化创意资源和要素的再分配、再平衡，深度地重塑产业格局。可以肯定，下一个十年，华语文化创意产业将留给我们更大的想象空间。

面对世界人口最多、正在进入文化消费快速增长期的单一语言市场，华语区文化创意产业获得了发展的内需动力，这种共识已经被过去十年的产业实践所证实。

在下一个十年，我们应当更关心的问题是，产业、经济层面，内地的文化创意企业越来越大，甚至有实力展开跨国收购之后，华语文化创意产业能否给华语地区和世界带来更多的创意和创造？作为生长、生活和工作在内地的学者，我已然从香港和台湾文化创意产业发展的现实中，看到了内地文化创意产业能够带给社会和民众的文化感，文化对生活的增值一定也会发生在内地。

可以说，华语文化创意产业，是文化竞合而成的市场共同体和文化共同体，未来更是价值共同体。它的发展既能够解决华语文创产业的市场面向、产业规模、产业升级、产业竞争的问题，又能够推动更深入的文化交流和认同。而更具历史意义的是，相互间的竞合和参照，能够使中华文化在不断的创新中获得当代价值。

这些能够解答文化领域的“李约瑟难题”吗？至少，我们看到了希望。

后　记

光标在屏幕上飞舞，产业也在与时俱进。我努力记录上一个十年，但文字永远无法再现实践的波澜壮阔。对那些著作等身的学者，我是崇拜加敬畏的。对我而言，越思考，越谨慎，越难下笔，希望能够写出一点“有营养”的内容。

能够完成目前的工作，我首先要感谢家人。妻子刘波全力支持我，给了我安静的书房和名利勿扰的心境。华语区文化战略确立和文创产业发展的这十年，也是我“随波逐刘”的十年。跟随妻子在美国、香港的工作经历，给了我体验观察国内外文创产业的机会；妻子金融和英语的专业背景也帮助我开阔视野、跨界思考。

我的父母和岳父母都不是知识分子，但每次提起我在写书，他们总把这看做是一件了不起的事情，我只能一字一字地填满他们的期望。

人大新闻学院给了我思考和钻研的平台。在这里，我不仅接受涂光晋老师、程曼丽老师的悉心指导获得硕士和博士学位，还遇到了我的妻子。2009 年我又调入学院任教。这种仿佛注定的缘份充满了神秘感和归属感，让我扪心自问能为学院贡献几多？

在这里还必须要感谢一个人：梁刚建老师。他有多重文化职务，是文化界、出版界、新闻界、杂文界的跨界名家。1997 年，刚刚开始读研的我进入梁老师一手创办的《中华读书报》实习，一边实践着人大新闻学院课堂上学到的技能，一边享受着梁老师亦师亦友亦父的点拨。这个平台让众多普通的大学生上演了一幕幕励志大戏。我对于文化创意产业的兴趣，如果有一个起始时点的话，就在那时。如今我也成为一名教师,我把对梁老师的感恩化作对学生的关心和培养。这就是所谓的“薪火相传”吧。

拙作由北京大学出版社出版,说实话我是心怀忐忑的。北大是我本科母校,也是我心中一座不可抵达的学术和文化高峰。在任何一个学科领域,都能随便从五四运动开始数出一串振聋发聩的大师之名。在自己的作品封面印上“北京大学”四个字,那是多大的荣光呢?感谢胡利国编辑满足了我的“虚荣”,他耐心而专业地处理种种编辑出版事务,让本书“看上去很美”。也感谢张黎明总编辑的鼓励。我在北大校刊做学生记者时,黎明老师是编辑。我那些学生腔的作文一定令他头痛不已。从这个意义上说,他是我的新闻蒙学之师。

一本小书的出版,让那些年我遇到的人在脑海里交汇。人说四十不惑,这一刻,我害怕不惑之年的到来,但期待早日进入不惑的人生。

参考文献

花建:《文化产业竞争力》,广东人民出版社 2005 年版。

厉无畏:《创意产业:转变经济发展方式的策动力》,上海社会科学院出版社 2008 年版。

顾江:《文化产业经典命题 100 例》,东南大学出版社 2011 年版。

叶朗:《中国文化产业年度发展报告 2012》,北京大学出版社 2012 年版。

张晓明:《中国文化产业发展报告(2012—2013)》,社会科学文献出版社 2013 年版。

范周:《中国文化产业年鉴(2011)》,安徽人民出版社 2012 年版。

熊澄宇:《世界文化产业研究》,清华大学出版社 2012 年版。

牛维麟:《国际文化创意产业园区发展研究报告》,中国人民大学出版社 2007 年版。

胡惠林:《我国文化产业发展战略理论文献研究综述》,上海人民出版社 2010 年版。

胡惠林:《我国文化产业政策文献研究综述》,上海人民出版社 2010 年版。

陈少峰:《文化产业商业模式》,北京大学出版社 2011 年版。

王雪野:《国际文化资本运营》,中国传媒大学出版社 2008 年版。

蔡尚伟:《文化产业比较案例》,中国传媒大学出版社 2009 年版。

丁未:《粤港澳台文化创意产业发展报告(2011)》,社会科学文献出版社 2012 年版。

马群杰:《台湾地区文化产业与文化营销》,科学出版社 2011 年版。

〔法〕弗雷德里克·马特尔:《主流:谁能打赢全球文化战争》,刘成富译,商务印书馆 2013 年版。

〔澳〕杰夫·刘易斯:《文化研究基础理论》,郭镇之等译,清华大学出版社 2013 年版。

〔澳〕约翰·哈特利:《创意产业读本》,曹书乐等译,清华大学出版社 2007 年版。

〔美〕理查德·佛罗里达:《你属哪座城?》,侯鲲译,北京大学出版社 2009 年版。

〔美〕理查德·佛罗里达:《创意阶层的崛起》,司徒爱勤译,中信出版社 2010 年版。